U0480967

北京大学首都高端智库系列报告

The Beijing Development Report 2024
Analysis of Multidimensional Development of Beijing

2024 首都发展报告
北京发展的多维透视

李国平 石晓冬 等 著

科学出版社
北京

内 容 简 介

本书依据超大城市与大国首都发展的一般规律，围绕城市定位，从人口、经济、社会、公共服务、资源环境和空间布局等方面系统分析首都北京发展的演进态势和阶段性特征；重点讨论了北京在落实京津冀协同发展战略和《北京城市总体规划（2016年—2035年）》过程中所取得的成就、积累的经验以及尚存的不足；进而立足新形势和新要求，从落实新发展理念和首都城市战略定位两个角度出发，提出了推进新时代北京高质量发展的政策主张。

本书可作为区域经济、区域发展、产业发展、城市管理、城市规划等领域高校师生的参考用书，也可供相关领域的科研、规划、咨询、管理人员以及政府等公共事务部门相关人员参阅。

图书在版编目（CIP）数据

2024首都发展报告：北京发展的多维透视 / 李国平等著. —北京：科学出版社，2024.1
ISBN 978-7-03-077608-2

Ⅰ.①2…　Ⅱ.①李…　Ⅲ.①区域经济发展-研究报告-北京-2024　Ⅳ.①F127.1

中国国家版本馆CIP数据核字（2023）第248155号

责任编辑：石　卉　刘巧巧 / 责任校对：韩　杨
责任印制：师艳茹 / 封面设计：有道文化

科学出版社 出版
北京东黄城根北街16号
邮政编码：100717
http://www.sciencep.com

北京建宏印刷有限公司 印刷
科学出版社发行　各地新华书店经销

*

2024年1月第 一 版　　开本：720×1000　1/16
2024年1月第一次印刷　印张：15 1/2
字数：270 000

定价：108.00元
（如有印装质量问题，我社负责调换）

学术指导委员会

名誉主任：陆大道

主　　任：杨开忠

副 主 任：冯长春　樊　杰　王　凯

委　　员（按姓氏拼音排序）：

　　　　　李国平　林　坚　刘秉镰　陆　军

　　　　　沈体雁　施卫良　施祖麟　唐晓峰

　　　　　武义青　姚　洋　佘钟夫

总　序

今年适逢我国改革开放四十年，也是首都建设和京津冀协同发展迎来新时代的开局之年。站在"两个一百年"的历史交汇点上，回顾往昔，展望未来，"建设一个什么样的首都，怎样建设首都"及如何促进京津冀协同发展这一被习近平总书记提出的重大时代课题摆在了我们各级决策者、众多研究者的面前。研究新时代的首都发展规律，探索建设以首都为核心的京津冀世界级城市群的发展道路，是区域与城市研究者，特别是首都与京津冀研究者的历史担当和使命。

成立于1999年3月的北京大学首都发展研究院（简称首发院）是北京大学与北京市委、市政府共建的服务于首都发展的重要平台。首发院汇聚了众多主要来自北京大学的区域与城市研究者，是首都及京津冀研究的一支重要力量，也是北京市第一批十四家高端智库建设试点单位之一。成立近二十年来，首发院在城市与区域科学研究、首都发展战略研究、京津冀协同发展研究、空间大数据与政策模拟研究四大方向持续开展了卓有成效的研究咨询工作，已经成长为享有盛名的政策研究咨询机构。

首发院致力于归纳、把握与传播以首都和京津冀为研究对象的最新研究成果，持续地跟踪和分析城市与区域的发展动态，已经先后出版多部"首都发展报告"和"京津冀区域发展报告"。作为新时代首都新型高端智库的成果集中发布与展示载体，首发院整合原有发展报告产品，将其统一改版，以"北京大学首都高端智库系列报告"的形式编辑出版。

作为北京大学的毕业生和长期从事城市与区域研究的学者，我希望"北京大学首都高端智库系列报告"应该在以下三个方面成为典范：

一是应吸取北京大学及社会各界关于城市与区域发展理论和实践的经验，集中展现首都与京津冀发展研究的高质量成果和最新动态。

二是应以服务首都与京津冀协同发展为己任,以迅捷有效的方式为国家与北京市的科学决策提供智力支持。

三是应努力以翔实的数据、科学的方法、扎实的研究、凝练的语言,提供高质量的学术精品。

陆大道

2018年12月

前　言

北京作为大国首都和超大城市，在国家经济社会发展中始终走在前列，并发挥着标杆示范作用。新中国成立70多年来，北京先后经历了首都建设、首都经济到首都发展几个重要阶段。特别是改革开放40多年来，伴随着国家综合实力增强，国际政治、经济地位上升，北京的经济、科技、教育、文化等实力大幅跃升，在全球城市体系中的地位也攀升到前列，正在向全球中心城市迈进。北京是唯一既举办过夏季奥林匹克运动会（简称夏奥会），也举办过冬季奥林匹克运动会（简称冬奥会）的"双奥之城"。2022年，北京国内生产总值（GDP）达4.16万亿元，人均GDP超过19万元，北京已经进入高度城市化和后工业化阶段。在从北京发展转向首都发展、从聚集资源求增长转向疏解非首都功能谋发展的过程中，北京不断探索兼顾大国首都和超大城市双重身份的可持续发展之路。党的十八大以来，同全国一样，北京进入了新发展阶段。2014年2月，习近平总书记亲自谋划、亲自部署、亲自推动的京津冀协同发展战略开始实施。2017年2月，习近平总书记在北京城市规划建设和北京冬奥会筹办工作座谈会上指出，北京城市规划要深入思考"建设一个什么样的首都，怎样建设首都"这个问题。北京深入贯彻落实习近平总书记对首都发展的指示精神，开始新的城市发展探索，具体可以归结为以下几个方面。

一是探索人口资源密集地区优化发展模式。北京既是首都又是人口超过2000万人的超大城市，改革开放以来特别是21世纪以来，人口和经济功能加速向北京集聚，导致人口、经济、资源、环境之间的矛盾加剧，"大城市病"问题突出。2014年2月，以疏解北京非首都功能，解决北京"大城市病"问题为基本出发点，探索人口经济密集区优化开发模式的京津冀协同发展战略上升为国家战略。2017年9月中共中央、国务院批复的《北京城市总体规划（2016年—2035年）》（以下简称《新总规》），明确了北京作为全国政治中心、文化中心、国际交往中心和科技创新中心的城市战略定位。通过实施京津冀协同发展战略和《新总规》，北京在治理"大城市病"，缓解人口、经济、资源、环境矛盾，优化城市与区域空间结构等方面均取得了积极进展，成为全国超大城市中唯一的减量发展城市。

二是探索首都功能提升之路。北京除具有一般城市所具有的功能以外，还具有作为国家政治中心的首都功能，因此必须把握好"都"和"城"的关系，处理好首都功能和城市功能的关系。作为首都，政治功能即政治中心的地位是最重要的，是"都"，城市经济职能是"城"。"都"是核心，"城"是支撑，"城"的发展是为了更好地支撑"都"这一核心。通过落实《新总规》和《首都功能核心区控制性详细规划（街区层面）（2018年—2035年）》，北京"四个中心"建设扎实推进，"四个服务"水平明显提升，首都功能得到了全面优化提升。

三是追求"以人民为中心"的城市发展理念。北京作为国家首善之区，践行"人民城市人民建、人民城市为人民"重要理念，一方面将城市发展总目标设定为"国际一流的和谐宜居之都"，坚持首善标准，不断改善广大人民群众的人居环境；另一方面通过加强社会建设，不断增加优质教育、医疗、文化等基本公共服务供给与优化布局，民生福祉水平明显提高，居民"七有""五性"①满意度水平不断提升。

四是超大城市治理体系现代化与治理能力提升。大城市的高度异质性决定了城市主体的多样性，以治理的理念去管理城市，成为促进现代城市和谐发展的思想基础。城市治理就是城市多元主体相互合作共同解决城市发展中的公共问题，实现城市发展目标的过程。北京探索形成以接诉即办为牵引的超大城市治理"首都样板"，其"街乡吹哨、部门报到、接诉即办"等基层城市治理机制经验被写入《中华人民共和国国民经济和社会发展第十四个五年规划和2035年远景目标纲要》中。北京在从城市管理走向城市治理的过程中，完善了党委领导、政府负责、民主协商、社会协同、公众参与、法治保障、科技支撑的社会治理体系，进而提升了治理能力并推进了城市社会治理现代化。

本书力求从多维视角客观、全面、系统观察与把握首都发展的一般规律，以及新中国成立以来特别是改革开放以来北京经济、社会、环境以及空间发展的演变趋势，总结分析党的十八大以来，落实京津冀协同发展战略和《新总规》所取得的成就、积累的相关经验以及尚存在的不足，提出符合北京发展阶段特征和未来需求的应对策略，寄希望于为首都高质量发展、建设成

---

① "七有"即幼有所育、学有所教、劳有所得、病有所医、老有所养、住有所居、弱有所扶，"五性"即便利性、宜居性、多样性、公正性、安全性。

为"国际一流的和谐宜居之都"提供研究支撑。

首先，本书对超大城市与大国首都发展的一般规律和典型国际大都市发展及其战略规划进行了深入分析。超大城市在发展过程中，一般具有人口持续增加，产业结构高级化，价值链高端化，城市功能布局不断优化与提升，城市空间结构多中心化、网络化和区域化等特征。伦敦、东京和纽约等大国首都城市或超大城市，均呈现出城市发展的阶段性特征，并且在战略规划中关注城市竞争力提升和可持续发展。

其次，本书从北京市发展进程，人口、经济、社会、公共服务、资源环境和空间布局等方面入手，深入探讨了北京发展的阶段性特征。在城市发展进程方面，不仅分析了新中国成立以来北京城市功能定位的变化，同时对北京经济社会发展的阶段性特征和驱动力进行了深入分析，并指出在推动高质量发展新阶段，新时代首都北京发展的战略契机来源于"四个转变"，即从北京发展转向首都发展，从单一城市发展转向京津冀协同发展，从集聚资源求增长转向疏解非首都功能谋发展和从城市管理转向超大城市治理。在人口发展规模、结构及其布局方面，重点对人口发展特征、结构特征、空间布局进行了分析，并对未来北京城市人口的规模和结构的发展趋势进行了展望。在经济发展方面，不仅分析了北京经济发展的一般规律，也对北京市主导产业变迁、增长效率及动能变化、经济发展的空间布局等进行了详细梳理和总结。在社会发展和公共服务方面，首先整体概括了北京社会发展整体情况，进而对居民收入、教育、医疗卫生、文化、旅游和体育等内容进行了重点研究，并指出对应部分存在的问题。在资源环境方面，首先分析了改革开放以来北京市能源、资源、环境特征，进而从能源、水资源、生态建设和环境保护四个方面进行了重点分析，并归纳出具体特征。在空间布局方面，不仅分析了新中国成立以来北京城市建设用地规模的变化与特征，也对历次城市规划修订与空间布局进行了深入分析，还进一步分析了城市各空间圈层的规划实施情况。

最后，本书结合城市功能定位，对新时代北京高质量发展进展进行了详细描述；同时，立足新形势和新要求，从落实新发展理念和首都城市战略定位两个角度出发，对新时代北京高质量发展提出了相应的对策建议。

本书是在北京大学首都高端智库学术委员会的指导下完成的。本书主要作者来自北京大学首都发展研究院（以下简称首发院）和北京城市规划设计研究院（以下简称北规院）。首发院是北京大学与北京市共建的校直属实体研究机构，是首批14家首都高端智库试点机构之一。首发院多年来致力于研究首都发展中的一些基础性、长期性、前瞻性和战略性问题，是首都城市与区域发展研究中的一支重要力量。北规院是北京市规划和自然资源委员会所属公益二类科研事业单位，主要承担首都规划和北京国土空间规划的编制、研究、评估、维护工作，为首都规划建设委员会及北京市委、市政府的规划决策提供技术支撑。

本书也是首发院和北规院共建的内设机构——北京城市体检评估研究中心出版的第一本研究报告，也是双方几年来合作研究成果的一个集成和代表。本书在李国平、石晓冬共同确定章节结构和各章节主要观点及基本内容基础之上，利用其已经主持完成的部分课题研究成果，由各执笔者负责各章节的撰写。本书第一章由李国平、石晓冬、杨艺执笔，第二章由李国平、杨艺、孙瑀执笔，第三章由何晶彦执笔，第四章由朱婷、吕爽执笔，第五章由李沅曦、张洪鸣执笔，第六章由韦荟执笔，第七章由李涛、梁勐瑜、朱娉婷执笔，第八章由石晓冬、杨明、谷月昆执笔，第九章由李国平、吕爽执笔。最后由李国平、石晓冬、李涛统稿完成。

特别需要说明的是，本书的基础内容大多来自首发院承担完成的多项国家部委、北京市各委办局、首都高端智库等课题的研究报告，原有课题参与者（多数已是各高校教师或科研机构研究人员）对本书也有重要贡献。

本书的撰写和出版得到了北京大学首都高端智库的经费支持，特此感谢首都高端智库理事会及理事会秘书处的大力支持。在本书形成过程中也得到了北京市规划与自然资源委员会、北京市人民政府参事室、北京市发展和改革委员会、北京市科学技术委员会、北京市社会科学界联合会等单位的大力支持。为完成编撰工作，本书编写人员先后多次到北京市各部门和各区进行调查研究。对给予本书各方面支持的相关机构、企业和个人表示衷心的感谢。

本书的出版得到了科学出版社首席策划石卉女士的帮助，特此致谢。

本书是首发院和北规院完成的系统分析首都经济、社会、环境、人口、资源、空间发展的研究成果之一。寄希望于本书的出版一方面能对北京市的科学决策产生积极作用和重要影响，另一方面能带来对首都发展特别是经济、社会、环境、空间等方面研究的新关注。限于理论水平与实践经验，本书难免存在不足之处，诚恳希望得到广大读者的批评指正。

李国平　石晓冬

2023年8月

目　　录

总序·· i
前言·· iii

第一章　超大城市与大国首都发展的基本态势·· 1
　　第一节　超大城市与大国首都的概念和特征·· 1
　　第二节　超大城市人口发展基本态势··· 4
　　第三节　超大城市产业发展基本态势··· 7
　　第四节　超大城市空间结构演化态势··· 8
　　第五节　大国首都功能演变态势··· 12
　　参考文献··· 15

第二章　典型国际大都市发展及其战略规划··· 18
　　第一节　伦敦发展及其战略规划··· 18
　　第二节　东京发展及其战略规划··· 25
　　第三节　纽约发展及其战略规划··· 31
　　参考文献··· 36

第三章　北京城市发展进程及其阶段性特征··· 38
　　第一节　城市功能定位及其变迁··· 38
　　第二节　改革开放以来首都发展的阶段性特征及驱动力························ 41
　　第三节　新时代首都发展的重大转变··· 49
　　参考文献··· 53

第四章　北京市人口发展规模、结构及其布局··· 54
　　第一节　北京市人口发展及其特征分析··· 54
　　第二节　北京市人口规模发展特征分析··· 59
　　第三节　北京市人口发展结构分析··· 68
　　第四节　北京市人口发展空间布局··· 87

参考文献……91

第五章　北京市经济发展规模、结构及其布局……93
第一节　北京市经济发展阶段及其驱动力……93
第二节　北京市经济发展规模分析……98
第三节　北京市经济发展结构分析……104
第四节　北京市经济发展空间布局分析……115
参考文献……129

第六章　北京市居民收入、社会发展与公共服务……130
第一节　北京市社会发展总体概况……130
第二节　北京市居民收入分析……132
第三节　北京市教育发展分析……135
第四节　北京市医疗卫生发展分析……140
第五节　北京市文化、旅游和体育发展分析……145
参考文献……149

第七章　北京市能源资源利用、生态建设与环境保护……152
第一节　阶段性特征分析……152
第二节　北京市能源利用分析……155
第三节　北京市水资源利用分析……163
第四节　北京市生态建设分析……171
第五节　北京市环境保护分析……178
参考文献……183

第八章　北京市空间发展形态、结构及其格局……186
第一节　城市建设用地规模变化……186
第二节　历次城市规划结构与布局分析……192
第三节　城市各空间圈层规划实施情况……199
参考文献……204

第九章　新时代北京高质量发展……207
第一节　北京高质量发展及其进展……209
第二节　新时代北京高质量发展面临的新形势……225
第三节　新时代北京高质量发展展望……226
参考文献……234

第一章
超大城市与大国首都发展的基本态势

超大城市与大国首都是全球和区域发展的政治、经济、文化中心，也是全球化时代下世界城市体系的重要枢纽节点。超大城市与大国首都的演化发展受到全球化浪潮的深刻影响，在人口、产业、空间结构、功能演变等方面表现出特有的规律，其发展规律对作为大国首都的北京高质量发展具有借鉴意义。

第一节 超大城市与大国首都的概念和特征

超大城市是城市规模等级最高的城市，大国首都是全球政治、经济大国的首都城市，二者均在世界城市网络中占据重要地位。明确超大城市与大国首都的概念和特征，是梳理超大城市与大国首都基本发展态势的基础。

一、超大城市的概念和特征

超大城市是我国城市规模划分标准的分类之一。1980年，我国首次参照联合国的标准规定市区和近郊区非农业人口超过100万的城市为特大城市。然而，随着城市规模的快速扩张，原有的划分标准严重偏低，难以突出北京、上海等大城市的规模特征。因此，2014年10月，国务院发布《国务院关于调整城市规模划分标准的通知》（国发〔2014〕51号），按城区常住人口数量将我国城市划分为五类七档，增设了超大城市一档。按照新标准，城区常住人口超过1000万的城市为超大城市，500万—1000万为特大城市，100万—500万为大城市（其中300万—500万为Ⅰ型大城市，100万—300万为Ⅱ型大城市），50万—100万为中等城市，50万以下为小城市（其中20万—50万为Ⅰ型小城市，20万以下为Ⅱ型小城市）。根据第七次全国人口普查数据，按照城区常住人口数量排序，截至2020年，全国共有7个超大城市，分别是上海、北京、深圳、重庆、广州、成都和天津。

尽管城市规模划分标准应该是一个涵盖经济总量、常住人口、建成区面积等指标的综合评价体系，但按照国际惯例，城市规模通常根据人口数量进行划分。各个国家因国情不同，划分标准也不尽相同。联合国将100万人口以上的城市划定为特大城市。戈特曼（J. Gottmann）将城区人口超过2500万的城市定义为超大城市。道萨迪亚斯（C. A. Doxiadis）认为城区人口超过1000万为超大城市。美国区域规划协会（Regional Planning Association of America，RPAA）的《美国2050》（American 2050）方案列出了11个美国的超大城市。

超大城市是城市体系中最高等级的中心城市和人口经济密集地区（席强敏和李国平，2018）。随着城市规模的扩大，人口和其他要素不断向超大城市集聚，集聚经济创造出正外部效应，由此会产生明显的规模收益。从类型划分而言，超大城市是与特大城市、大城市、中小城市相对的概念。不同类型的城市，不仅人口规模、地理面积、建设体量不同，更在全球和国内经济体系中发挥不同的功能，拥有不同的地位。我国官方定义的超大城市与国际大都市意义相仿，这类城市均具有多元化特征。比如，经济实力雄厚，集聚多家跨国公司总部；开放程度高，是国际性新思想、新技术碰撞交流中心，也是人才、技术、信息、商品和资本的集散地；拥有世界先进的交通网络系统，以及国际领先的教育、卫生、科技、文化服务；具有完善的城市基础设施和综合服务网络体系等。

然而，当超大城市的城市规模扩张到一定程度后，在带来规模经济的同时，也会产生一系列负外部效应。纵观全球，超大城市的"大城市病"问题正日益严峻，人口密集带来了住房拥挤、交通拥堵、资源短缺、生产成本和管理成本增加、生存环境恶化等外部成本上升的问题。由于城市规模过大，个人实际收入随着通勤成本的增长而下降，地租上涨和环境恶化削弱超大城市对居民的吸引力，劳动力成本上升使得企业在大城市的集聚效益和小城市的低劳动成本优势之间进行抉择（Puga，1999）。为破解要素过度集聚带来的"大城市病"，我国长期以来对超大城市的发展政策都是严格控制城市规模。超大城市也是极具脆弱性的风险高地和危机前沿，面临更大的应对风险灾害压力和应急管理需求，韧性与安全城市建设尤为重要。

二、大国首都的概念和特征

首都一般指一国中央政府所在的城市，是国家的政治中心，政治活动是其基本职能，其基本功能是为中央政府实现对国家疆域控制和管理提供最有效的空间支撑（杨开忠等，2000）。大国首都特指在政治、经济、军事、文化等多方面具有相当国际影响力的世界大国的首都城市。所谓大国，是在国际体系中权力资源地缘具有显著优势的国家，既包括美国、英国等发达国家，也包括中国等发展中国家，其定义类似于强国。大国通常具有强大的经济、政治、科技、军事、外交、文化、精神等实力，其赖以存在的地理环境、自然资源、国土面积、人口规模等基础条件也普遍较好。大国不仅在本区域内影响力首屈一指，还能影响到世界上更大范围内的其他国家和地区。因此，大国的首都城市在全球城市网络中具有更为核心的枢纽性地位，通常都是世界政治经济体系的关键节点，能够对全球政治格局演变与经济全球化进程产生深刻影响。

大国首都是具有双重含义的特殊城市，一方面具有作为大国政治中心的象征性含义，另一方面又具有作为一般性超大城市的普遍性含义。作为国家政治管理与权力中心和民族国家象征的功能，是首都城市区别于非首都城市的本质特征（彭兴业，2000）。大国首都首先具有包括政治、军事、外交功能在内的首都功能，也包括经济、文化、科技等在内的城市功能。大国首都通常都为超大城市或特大城市，因而往往是综合性城市（复合型城市）。大国首都还承载着大国的主要外交外事活动，是国家对外交往的重要窗口，与全球各地保持着紧密的政治、经济联系，具有更为广泛的国际影响力。与一般性超大城市相比，大国首都因兼有城市和支配国家权力的双重意义，自然具有更为复杂的政治、经济结构，更容易成为吸引世界眼球的高度敏感城市。

以我国首都北京为例，区别于国内其他超大城市，它除了有一般性超大城市所具有的功能外，还有作为全国政治中心的政治功能（李国平，2022）。就首都而言必须优先保障政治功能，政治功能又需要其他功能提供支撑。北京因"都"而立，因"都"而兴，需要处理好"都"与"城"的关系，处理好"首都功能"与"城市功能"的关系。"都"是核心，"城"是支撑，"都"的发展离不开"城"，"城"的发展是为了更好地支撑"都"这一核心，要牢牢围绕"都"的功能来布局和推进"城"的发展，以"城"的更高水平发展服务保障"都"的功能。北京作为大国首都，又是一座超大城市，有着不同于一般性超大城市的特殊性（文魁，2017）。强化首都功能的核心地位是北京的城市性质所决定的，是不容置疑的，应当以更高标准的"新首善观"确保国家首都职能的发挥（吴良镛，2012）。

第二节　超大城市人口发展基本态势

在城市化进程中，超大城市人口规模不断增加，并逐渐由单一城市向都市圈或都市带演化。不同发展阶段的超大城市，人口增长速度不尽相同，呈现出差异化的人口发展态势。

一、人口数量持续增加，城市圈加速形成

超大城市人口发展具有内在规律。随着经济社会的不断发展和现代化水平的不断提高，出现了人口不断向城市集聚的现象，这就是我们所说的"城市化"。随着城市规模的进一步扩大，进而出现了"郊区化"现象，部分城市还出现了"逆城市化"或"再城市化"现象。外来人口涌入是超大城市人口增长的重要原因，但近些年来人口年均增速逐步收敛，其中最重要的原因是集聚与分散力量在发生作用（刘传江，1999）。

20世纪以来，城市人口快速增加，城市化水平快速上升。1900年世界城市人口只有2亿，占世界总人口的比例不足1/8；2009年世界城市人口超

过农村人口；2018年世界城市人口42亿，占世界总人口的55%；预计到2050年世界城市人口占世界总人口的比例将达到近70%。中国在改革开放以后伴随着经济增长实现了城镇化水平快速上升，从1978年的17.9%增加到2022年的65.2%。

在世界城市化进程中，超大城市数量和人口规模不断增加且城市密集区（城市圈或城市带）大量出现都是极其显著的特征（胡爱华，2004）。从大城市人口数量来看，1950—2018年世界上人口在500万—1000万的特大城市数量由7个增加到21个，人口超过1000万的超大城市数量由1个增加到30个。1950年，世界上人口规模大于等于500万的城市中，人口规模最大的城市为纽约（1230万人），人口规模最小的城市为布宜诺斯艾利斯（500万人），平均人口规模为550万人。2018年，世界人口规模最大的前15位城市中，人口规模最大的城市为东京（3750万人），人口规模最小的城市为加尔各答（1470万人），平均人口规模为2058万人。与1950年相比，2018年人口规模最大的城市的人口增长了2.05倍（表1-1）。

表1-1　1950—2018年世界上人口规模最大的前15位城市　（单位：百万人）

序号	1950年 城市	人口	1970年 城市	人口	1994年 城市	人口	2010年 城市	人口	2018年 城市	人口
1	纽约	12.3	东京	16.5	东京	26.5	东京	36.7	东京	37.5
2	伦敦	8.7	纽约	16.2	纽约	16.3	德里	22.2	新德里	28.5
3	东京	6.9	上海	11.2	圣保罗	16.1	圣保罗	20.3	上海	25.6
4	巴黎	5.4	伦敦	9.6	墨西哥城	15.5	孟买	20.0	圣保罗	21.7
5	莫斯科	5.4	大阪	9.4	上海	14.7	北京	19.6	墨西哥城	21.6
6	上海	5.3	墨西哥城	9.1	孟买	14.5	墨西哥城	19.5	开罗	20.1
7	埃森	5.3	巴黎	8.5	洛杉矶	12.2	纽约	19.4	孟买	20.0
8	布宜诺斯艾利斯	5.0	布宜诺斯艾利斯	8.4	北京	12.0	大阪	19.3	北京	19.6
9	芝加哥	4.9	洛杉矶	8.4	加尔各答	11.5	开罗	16.8	达卡	19.6
10	加尔各答	4.4	北京	8.1	汉城	11.5	上海	16.6	大阪	19.3
11	大阪	4.1	圣保罗	8.1	雅加达	11.0	加尔各答	15.6	卡拉奇	15.4
12	洛杉矶	4.0	莫斯科	7.1	布宜诺斯艾利斯	10.9	伊斯坦布尔	14.7	伊斯坦布尔	15.3
13	北京	3.9	里约热内卢	7.0	大阪	10.6	达卡	14.6	布宜诺斯艾利斯	15.0

续表

序号	1950年		1970年		1994年		2010年		2018年	
	城市	人口	城市	人口	城市	人口	城市	人口	城市	人口
14	米兰	3.6	加尔各答	6.9	天津	10.4	卡拉奇	13.1	重庆	14.8
15	柏林	3.3	芝加哥	6.7	里约热内卢	9.8	布宜诺斯艾利斯	12.8	加尔各答	14.7

注：1950年、1970年、1994年的数据来源于联合国1995年发布的《全球城市展望（1994年修订版）》，2010年的数据来源于联合国人口基金会的《2011年世界人口状况报告》，2018年数据来源于《2019年世界人口状况报告》。

随着世界城市化水平的快速提升，超大城市人口规模不断增加的同时，城市空间也在加速扩大，和周边城市与区域的联系更加紧密，往往超越城市行政区域范围，与周边城市及区域共同形成了都市圈或都市带（张京祥等，2001）。根据联合国的定义，世界级大都市圈圈域内总人口应在800万以上，以此为标准进行界定，2000年世界级大都市圈共计25个，2018年则达到36个。

二、亚洲和发展中国家超大城市不断增加

亚洲地区超大城市的人口规模不断增长且不断出现新的竞争态势。1950年的世界前15个人口规模最大的城市，到2018年仅剩6个（东京、上海、布宜诺斯艾利斯、加尔各答、大阪和北京），多为亚洲城市。大部分人口规模较大的欧美城市在近70多年的发展过程中人口增长相对缓慢，这主要是由于大多数欧美国家的城市在20世纪60年代已经完成城市化，因此1960年后人口增速相对缓慢甚至处于停滞状态。日本、中国、印度等国家则在第二次世界大战（简称二战）后加速推进城市化发展进程，因此这些国家的超大城市人口规模加速扩张。

发展中国家超大城市的人口增长速度高于发达国家。世界人口规模最大的前15位城市中，1950年发达国家的城市共11个（纽约、伦敦、东京、巴黎、莫斯科、埃森、芝加哥、大阪、洛杉矶、米兰和柏林），发展中国家的城市共4个（上海、布宜诺斯艾利斯、加尔各答和北京）。2018年发达国家的城市共2个（东京和大阪），发展中国家的城市则增长为13个（如新德里、圣保罗、墨西哥城等）。总体来看，近年来发展中国家超大城市的人口增速快于发达国家。

第三节　超大城市产业发展基本态势

超大城市作为国家和地区经济活动的主要载体，具有尤为强大的产业功能、丰富多样的产业门类，产业发展态势良好。从全球超大城市产业发展实际可以看出，主要呈现产业结构高级化和价值链环节高端化两大基本态势。

一、产业结构高级化

从产业发展来看，超大城市的产业发展态势突出体现在产业结构的不断高级化上。根据配第-克拉克定律，随着经济的发展，人均国民收入水平相应提高，劳动力开始从第一产业向第二产业转移。当人均国民收入水平进一步提高时，劳动力就会向第三产业转移。由此，超大城市在发展壮大的过程中第一产业劳动力将减少，第二产业和第三产业的劳动力将增加（李江帆，2005）。以纽约为例，1960—1990年其制造业就业比重从27%下降至约7%，而第三产业就业比重提高了超过20个百分点。2019年，纽约第三产业就业比重超过80%，这表明其第三产业的主导地位得到进一步巩固。

二、价值链环节高端化

随着超大城市的不断发展，高技术制造业、生产性服务业等高端产业部门比重也呈现出不断提高的发展趋势，产业结构向更高层次演进（吴海瑾，2009）。从制造业来看，纽约、伦敦、东京等超大城市的制造业发展均伴随产业结构的调整升级，一方面将劳动密集型、低附加值的制造环节大规模转移至其他地区，另一方面仅在本地保留研发、管理、销售等高附加值的核心环节。以东京为例，20世纪60年代，东京都心的制造业部门开始外移，到70年代基本完成由重化工业向高加工度产业的转型，80年代后则进入知识技术高度密集化阶段。从服务业来看，随着超大城市的不断发展，为企业生产经营提供中间投入的生产性服务业呈现出占比不断提高的发展趋势。再如，纽约高度重视金融保险业和房地产业、商务服务业、法律服务业等生产性服务业的发展，相关行业就业规模显著扩大。1975—2001年，纽约金融保险业和房地产业就业人数从42万增长至48.7万人，商务服务业就业人数从18.6万增长至32万人，法律服务业就业人数从3.5万增长至8万人。

第四节　超大城市空间结构演化态势

从城市空间结构演化来看，超大城市不断发展壮大，逐渐由单中心向多中心、网络化大都市转变，由单一城市向城市圈、城市群转变。城市空间结构多中心化、网络化，以及城市发展的区域化，是超大城市空间发展的基本态势。

一、城市空间结构多中心化和网络化

从空间视角来看，超大城市的城市内部空间结构具有多中心化的特征，有学者称之为"网络化大都市"（李国平和孙铁山，2013）。网络化大都市是一个以有形和虚拟的网络为支撑，具有多中心、多节点的城市区域。各个中心之间相互依赖、共同发展，彼此既竞争又合作，具有密切的社会经济联系，且平等地分享和参与地方网络，同时与全球网络相连接（李国平，2010）。

多中心化、网络化大都市可以表现为不同空间尺度的城市区域，既可以是具有郊区次中心的多中心都市区，也可以是由多个城镇组成的多中心城市区域（李国平等，2004）。前者在北美的都市区发展过程中较为常见，形成机制主要受市场力量驱动，是城市郊区化发展的结果，其空间组织表现为城市化过程中的城市中心的衍生，具有一定的层次性。而后者则更多地在欧洲城市发展和规划中被提及，最具代表性的是荷兰的兰斯塔德地区，其发展具有一定历史基础，因此每个中心的历史和地方性具有重要作用（卢明华等，2010）。历史上形成的多个城市中心整合的城市区域，相互之间既密切联系，又彼此区隔。

具体来讲，多中心化、网络化大都市的形成机制可以概括为三种模式，即离心扩散、吸纳包容和相互融合。离心扩散模式是指单中心城市区域伴随城市增长，生产活动、服务活动以及人口不断向外迁移，从而在原有城市中心之外形成独立的城市中心而发展出多中心空间结构。吸纳包容模式是指相对较大的城市中心不断扩展其影响区域，从而将周边相对独立的城市中心吸收并融合为一体化的城市区域。相互融合模式是指多个相对独立的城市中心并行发展，由于相互之间空间联系日益密切（可能出于交通基础设施的改善），而融合形成一体化的城市区域。

以东京都市圈为例，自1958年《第一次首都圈基本规划》实施以来，东京都市圈共制定了五次基本规划，这些规划对东京都市圈产业功能空间结构的形成起到了重要的引导作用。但早期"一极集中"的发展模式使得城市空间扩张失去控制，导致人口快速集聚和区域连绵外溢。从《第三次首都圈建设规划》开始，东京都市圈提出建设多中心城市"分散型网络结构"，即多级结构的广域城市复合体，逐步由"一极集中"向"多心多核"转变。

目前，东京都市圈基本形成了以都心三区为中央商务区（CBD），在东京都区部布局7个功能各异的副中心，并在都市圈内部设置多个业务核城市为功能节点的"多中心"城市功能格局。东京都产业功能格局的调整有效地改善了单中心空间结构，促进了多中心城市空间结构的形成。1957—2012年，东京都非农就业人数占东京都市圈比重总体呈下降趋势，由1957年的68.1%降低至2012年的52.3%（图1-1）。由此可见，东京都心的功能已逐渐分散到各个核心城市，打破了先前以中心城市为核心的放射状格局，在一定程度上缓解了东京的人口与产业压力。

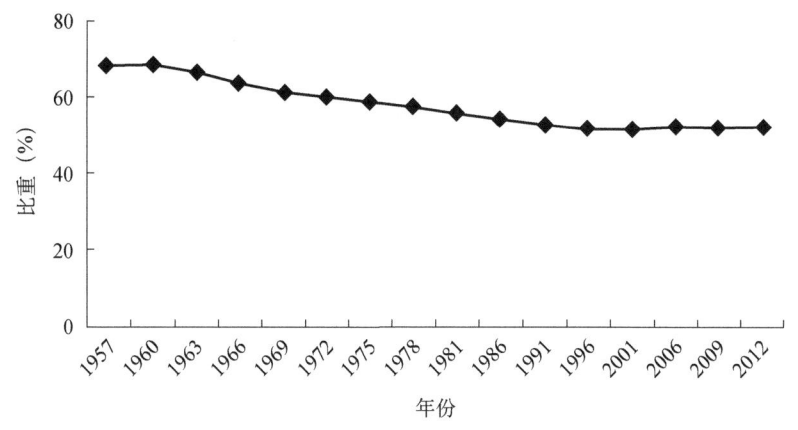

图1-1 1957—2012年东京都非农就业人数占东京都市圈比重
资料来源：日本统计信息网上公布的历年《日本统计年鉴》和《东京都统计年鉴》。

二、城市发展的区域化

区域化是超大城市空间发展的另一重要规律，即从单一城市向城市圈、城市群结构演化。从世界范围看，20世纪末期，城市发展受网络化经济体系影响，在地域空间组织上呈现大范围集中、小范围扩散的发展趋势，即在大城市地域内从城市中心向城市边缘扩散和再集中；同时在整个区域范围内，城市群一体化发展，并在更大空间尺度上形成集中，从单一城市向城市群、城市圈结构演化（方创琳，2009）。伴随信息技术革命、经济全球化以及后工业化经济组织关系的巨大变革，城市发展日益区域化、区域发展日益城市化已成为城市区域发展的全球性主体趋势（范恒山等，2017）。

城市发展日益区域化，是指不仅在老的城市中心以外打造了新的城市中心，而且加强了区域内部不同城市之间的全方位联系，使得传统的中心-边缘关系趋于淡化，最终导致城市发展观念和模式的革新（崔功豪，2010）。城市群、城市圈等多中心城市区域发展是城市综合竞争力普遍提高的产物。城市的合作与竞争不仅体现在产业结构互补与错位竞争上，而且贯穿城市发展各个阶段，通过城市群、城市圈的一体化发展形成区域竞争合力（胡彬，2003）。

城市发展区域化的发展理念得到了广泛实践。在超大城市外围建设新城，将超大城市与周边的中小城市进行统一规划，对各个节点进行差异化的功能定位。并建立连接各节点的交通与基础设施网络，强化区域内联系，推动形成多中心、网络化的城市与区域结构（丁如曦等，2020）。例如，法国巴黎建有9个城市副中心，其中拉德芳斯副中心因"欧洲最卓越的商务办公区"而闻名全球。又如，德国柏林-勃兰登堡大都市区通过地方铁路交通网络的升级，使区域中心与周边地区之间的联系得到强化；鲁尔多中心城市集聚区通过强化各城市的主导产业和特色，致力于形成行业结构多样、内部联系密切、企业高度集中的地区工业综合体。再如，荷兰兰斯塔德地区由多个中心城市组成，把一个大城市所具有的多种职能，分散到大、中、小城市，形成既分散又联系，并有明确职能分工的有机整体（卢明华，2010）。

东京都市圈形成1个中心区和4个自立都市圈的空间格局，既具有产业职能分工，又具备产城功能的复合性和独立性。东京中心区承担政治、行政的国际、国内中枢管理功能，以及金融信息类的经济、文化中枢管理功能；西部的多摩自立都市圈，其核心城市是八王子、立川，主要承担商业、科技、教育等城市职能；南部的神奈川自立都市圈，以横滨、川崎为核心城市，发展国际港湾、工业中心功能；西北部的埼玉自立都市圈，以大宫、浦和为核心城市，该区域主要承担行政、商务和生活职能；东部的千叶自立都市圈以千叶为核心，主要承担国际空港和海港，以及工业中心的城市功能。

在东京都区部布局有 7 个副都心。副都心与都心（中央区）的距离均未超过 8 公里，在功能上以城市商业和面向全球的金融、咨询、管理功能为主。副都心的建设始于 20 世纪 50 年代，是疏散原来 CBD 中心三区（千代田区、港区和中央区）功能的结果（表 1-2）。业务核城市与都心的距离一般在 15—55 公里，主要承接可以转移的首都功能（包括中心区过于密集的教育、医疗、公共管理等功能），总公司的部分功能，非必要在中心区布局的部分居住、文化、旅游、科研、会展功能，或依托特定港口、空港的区位而承担国际交往、临港工业等功能（李国平，2014）（表 1-3）。作为都市圈功能网络的关键节点，单一业务核城市无力承接中心区的全部功能外溢，而是凭借整合集成、协同互动、关联有序的业务核网络来承接。

表 1-2 东京都市圈副都心的主要功能

副都心	所在区部	主要功能	与中心距离（公里）
新宿	新宿区	金融保险、不动产、批发零售、行政	5.5
浅草—上野	台东区	商业、批发零售	3.5
大崎	品川区	文化教育、信息技术	7.5
池袋	丰岛区	商业、文化娱乐、餐饮住宿	7
龟户	江东区	金融、教育、商业、餐饮、娱乐	3
锦糸町	墨田区	文化、餐饮	5
涩谷	涩谷区	文化、商业	7.5
临海	江东区、港区、品川区交界	国际会展、电子信息技术、时尚、电影通信制作	5

注：龟户和锦糸町属于一个副都心。

表 1-3 东京都市圈业务核城市的主要功能

业务核城市	主要业务	与中心距离（公里）
八王子—立川—多摩—町田	医疗、服务业、政府公共服务、房地产业	35—45
青梅	政府公共服务、医疗、居民及其他服务业	50
横滨	临港工业、仓储物流、总部企业	25
川崎	现代工业、科学技术、城市商业	17
厚木	商业休闲、研发型、城市型工业和信息产业	45
埼玉	居住、行政	23
成田	空港都市、国际交往	50
千叶	临港工业、都市商业	35

续表

业务核城市	主要业务	与中心距离（公里）
木更津	国际会展、科学研发、商贸零售	40
相模原	文化教育	48
川越	文化旅游、教育研发	18

第五节 大国首都功能演变态势

与一般性超大城市相比，大国首都的独特性突出体现在其首都功能，尤其是以政治中心、大国外交为核心的大国首都功能。在城市功能演变过程中，大国首都需要处理好城市功能与首都功能的关系，不断调整城市功能布局，持续优化提升首都功能。

一、城市功能布局优化

大国首都在发展过程中不断调整功能布局，优化城市功能分布。制造、建筑、批发零售功能逐渐向城市外围地区疏解腾退，金融保险等高附加值产业功能进一步在市中心区域集聚（张强，2016）。产业环节按产业附加价值从高到低向外扩散，最大价值地利用有限的土地，从而构建完善的城市功能生态圈（王颖，1999）。比如，伦敦都市圈内外地区产业差异化发展，内伦敦主要发展金融业，外伦敦则主要发展制造业、物流业及配套产业。东京都1957—2012年各产业部门区位商显示，都心三区的产业职能基本集中在服务业领域，其中金融保险业和房地产业一直保持较强的比较优势，批发零售功能则逐渐弱化。都心的制造业和建筑业等职能逐渐退出至外围三县，其中埼玉县和神奈川县主要承担东京都制造功能的外移，千叶县主要承担东京都建筑功能的外移（图1-2）。

从时/空间顺序来看，20世纪60年代，东京首先转移的职能是科教职能和工业、港口职能，其中科教职能向多摩地区转移，而工业和港口职能向千叶和神奈川地区转移。这一时期，功能转移的空间尺度主要在东京都50公里范围内。到80年代，科教职能进一步向外转移，主要转移到茨城地区，且功能转移的空间尺度大大增加，达到距东京都80公里左右（李国平和宋昌

年份		1957	1969	1975	1986	2001	2012	
都心三区	建筑业	1.19						下降
	服务业	1.21	1.28	1.20	1.17			下降
	批发零售业	1.25	1.36	1.23	1.13			下降
	金融保险业	2.52	2.12	1.93	2.07	2.47	2.32	波动
	房地产业	1.75	1.43	1.24	1.20	1.17	1.26	下降
	运输通信业	1.33		1.15			1.44	波动
副都心区	制造业	1.10						下降
	批发零售业		1.17	1.19	1.18			下降
	金融保险业				1.12	1.11	1.20	上升
	房地产业		1.38	1.55	1.47	1.45	1.16	下降
	运输通信业						1.39	上升
其他区部	制造业	1.25	1.13					下降
	房地产业	1.14					1.13	波动
	运输通信业			1.15	1.26	1.22		波动
市部								
三县	建筑业				1.12	1.12	1.13	上升
	制造业		1.15	1.20	1.20	1.18	1.33	上升
	运输通信业	1.30	1.17					下降

图 1-2 东京都市圈产业功能时空演化图

注：表中数字表示各产业部门的区位商。

耀，2019）。进入 21 世纪，与过去转移制造、港口、科教职能的趋势不同，一些政治、行政、金融、商业和文化方面的机构从都心三区向周边地区扩散，政府职能开始向埼玉地区转移，商务服务业、文化产业等向新宿、涉谷、文京等区扩散，东京都区部、市町村商务服务业也有了较大发展。东京都市圈产业转移的频次更高，转移的产业以服务业为主，呈现高端服务业优化布局、低端服务业全面转移的特点，批发零售、金融保险、房地产业和其他服务业产值的比重上升，而制造业的比重则持续下降。在功能调整的实施战略方面，由于担心严格限制城市中心区域的发展"会妨碍东京固有的活力，有可能失去市中心的可持续性"，因而主要采用引导策略（比如财政金融方面的优惠和补助），而非实行严格的限制措施。

经过 20 余年的发展，东京都市圈形成了明显的区域功能分工体系，即各核心城市根据自身基础和特色，承担不同的职能，在分工合作、优势互补的基础上，共同发挥整体的集聚优势（卢明华等，2003）。核心圈层（0—10公里半径圈）的最核心区域主要布局金融、信息等服务业，并发挥都心的行政中心职能；核心外围主要分布大型副中心城市和居住型卫星城，产业方面主要疏散首都综合职能，以科教、商业、都市工业等产业为主。邻近圈层（10—50公里半径圈）主要承接中心城市教育以及研发资源的转移，在人才集聚的基础上，以承接高附加值第二产业的转移和发展为主，形成综合的产业型卫星城。辐射圈层（50—80公里半径圈）主要布局依托某一大型企业形成的单一产业卫星城和依托交通优势发展物流相关产业的边缘型卫星城，并承接部分都市农业的发展（图1-3）。

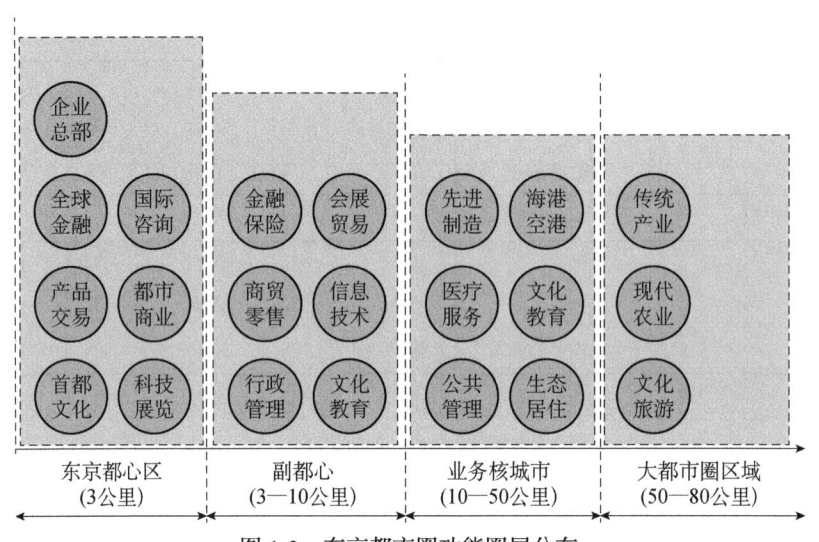

图 1-3 东京都市圈功能圈层分布

二、首都功能优化提升

首都功能是首都作为国家政治管理与权力中心和民族国家象征的功能，主要涉及政治、军事、外交等核心功能，是首都发展的根本所在（张可云和沈洁，2017）。持续推动首都功能优化提升，是大国首都发展中最为重要的使命和任务。以我国首都北京为例，北京紧紧抓住疏解非首都功能的"牛鼻子"，深入实施疏解整治促提升专项行动，基本完成一般制造业企业疏解退出和区域性批发市场大规模疏解任务，为首都功能优化提升提供了空间保障。

北京的首都功能突出体现在"四个中心"建设上，在优化提升首都功能方面取得了显著进展（李国平和杨艺，2023）。①政治功能方面，全国政治中心服务保障能力显著提升。北京立足大国首都新需要，坚持把全国政治中心的服务保障摆在首位，保障国家政务活动安全、高效、有序进行。严格落实《首都功能核心区控制性详细规划（街区层面）（2018年—2035年）》，将疏解腾退空间优先用于保障中央政务功能。中心城区建筑高度控制与安全隐患整治工作进展顺利，首都功能核心区人口、建筑、商业、旅游密度逐步下降。②文化功能方面，首都文化特色与文化产业发展引领全国。围绕古都文化、红色文化、京味文化、创新文化的基本格局和"一核一城三带两区"总体框架，首都文化特色日益凸显。文化产业提质升级取得成效，中国（北京）高新视听产业园版权工作站顺利揭牌，海淀、石景山、经济技术开发区等电竞产业集聚区建设稳步推进。2022年，北京规模以上文化及相关产业法人单位实现收入17 997.1亿元。③国际交往功能方面，国际交往环境及配套服务能力不断提升。随着我国在国际交往舞台中的地位不断提高，北京承载的大国外交活动日益活跃。冬奥会期间，北京先后举行20余场同外国元首、政府首脑、国际组织负责人的双边会晤。国家会议中心二期、通州运河商务区、中关村论坛永久会址等重点项目建设稳步推进。④科技创新功能方面，国际科技创新中心建设加快推进。北京战略科技力量加快培育，成立中关村、怀柔、昌平国家实验室，一批大科学装置建设运行顺利，综合性国家科学中心取得阶段性成果，涌现出长寿命超导量子比特芯片、细胞焦亡抗肿瘤免疫功能重大发现等一批具有世界影响力的原创成果。2022年，北京认定登记技术合同共95 061项，成交额达7947.5亿元。

参 考 文 献

崔功豪. 2010. 城市问题就是区域问题——中国城市规划区域观的确立和发展[J]. 城市规划学刊，186（1）：24-28.

丁如曦，刘梅，李东坤. 2020. 多中心城市网络的区域经济协调发展驱动效应——以长江经济带为例[J]. 统计研究，37（11）：93-105.

范恒山，肖金成，方创琳，等. 2017. 城市群发展：新特点新思路新方向[J]. 区域经济评论，（5）：1-25.

方创琳. 2009. 城市群空间范围识别标准的研究进展与基本判断[J]. 城市规划学刊，182（4）：1-6.

胡爱华. 2004. 世界城市化的一般规律和我国的实践[J]. 经济问题探索，（9）：115-118.

胡彬. 2003. 长江三角洲区域的城市网络化发展内涵研究[J]. 中国工业经济,（10）: 35-42.

李国平. 2010-03-25. 网络化大都市：破解大城市发展空间难题[N]. 中国社会科学报, 第11版.

李国平. 2014. "政治副中心"不可取 首都"单中心集聚"效应破解良方[J]. 人民论坛,（13）: 28-30.

李国平. 2022. 把握首都发展内涵 切实加强"四个中心"建设[J]. 北京观察, 376（2）: 12-13.

李国平, 等. 2004. 首都圈：结构、分工与营建战略[M]. 北京：中国城市出版社.

李国平, 宋昌耀. 2019. 京津冀区域空间结构优化策略研究[J]. 河北学刊, 39（1）: 137-145.

李国平, 孙铁山. 2013. 网络化大都市：城市空间发展新模式[J]. 城市发展研究, 20（5）: 83-89.

李国平, 杨艺. 2023. 全球格局变化下北京"四个中心"建设研究[J]. 北京社会科学,（2）: 22-32.

李江帆. 2005. 产业结构高级化与第三产业现代化[J]. 中山大学学报（社会科学版）,（4）: 124-130, 144.

刘传江. 1999. 世界城市化发展进程及其机制[J]. 世界经济,（12）: 36-42.

卢明华. 2010. 荷兰兰斯塔德地区城市网络的形成与发展[J]. 国际城市规划, 25（6）: 53-57.

卢明华, 李国平, 孙铁山. 2003. 东京大都市圈内各核心城市的职能分工及启示研究[J]. 地理科学,（2）: 150-156.

卢明华, 孙铁山, 李国平. 2010. 网络城市研究回顾：概念、特征与发展经验[J]. 世界地理研究, 19（4）: 113-120.

彭兴业. 2000. 首都城市功能研究[M]. 北京：北京大学出版社.

王颖. 1999. 信息网络革命影响下的城市——城市功能的变迁与城市结构的重构[J]. 城市规划,（8）: 24-26, 63.

文魁. 2017. 北京城市发展的十大关系[J]. 城市管理与科技,（1）: 15-17.

吴海瑾. 2009. 基于产业价值链分拆理论的产业高端化研究[J]. 山东社会科学, 162（2）: 108-110, 67.

吴良镛. 2012. 北京城市发展模式转型的战略思考[J]. 北京规划建设,（3）: 6-11.

席强敏, 李国平. 2018. 超大城市规模与空间结构效应研究评述与展望[J]. 经济地理, 38（1）: 61-68.

杨开忠, 李国平, 等. 2000. 持续首都—北京新世纪发展战略[M]. 广州：广东教育出版社.

张京祥, 邹军, 吴启焰, 等. 2001. 论都市圈地域空间的组织[J]. 城市规划,（5）: 19-23.

张可云，沈洁. 2017. 北京核心功能内涵、本质及其疏解可行性分析[J]. 城市规划，41
（6）：42-49.
张强. 2016. 城市功能疏解与大城市地区的疏散化[J]. 经济社会体制比较，（3）：26-30.
Puga D. 1999. The rise and fall of regional inequalities[J]. European Economic Review, 43
（2）：303-334.

第二章
典型国际大都市发展及其战略规划

伦敦、东京、纽约是具有较强全球影响力的超大城市，发展历史较为悠久，其中伦敦和东京还是政治、经济实力雄厚的大国首都。通过选取伦敦、东京、纽约三个城市为案例，总结梳理其城市发展经验及战略规划思想，能够为北京高质量发展提供一定的借鉴和启示。

第一节　伦敦发展及其战略规划

伦敦是历史文化底蕴深厚、经济发展水平领先的全球超大城市，同时也是具有一定国际话语权的大国首都。伦敦的城市发展经验及其战略规划思想，对谋划北京高质量发展具有借鉴价值。

一、伦敦发展的阶段性特征

（一）人口规模变化：城市化—郊区化—逆城市化—再城市化

英国是世界上最早进入工业化和城市化加速阶段的国家。自18世纪60年代工业革命以来，英国进入人口快速扩张期，1760年总人口达到650万人，1801年增长到1635万人，年均增长率高达2.28%。此后，英国总人口规模稳定增长，到2019年达到6683.44万人。在工业化快速推进的同时，英国的城市化水平也在快速提升，由1760年的25%提高至1801年的33.8%（毛新雅和彭希哲，2013）。自19世纪初期开始，英国城市化进入加速增长阶段，1851年达到54%（Carter and Lewis，1990），1901年增长至77%（Bédarida，1976）。20世纪后，英国的城市化水平逐渐趋于成熟和稳定，基本稳定在80%左右。2010—2019年，随着总人口的增加，英国的城市化水平每年波动增长0.2个百分点，2019年为83.65%（图2-1）。

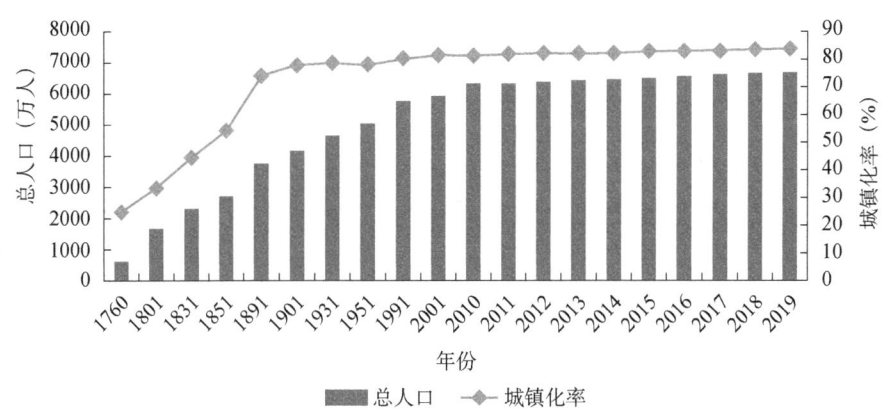

图 2-1　1760—2019年英国总人口与城市化水平变化
资料来源：世界银行数据库（https://data.worldbank.org）。

伦敦作为英国的首都，其人口的城市化进程相对其他城市更为超前。大伦敦区由伦敦城、内伦敦和外伦敦共33个次级行政区组成。根据克拉森和伯格对大都市区人口城镇化空间路径的划分，大伦敦区主要经历了城市化、郊区化、逆城市化和再城市化四个阶段。从1760年到19世纪中期，大伦敦区处于城市化阶段，城市人口尤其是内伦敦人口持续增加，内伦敦人口增速远快于外伦敦；1851—1941年为郊区化阶段，人口增长速度不断降低，且人口由内伦敦向外伦敦扩散，外伦敦人口增速显著快于内伦敦，外伦敦人口规模由 1851 年的 33 万增长到 1941 年的 472 万人；1942—1991 年为逆城市化阶段，人口总体处于负增长，且内伦敦人口持续外迁至小城镇和农村区域（Champion，2005）；1992—2018 年为再城市化阶段，大伦敦区又出现人口快速增长现象，内伦敦人口增速显著快于外伦敦。这一时期，内伦敦人口规模从 227 万人增长到 362 万人，外伦敦人口规模从 402 万人增长到 538 万人，年均增长率分别高达 1.74%和 1.09%（图 2-2）。

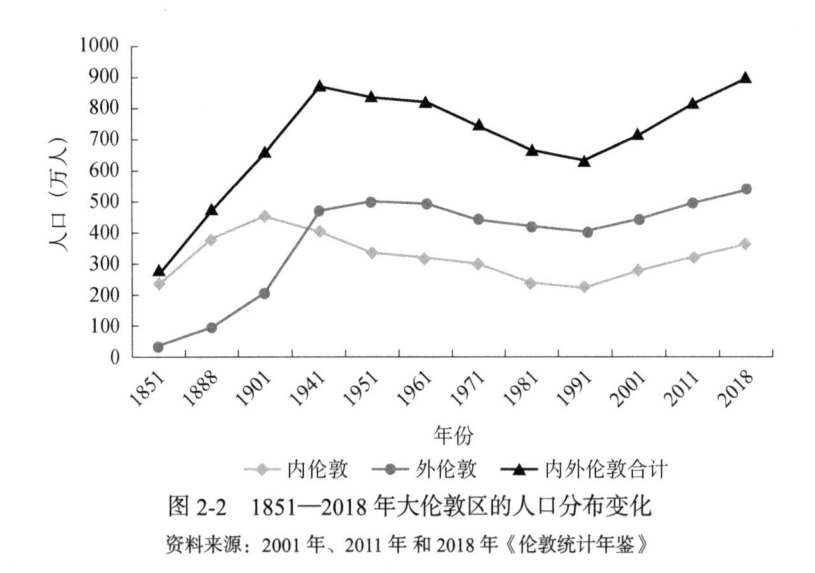

图 2-2　1851—2018 年大伦敦区的人口分布变化
资料来源：2001 年、2011 年和 2018 年《伦敦统计年鉴》

（二）人口结构变化：人口老龄化程度较高，但外来移民涌入在一定程度上抑制了老龄化进程

二战后，英国的经济持续高速增长，国民生活水平不断提升，医疗卫生设施不断完善。与此同时，英国的老龄化进程也明显加快，这主要体现在三个方面：一是 65 岁及以上老年人口增加。1985—2019 年，英国 65 岁及以上老年人口增加了 343 万人。2010 年英国 65 岁及以上老年人口比重为 16.57%，到 2019 年这一占比增至 18.51%（图 2-3）。二是英国人的平均寿命和平均年龄不断提高。自 20 世纪 70 年代开始，英国 0—14 岁人口占比呈逐年下降趋势，由 1970 年的 24.17%降到 2019 年的 17.7%。此外，英国的出生率一直很低，导致英国总人口增长缓慢，这无形中拉高了老年人占总人口的比重。2012 年英国的人口普查显示，英国人的平均年龄为 39.7 岁，预计 2037 年将提高到 42.8 岁。三是英国的退休年龄不断推迟。英国政府决定将继续推迟退休年龄，预计 2030 年将推迟至 68 岁。

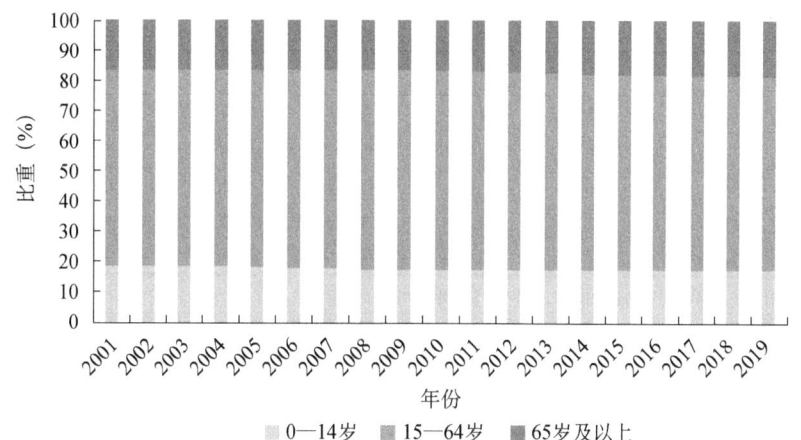

图 2-3　2001—2019 年英国常住人口年龄结构

资料来源：世界银行数据库（https://data.worldbank.org）。

虽然相对英国整体水平而言，大伦敦区的老龄化水平相对较低。但按照国际上通常的标准，65 岁及以上人口比重超过 7% 即可认为进入了老龄化社会，大伦敦区已经进入老龄化，老龄化现象较为严重（申立和吴芳芳，2017）。从大伦敦区常住人口的年龄结构来看，65 岁及以上老年人口持续增加。2001 年伦敦 65 岁及以上老年人口为 89.15 万人，2018 年增加到 105.74 万人。然而，2001—2018 年伦敦 65 岁及以上老龄人口比重呈现先下降后增长的态势，这与英国的人口政策和人口总量变化有较大关系。

2001—2011 年英国人口出生率一直较低甚至为负增长，人口增长主要依赖于外来移民。40% 以上的移民都流入到大伦敦区，且移民的年龄大都在 20—29 岁，这使得这一时期伦敦 15—64 岁劳动人口比重不断上升，由 2001 年 68.53% 提高到 2011 年 70.20%，劳动人口占比的提高一定程度上拉低了大伦敦区的老龄化水平。然而，2011 年之后，英国政府开始限制移民数量，将年净迁入量控制在 10 万人以内，且限制低技能人口流入。这导致净移民人口规模不断减少，到 2017 年减少至 90 万人。2018 年大伦敦区 0—64 岁人口为 794.9 万人，相比 2011 年年均增长 1.29%，低于 65 岁及以上老年人口的年均增长率（2.25%），因此这一时期老龄化水平又缓慢上升（表 2-1）。

表 2-1 2001年、2011年和2018年大伦敦区常住人口年龄结构

年份	常住人口数量（万人）	0—14岁 数量（万人）	0—14岁 占比（%）	15—64岁 数量（万人）	15—64岁 占比（%）	65岁及以上 数量（万人）	65岁及以上 占比（%）
2001	717.19	136.54	19.04	491.50	68.53	89.15	12.43
2011	817.39	153.12	18.73	573.80	70.20	90.47	11.07
2018	900.64	185.32	20.58	609.58	67.68	105.74	11.74

资料来源：2001年、2011年和2018年《伦敦统计年鉴》。

（三）就业结构变化：文化教育、信息技术，金融中介就业人口快速增长，就业人口占比不断上升

大伦敦区各个功能节点之间的联系逐步趋于网络化。内伦敦的中央活动区集中了金融、贸易、文化以及商务、酒店等配套设施，并建有完善的交通等基础设施网络，成为大伦敦区的地理与经济核心区。面向国际的金融、教育、科技研发、港口功能已经从内伦敦核心区向外围地区转移，形成多个专业化、国际化的功能中心。一些原本因土地竞租而外迁至城区边缘的市民生活服务功能，逐渐更多地在伦敦市中心布局。2001—2011年，伦敦城房地产、租赁，制造业，运输、仓储和通信业就业人口迅速减少，占大伦敦区的比重也迅速下降，而文化教育、信息技术，金融中介就业人口快速增长，占大伦敦区的比重也在上升。伦敦城更专业化于金融中介，文化教育、信息技术产业，2011年这两个行业的就业人口比重分别为30.63%和10.88%（表2-2）。

表 2-2 2001—2011年伦敦城和大伦敦区就业结构及变动情况 （单位：%）

行业	2011年伦敦城就业人口结构	2011年大伦敦区就业人口结构	2001—2011年伦敦城就业人口增长率	2001—2011年伦敦城就业人口占大伦敦区比重变化
农业、狩猎业和林业	0.06	0.07	−60.00	0.04
采掘业	1.98	0.16	392.86	0.92
制造业	0.32	3.62	−94.55	−0.07
电、煤气及水的供应	0.32	0.69	37.50	−0.03
建筑业	2.24	7.36	77.27	0.00
批发和零售贸易、机动车修理	6.54	14.65	1.79	0.00
住宿和餐饮业	6.14	7.06	28.14	−0.02
运输、仓储和通信业	2.24	5.62	−56.91	−0.03
文化教育、信息技术	10.88	7.75	0.00	0.14
金融中介	30.63	8.60	48.81	0.08

续表

行业	2011年伦敦城就业人口结构	2011年大伦敦区就业人口结构	2001—2011年伦敦城就业人口增长率	2001—2011年伦敦城就业人口占大伦敦区比重变化
房地产、租赁	1.87	2.23	-95.58	-0.14
公共管理和国防	10.68	12.22	45.88	-0.06
教育	9.36	10.78	42.36	-0.01
卫生及社会工作	7.12	12.02	-27.27	-0.04
其他	9.64	7.18	-14.50	-0.02

资料来源：根据王亮. 国际观察012 | 伦敦社会经济发展基础资料一键打包[EB/OL]. https://mp.weixin.qq.com/s/g2ds5qzuo0_PW6ypSbBv9w 提供的数据整理计算。

（四）空间结构变化

1. 常住人口呈现由西部和南部向东部不断扩散的分布态势，文化创意产业发展助力东部地区人口复兴

2001年，外伦敦的常住人口主要分布在西部和南部地区，在克罗伊登、布罗姆利、伊灵和巴尼特等地形成点状常住人口集聚区。而外伦敦的东部地区失业率较高，人口大量外流（涂云海，2018）。2004年，伦敦市政府启动大伦敦规划，在东部地区大力发展文化创意产业，并将发展活动引导到东部地区，促进东部机遇性增长（魏伟等，2020）。到2011年，伦敦东部地区人口数量显著增加，由2004年的18万增长到22万。与此同时，西部和南部地区人口也在加速集聚，点状集聚的特征愈发明显。2018年，常住人口过度集聚的现象进一步缓解，由西部和南部向东部地区扩散的态势较为明显，并在内伦敦和外伦敦地区形成片状人口集聚带。

2. 内伦敦人口密度过密且人数持续增多，文化艺术区和学区成人口集聚热点

2001—2018年，大伦敦区人口分布空间极化现象较为严重，内伦敦地区人口高度集聚。2001年，内伦敦的人口密度为8514.28人/公里^2，约为外伦敦的2.36倍。人口密度较大的区主要为伦敦的皇室所在地、文化艺术区和学区，其中肯辛顿-切尔西区和伊斯灵顿区密度最高，分别为13 380人/公里^{2}和12 070人/公里^2。2011年，内伦敦的人口密度为9699.37人/公里^2，约为外伦敦的2.41倍。到2018年，内伦敦人口过度集聚的特征愈加明显，人口密度进一步增加到10 833人/公里^2，为外伦敦的2.49倍。其中人口密度最高的区

为文化艺术区伊斯灵顿区和学区哈克尼区、陶尔哈姆莱茨区，密度均超过14 790人/公里²。此外，伴随着大伦敦规划中伦敦重建计划的推进，外伦敦部分市区配套不断完善，也吸引了大量人口聚集。比如，哈林盖区的人口密度从2011年的8660人/公里²增长到2018年的9600人/公里²，年均增速高达1.48%。

二、伦敦发展战略规划

2021年3月，新版《伦敦规划——大伦敦空间发展战略》（The London Plan—The Spatial Development Strategy for Greater London）经大伦敦区议会审议并正式发布。此版规划是大伦敦政府成立以来发布的第三版总体规划，规划至2041年，涵盖大伦敦区交通、环境、经济、住房、文化、健康等关键领域的发展战略。针对伦敦所面临的各项重大挑战，规划提出了"良性增长"（good growth）的总目标，即具有社会和经济包容性及环境可持续性的增长。在总目标的指引下，规划提出了六大分目标：建设强大而包容的社区；充分利用土地；创造健康城市；提供伦敦市民所需的住房；发展良好的经济；提高效率和韧性（详见表2-3）。

表2-3 《伦敦规划——大伦敦空间发展战略》的六大目标

目标	战略内容
建设强大而包容的社区	给予更多的政策支持，提供必要的基础服务设施与社会服务设施，鼓励各群体参与地区发展
充分利用土地	（1）建成47个机遇发展区（opportunity areas），这些地区一般有着较好的交通可达性（比如可以步行或者乘坐公共交通上班或者娱乐），也有可用于拆迁改造的棕地（相当于我国的旧城改造区）； （2）开发公共部门和位于郊区的闲置土地，重视小面积空余土地的开发和发展
创造健康城市	（1）到2041年，伦敦居民80%的行程将通过步行、自行车和公共交通工具方式进行，到2050年伦敦成为"零碳城市"； （2）保护伦敦的绿化带和稳定自然保护区面积； （3）确保建筑物和基础设施的设计能适应不断变化的气候环境，减少洪水和热浪等自然灾害的影响，同时也计划减轻甚至避免造成城市热岛效应； （4）未来所有的新建筑物须按零碳标准建造，尽量减少拆卸或者再利用建筑废物
提供伦敦市民所需的住房	（1）每年新建5.2万套住宅； （2）10%的新住房必须符合无障碍的最高标准； （3）未来50%的新房需是民众真正负担得起的
发展良好的经济	（1）到2041年增加690万个就业岗位； （2）培育世界一流的数字经济

续表

目标	战略内容
提高效率和韧性	（1）通过使用智能技术手段、利用低碳能源，到2050年实现零碳排放； （2）使住宅和基础设施更好地应对热浪、火灾、恐怖主义威胁，优化水资源管理以减少洪水风险； （3）精心规划设计地方基础设施，使城市更智能、更高效、更有弹性

第二节　东京发展及其战略规划

东京与北京同为亚太地区发展的领头羊，具有较为雄厚的政治、经济实力，其发展阶段与基础条件具有一定的相似性。东京的城市发展经验及其战略规划思想，对谋划北京高质量发展具有借鉴价值。

一、东京发展的阶段性特征

（一）人口规模变化：城市化—郊区化—再城市化

日本的城市化始于1868年明治维新时期，然而在1945年之前始终落后于欧美工业化国家。在朝鲜战争和新一轮科技革命的刺激下，日本的城市化水平从1946年的27.8%上升到1975年的75.9%，而后城市化水平基本保持稳定。东京都市圈作为日本三大都市圈之一，是日本最大的城市集聚体，也是世界上最大的经济体之一。狭义的东京都市圈指的是"一都三县"（东京都、神奈川县、千叶县和埼玉县），相当于东京50公里圈。广义的东京都市圈也即首都圈，指的是"一都七县"（东京都、神奈川县、千叶县、埼玉县、茨城县、群马县、栃木县和山梨县），相当于东京100—150公里圈。

1945—1955年为东京都市圈的快速城市化阶段。在美国的扶植下，日本经济全面启动并迅速恢复。东京大力发展钢铁、化纤、电子、机械等资本密集型产业和劳动密集型产业，工业发展甚至超过二战前水平，城市人口规模快速增长。1956—1995年进入郊区化阶段，主要表现为都心三区人口开始减少，"一都三县"人口增加。此后"一都三县"和整个东京都市圈地区人口规模持续扩大，进入绝对分散的郊区化阶段。1996—2015年后，东京都市圈进入新一轮城市化阶段（山神達也，2003），城市中心区、内城人口显著增加，外郊区人口显著减少（图2-4）。2015年东京23区人口规模达到927万人，相较1995年增加了130万人（彭际作，2006）。

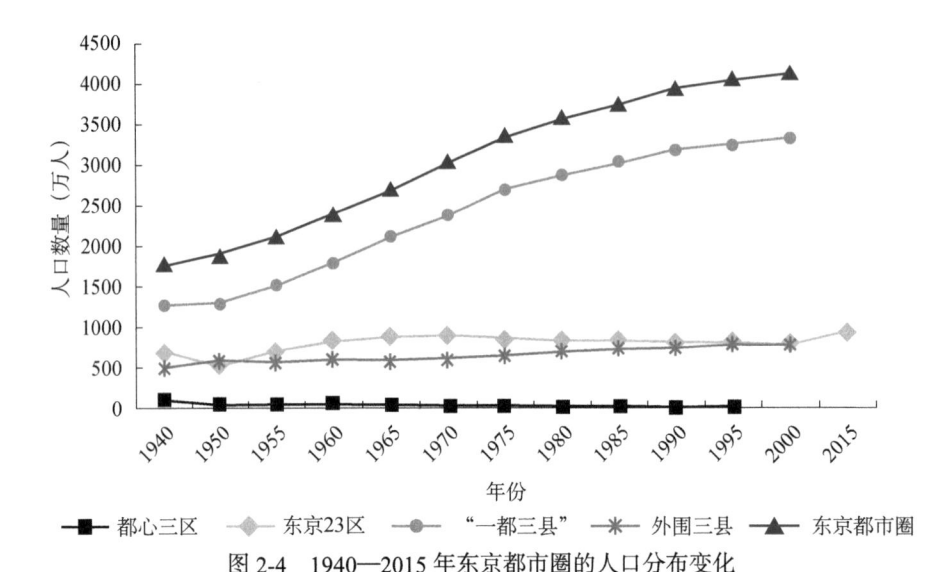

图 2-4　1940—2015 年东京都市圈的人口分布变化

资料来源：日本统计信息网上公布的历年《日本统计年鉴》和《东京都统计年鉴》。

（二）就业结构变化

1. 东京都市圈就业结构呈现中心集聚特征，东京都就业人数多，外围三县就业人数相对较少

从 2017 年东京都市圈就业结构来看，东京都的就业人口最多，就业密度最大。2017 年东京都就业人口达到 788.7 万人，而埼玉县、千叶县、神奈川县就业人口分别仅为 390.6 万人、327.4 万人、490.1 万人。在东京都内部，2017 年区部就业人口 561.9 万人，市部就业人口 225.7 万人。东京都西部和南部的区部就业人口最多，2017 年达到 253.6 万人。东京都西部和南部的区部也是就业人口增长速度最快的区域，2012—2017 年增长 15.5%，其次是东部和北部，增长 8.2%，中部地区增长最慢，仅为 0.7%。

2. 从历史演化趋势看，东京都市圈的制造业和服务业均呈现由东京都向外围三县疏解的趋势，制造业疏解力度更大

制造业方面，1957—2012 年东京都的制造业就业人口占东京都市圈的比重一直高于其他地区，但占比不断下降。1957—2012 年，东京都区部制造业就业人口占比减少了 36.31 个百分点，基本都转移到了外围三县。埼玉县制造业就业人口占比增加得最多，由 1957 年的 9.65% 上升到 2012 年的 26.36%，增加了 16.71 个百分点。千叶县和神奈川县制造业就业人口占比也分别上升了

8.95个百分点和9.01个百分点。服务业方面，服务业由东京都区部向市部的疏解特征虽不如制造业明显，但在1957—2012年东京都区部服务业占东京都市圈的就业人口占比下降了近15个百分点，东京都市部和外围三县服务业就业人口占比均有不同程度的上升，其中埼玉县的上升幅度最大，由8.14%上升到14.06%（表2-4）。

表2-4　1957—2012年东京都市圈各地区分行业就业人口占比　（单位：%）

区域	年份	总就业人口	非农业	建筑业	制造业	服务业	批发和零售业	金融保险业	房地产业	运输通信业	其他服务业
东京都区部	1957	64.04	63.97	63.66	65.30	63.20	66.27	76.69	83.86	55.92	56.79
	1969	55.37	55.32	55.10	48.78	59.62	62.45	71.10	69.18	49.78	55.01
	1975	53.54	53.45	50.73	45.03	57.66	59.42	67.59	64.48	57.22	52.94
	1986	47.80	48.14	43.19	38.35	51.48	52.98	62.95	57.46	50.36	47.64
	2001	44.72	44.72	39.24	35.38	47.06	45.68	63.54	54.91	43.17	46.87
	2012	45.44	45.46	39.62	28.99	48.22	46.45	64.78	53.92	58.82	43.30
东京都市部	1957	3.13	3.14	2.51	3.22	3.12	2.99	2.14	2.32	1.39	4.34
	1969	3.67	3.69	3.23	3.99	3.53	3.46	3.56	2.85	2.29	4.20
	1975	3.76	3.77	3.14	3.75	3.84	3.59	3.88	3.03	3.12	4.47
	1986	4.26	4.24	3.55	4.48	4.27	4.08	4.04	3.62	3.75	4.72
	2001	4.71	4.71	4.12	4.80	4.75	4.65	3.92	4.49	3.86	5.12
	2012	4.71	4.71	4.11	4.87	4.73	4.70	4.68	4.35	3.31	5.36
外围三县	1957	32.83	32.88	33.83	31.48	33.68	30.75	21.17	13.83	42.69	38.87
	1969	40.95	40.99	41.67	47.23	36.85	34.09	25.33	27.97	47.93	40.79
	1975	42.70	42.78	46.12	51.22	38.50	36.99	28.53	32.48	39.66	42.59
	1986	47.94	47.63	53.25	57.17	44.25	42.94	33.01	38.92	45.90	47.65
	2001	50.57	50.57	56.64	59.82	48.20	49.68	32.54	40.60	52.97	48.02
	2012	49.85	49.83	56.27	66.14	47.05	48.86	30.54	41.73	37.87	51.34

资料来源：日本统计信息网上公布的历年《日本统计年鉴》和《东京都统计年鉴》。

（三）空间结构变化

1. 人口变化呈现外部人口不断集聚与内部人口向外围扩散双轨并行的特征，传统产业转型升级助力外围三县人口快速增长

1960—1990年，伴随着经济的高速发展，日本的城市化进程也加快推进。日本的人口加速向三大都市圈集聚，其中东京都市圈是人口集聚的核心。1960年，东京、大阪和名古屋三大都市圈的人口占全国人口的比重为39.6%，其中东京都市圈占比为18.9%。1990年三大都市圈的人口占比增长到48.9%，其中东京都市圈占比增长近7个百分点，达到25.7%。1990年以后，

日本经济进入低迷期,三大都市圈的人口增速逐渐放缓,但东京都市圈的人口增长仍相对较快。2015年,三大都市圈人口占比相对1990年提升2.9个百分点,其中东京都市圈占比提升2.7个百分点,达到28.4%(表2-5)。

表2-5 1960—2015年日本三大都市圈人口规模及占全国总人口比重

都市圈	指标	1960年	1970年	1980年	1990年	2000年	2010年	2015年
东京都市圈	规模(万人)	1786.4	2411.3	2869.7	3179.6	3341.8	3561.8	3613.1
	占比(%)	18.9	23.0	24.5	25.7	26.3	27.8	28.4
东京、大阪、名古屋三大都市圈	规模(万人)	3737.9	4827.4	5592.2	6046.4	6287.2	6545.5	6581.1
	占比(%)	39.6	46.1	47.8	48.9	49.8	51.1	51.8

资料来源:日本的人口普查数据和历年《东京都统计年鉴》。

在东京都市圈内部,1960—2018年东京都市圈人口增长1872万人,年均增长率为1.24%。其中,东京都人口增长492万人,年均增长率为0.76%;外围三县人口增长1879万人,年均增长率高达3.06%。东京都市圈内部"一都三县"人口规模增长差异与其所处的产业发展阶段有关,这主要体现在,1960年东京都城镇化率约为92%,主导产业为劳动密集型工业。此后,东京都大力发展知识密集型的生产性服务业,人口增长较为稳定。1960年神奈川县、埼玉县和千叶县的城镇化率分别为70.0%、36.9%和28.7%,主导产业为农林水产业、矿业等传统产业。21世纪以来,外围三县不断承接东京都的产业转移,并加快推进传统产业技术升级,逐渐成长为东京都市圈人口集聚的主力区域(何东和蓝志勇,2018)。整体来看,1960—2018年,东京都市圈人口变化呈现外部人口不断集聚与内部人口向外围扩散双轨并行的特征,外围三县逐渐成为东京都市圈人口增长的主要区域(表2-6)。

表2-6 1960—2018年东京都市圈人口规模(单位:万人)与人口密度(单位:万人/公里^2)

地区	1960年 人口规模	1960年 人口密度	1990年 人口规模	1990年 人口密度	2001年 人口规模	2001年 人口密度	2011年 人口规模	2011年 人口密度	2015年 人口规模	2015年 人口密度	2018年 人口规模	2018年 人口密度
东京都市圈	1287	0.13	2761	0.20	3369	0.25	3569	0.26	3614	0.27	3658	0.27
东京都	890	0.41	1159	0.53	1217	0.55	1320	0.60	1352	0.62	1382	0.63
外围三县	397	0.03	1602	0.14	2152	0.19	2249	0.20	2262	0.20	2276	0.20
神奈川县	241	0.10	731	0.30	858	0.35	906	0.38	913	0.38	918	0.38
埼玉县	90	0.02	487	0.13	698	0.18	721	0.19	727	0.19	733	0.19
千叶县	66	0.01	384	0.07	597	0.12	622	0.12	622	0.12	626	0.12

资料来源:日本统计信息网上公布的1960—2018年《日本统计年鉴》和《东京都统计年鉴》。

2. 人口密度呈现从"孤岛式高密度集聚"逐渐转向"外围连片式扩散"特征，交通条件的改善和产业空间的扩散为人口外迁的主因

从人口密度的空间特征来看，东京都市圈人口分布呈现出由"孤岛式高密度集聚"向"外围连片式扩散"特征。1960—1990年，东京都的人口密度远高于周边地区，人口分布具有"孤岛式高密度集聚"特征。1990年之后，随着外围三县新城建设、轨道交通条件改善，以及制造业和部分生产性服务业由东京都向外围三县疏解，越来越多的人口外迁至外围三县（舒慧琴和石小法，2008）。到2015年，东京都市圈人口密度超过5000人/公里^{2}的市（町、村）数量达到97个，较1990年增长9个，东京都市圈人口分布的"外围连片式扩散"态势较为明显（陈红艳等，2020）。

二、东京发展战略规划

2017年9月，东京都政府发布了旨在谋划东京都未来发展蓝图的《东京2040：城市发展总体设计——创造东京的未来》（以下简称《总体设计》）。《总体设计》以东京都为规划范围，针对东京都日趋严峻的少子化、高龄化、人口减少等问题，提出要把握技术革新和全球化趋势为城市发展带来的机遇，提出将2040年东京城市发展目标确定为"富有活力和宽裕的高度成熟城市"，提出了打造三个"之城"，即"安全之城、多彩之城、智慧之城"。《总体设计》进而提出了7个城市发展战略和30个政策方针（表2-7）。7个城市发展战略分别为：①形成持续增长且富有活力的增长极；②实现人、物、信息的自由流动；③面向解决灾害风险和环境问题的城市再造；④提供所有人的生活场所；⑤提高生活便捷性和创造多样化的社区；⑥打造美丽绿色、水城融合的城市；⑦通过艺术、文化、体育创造新魅力。

表2-7 《总体设计》的战略与政策方针

战略	政策方针
形成持续增长且富有活力的增长极	保持世界领先的国际商务交流城市
	打造多摩创新中心
	创建体现个性魅力的多样化地区
实现人、物、信息的自由流动	强化机场的功能，以支撑国内外的人员和物资交流
	消除道路拥堵，促进人员和物资顺利移动
	重建道路空间，实现通畅与繁华

续表

战略	政策方针
实现人、物、信息的自由流动	消除电车拥挤，确保轻松快捷出行
	以铁路设施为基础，创建易于出行的城市
	形成高度协作且高效的物流网络
	利用最尖端技术，创造信息城市空间
面向解决灾害风险和环境问题的城市再造	应对各种灾害，创建抗灾能力强的城市
	创建无电线杆的安全美丽的城市
	在发生灾害时也能开展正常的城市活动和居民生活，并可以迅速复兴
	城市基础设施在将来也能持续健全地使用
	城市整体减少能源负荷
	实现可持续发展的循环型社会
提供所有人的生活场所	提供符合多种生活方式的生活场所
	适应高龄人员与残疾人需要且儿童能够健康成长的环境建设
	妥善可持续使用优质住宅设施
	将多摩新市区重建为生活富裕、充满活力的城市
提高生活便捷性和创造多样化的社区	形成有特色和重点的市区
	形成新的闹市，支持多彩生活
	以多样化的空间，支撑创建能够产生社区的城市
打造美丽绿色、水城融合的城市	创建任何地方都可以感受到绿色的城市
	培育有产业贡献且具有活力的城市农业
	创造享受滨水风景的城市空间
通过艺术、文化、体育创造新魅力	挖掘体现城市历史的传统文化魅力
	创建游客会持续选择的旅游城市
	创建运动融入生活中的城市
	充分活用 2020 年东京奥运会竞技设施

特别值得关注的是，《总体设计》针对未来人口减少和不断加深的社会老龄化问题，提出着力打造集约型城市结构，并从东京都市圈整体发展出发，强调加强东京都市圈内广域中枢据点（东京都区部），以及多摩广域据点、横滨—川崎广域据点、千叶广域据点、埼玉广域据点和筑波—柏广域据点的联动和交流，构建承担首都功能的多功能集约型的城市结构。

第三节 纽约发展及其战略规划

纽约是全球闻名的国际大都市，人口与经济活动高度集聚，具有世界领先的综合发展水平。纽约的城市发展经验及其战略规划思想，对谋划北京高质量发展具有借鉴价值。

一、纽约发展的阶段性特征

（一）人口规模变化

纽约是美国人口最多的城市，是世界上城市人口最为集聚的地区之一，也是一个天然的港口城市。总体而言，纽约的人口规模变化经历了快速增长、总量稳定、郊区化和中心城区复兴4个阶段（赵燕霞和刘黎，2014）。

1. 快速增长阶段：人口总量增长迅速，由非城市地区向城市地区迁移

20世纪初到50年代为美国快速城市化时期，整个纽约大都市区人口总量迅速增长。这一阶段的都市区人口快速增长最主要的原因在于美国第一、第二次工业革命的完成，工业化是这个时期推动纽约大都市区人口发展的关键力量。作为19世纪末美国制造业的中心城市，纽约吸引了大量人口向其集聚。这个阶段纽约大都市区人口迁移的主要方向是从非城市地区向城市地区迁移，纽约大都市区范围迅速扩张，人口规模急速增长。第一次世界大战结束之后，大量非洲裔美国人涌入纽约大都市区，到1950年纽约大都市区人口达到789万人，城市化建成区已基本成型。在这个时期，纽约大都市区的地位正式确立，"大纽约"的概念逐渐普及。1922年区域规划协会正式成立，并于1929年制定了第一版《纽约大都市区规划》《Regional Plan of New York and Its Environs》。

2. 总量稳定阶段：人口增长速度放缓，郊区开始发展

20世纪50—70年代，纽约大都市区人口总量持续增长，但是增长速度有所放缓，人口总量稳定在780万人左右。在这一时期，与中心城区的人口规模趋于稳定形成较大反差的是，纽约大都市区内圈区域，即纽约周边区域的人口不断增加。60年代起，全球产业结构在科技革命的催动下发生了较大

变革，纽约大都市区经历了制造业衰落和第三产业崛起的双重变化。产业的变化引起了就业结构的变化，促使居住于都市区中心的中产阶级家庭向郊区迁移。与此同时，人口快速增长给城市中心区带来了严重的"城市病"问题：中心城区人口密度过大；工业污染不仅损害了城市环境，还使很多居民患上了肺部疾病；汽车的普及使原有道路无法承载迅速增加的通行需求。经济的繁荣促使人们追求更加良好的生活居住环境，越来越多的中产阶级家庭不愿意继续向城市中心靠拢，反而倾向于在郊区居住。在这样的背景下，低密度的郊区住宅被不断开发，纽约大都市区边缘的郊区面积逐渐扩大。针对这种情况，区域规划协会在 1968 年推出了第二版《纽约大都市区规划》，规划称这种形式的郊区扩张为"蔓延城市"，认为这种扩张将对纽约大都市区的发展产生阻碍。

3. 郊区化阶段：人口增长停滞甚至有所下降，中心城区出现衰退

快速城市化和工业化进程给纽约带来了诸多"城市病"问题，郊区居住条件和基础设施也持续完善，这两方面的合力作用使得 20 世纪 70—90 年代城市中心的人口不断向郊区迁移，人口增长速度非常缓慢。城市中心还出现了特殊的人口分布现象，高收入人群向都市区外圈迁移，郊区成为中产阶级的乐园。继续居住在城市中心的人口主要为非洲裔和低收入的其他少数族裔群体，贫困、种族隔离等成了纽约城市中心最为棘手的社会问题。低收入群体在城市中心集中居住，对公共交通产生了较大的需求，而中高收入群体主要依靠私人车辆进行通勤，这种需求的差异决定了公共交通系统的收费价格较低，源源不断的公共资源被用于对公共交通进行补贴，给地方财政带来了"愈补愈多"的恶性循环。郊区的快速发展带来了一系列环境问题，比如，郊区自然景观和空气、水资源被无序的城市蔓延破坏，低密度的土地开发方式造成土地资源的大量浪费，空气污染和水污染日益严重，森林、农田与湿地的开发导致野生动物栖息地被大幅破坏。第二版《纽约大都市区规划》所倡导的一系列郊区化的解决方案由于各地方政府公共财政的无力支撑而无法得到延续，纽约大都市区开始出现逆城市化的现象。

4. 中心城区复兴阶段：中心城区开始复兴，都市区总体环境有所改善

20 世纪 90 年代后，纽约大都市区出现了新一轮的人口增长。由于二战结束后"婴儿潮"时期出生的人口逐渐进入退休年龄，都市区老龄人口负担

愈加严峻。城市中心的就业岗位仍保持着向都市区外围转移的趋势，尤其是较高收入人群和白种人。作为一个庞大的国际移民吸引城市，纽约新的移民人口补充了城市中心人口的流失，总体人口规模有所增长，人口种族多样化明显增加。为了解决郊区化、逆城市化潮流造成的空气、水资源和土地资源等环境问题，纽约大都市区积极采取治理措施，但是郊区范围的蔓延仍在继续，越来越多的农田被郊区化的进程侵蚀，空气质量没有达到《联邦空气质量标准》。1996年，区域规划协会发布了第三版《纽约大都市区规划》，提出未来长期发展目标是经济、公平和环境，并提出植被、城市中心、流动性、劳动力和治理五个任务，旨在提升人居环境水平和生活品质。

进入21世纪后，温室效应造成的海平面上升给拥有漫长海岸线的纽约大都市区带来了新的威胁，尤其是作为都市区中心的纽约。数据显示，2012—2021年，纽约人口规模持续增加，由2012年的836万人增长至2021年的880万人。这10年间，纽约人口规模年增长率始终为正数（图2-5）。纽约是美国人口最为密集的城市，2021年其人口密度达到10 890人/公里^2，预计到2050年，纽约人口规模将继续增长至900万人。

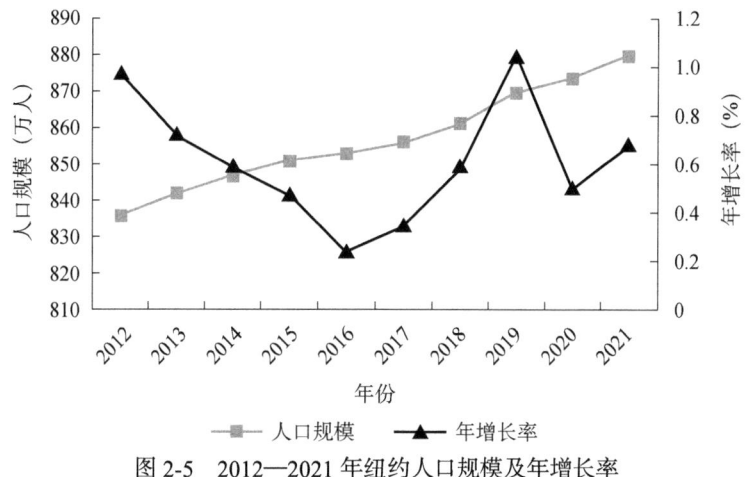

图2-5 2012—2021年纽约人口规模及年增长率

资料来源：历年《纽约统计年鉴》。

（二）就业结构变化

纽约是美国工业革命最早开始的地区，也是美国传统制造业的中心城市之一。依托于突出的资本与劳动力优势，纽约的皮革、服装、机械制造和食品加工等制造业迅速发展。到20世纪70年代，美国经济发展出现停滞，纽约制造业面临大规模衰退，相关就业人员由 1965 年的 86.5 万人缩减至 1988 年的 35.5 万人（张晓兰，2013）。取而代之的则是服务业部门开始蓬勃发展，出口规模显著增加，国际贸易日益频繁，产业重心逐渐由第二产业向第三产业转型。与制造业相比，技术密集型、知识密集型等生产性服务业的集聚效应更为突出，逐渐发展为纽约第三产业的支柱行业。金融业、房地产业、文化创意产业等行业蓬勃发展，生物技术、软件开发、游戏策划等新技术产业也在不断壮大。当前，纽约已经成为享誉全球的"国际金融中心"，金融业发展水平领先世界。纽约集聚了很多知名企业的总部。2019 年共有 18 家世界 500 强企业（按总营收排行）将总部设在纽约。总部经济的繁荣也带动了相关专业服务行业的发展。

（三）空间结构变化

1870 年以前，纽约的工业化与城市化仍处于起步阶段，城市间联系相对较少，都市区内城市分布格局较为松散。到 1950 年，交通基础设施的网络化使得不同城市之间、城市中心与郊区之间的联系更为紧密。通勤铁路沿线和道路交会处新建多个郊区新城，构成串珠状的城镇空间分布格局。二战后，随着汽车在居民生活中日渐普及，纽约的城镇空间分布格局逐渐摆脱对交通干线的依赖，大量居住在城市中心的居民为追求更高的生活品质向郊区迁移，由此形成面状的向外蔓延新格局。20 世纪 60 年代开始，为了提升郊区居民的生活质量和便利度，纽约在郊区新建多个大型购物中心，进一步将城市中心的居住、工作和生活功能外迁。90 年代以来，纽约周边许多"边缘城市"加速发展，在原有的城市郊区基础上形成了多个具备就业、购物、娱乐等城市功能的新都市，比如，被视为"纽约卧室"的长岛以及与纽约相邻的新泽西州的一些城市。"边缘城市"成为郊区化阶段的新形态，对缓解城市中心的人口、资源、环境压力具有重要作用（安静文，2011）。

二、纽约发展战略规划

在纽约人口规模增长和经济整体繁荣的背后，居住成本持续升高，贫富差距日益扩大，社区种族隔离明显，健康与教育资源不平等状态凸显，道路、地铁、下水道和桥梁等城市核心基础设施正在不断老化，数百英里[①]的海

[①] 1 英里 ≈ 1.6 公里。

岸带和天然海港都面临着气候变化的威胁。为此，纽约市政府于 2019 年 4 月发布规划——《纽约 2050，只有一个纽约》，基于环境可持续、经济平等和社会公正的理念，致力于建设一个更加公正、进步的城市（李国平和杨艺，2021）。规划由 8 大策略和 30 项措施构成，描绘了纽约市 2050 年蓝图。其中 8 大策略分别为（表 2-8）：①有活力的民主。赋予公众权利是成功民主的基础，纽约鼓励市民积极参与公民和民主生活。②包容的经济。经济的安全和体面关系到社会的平等与人们成功的机会，纽约将通过其经济增长为美国梦创造机会、提供保障。③有活力的街区。在纽约，所有的社区都有安全、可负担的住宅，并有公园、文化资源和其他共享空间。④健康的生活。纽约将消除由种族问题导致的生活服务不平等现象，所有的居民都能平等地获取医疗保障、清洁的空气和健康的食品。⑤公平卓越的教育。纽约能够给每个学生提供优质的教育，同时纽约会是多元背景儿童教育的典范。⑥宜人的气候。纽约将不再依赖化石燃料并缓解气候变化带来的风险。⑦高效的出行。纽约将提供可负担、可靠安全和可持续的交通方式，让纽约市民摆脱对汽车的依赖。交通系统和步行性也将成为其经济竞争力和生活质量的核心。⑧现代的基础设施。为市民提供可靠的物理和网络基础设施。

表 2-8 《纽约 2050，只有一个纽约》的八大策略

策略	措施
有活力的民主	让所有人参与到纽约的民主进程当中
	欢迎来自世界各地的新人，让他们享受到与当地居民一样的待遇
	促进人民正义和平等的权利，并重新建立政府公信度
	促进民主，推动创新，并给他们提供展现自我的舞台
包容的经济	通过增加就业岗位和提高工资水平来刺激经济发展
	通过合理公平的工资和福利措施来提高市民的经济保障
	扩大普通工人的决策权、参与权和发言权
	提高城市财政健康水平，以满足当前和未来的需要
有活力的街区	确保每位纽约人都能生活在安全、可靠并负担得起的住房中
	确保所有社区都有公共活动空间和文化交流中心
	提高社区的共同责任意识和加强邻里政策的发展
	促进基于地方的社区规划和战略
健康的生活	保证高质量、负担得起并且可达性高的卫生医疗设施
	保证每个社区周边都有配套的医疗设施
	在社区中推进健康生活
	在社区中创造并推广健康环境

续表

策略	措施
公平卓越的教育	让纽约的儿童教育成为全国的先驱
	让幼儿园、小学和中学更为平均地分布在城市的各个社区
	提高学校的文化水平、背景多样性和包容性
宜人的气候	降低碳排放并大力发展清洁能源
	加强社区、建筑物和基础设施的防水性，使之能从灾害中快速恢复
	通过气候变化法案为纽约市民创造就业机会
	为气候变化建立问责和司法系统
高效的出行	使纽约大都市区交通运输网络更现代化
	确保纽约的街道安全和通畅
	减少街道拥堵和尾气排放
	加强地区之间与整个社会的联系
现代的基础设施	对城市核心基础设施进行前瞻性投资
	改善数字基础设施以满足当今 21 世纪的需求
	通过项目实施和交付来确保资金的正常使用

参 考 文 献

安静文. 2011. 世界城市空间结构比较及其对北京的启示[D]. 北京：首都经济贸易大学.

陈红艳，骆华松，宋金平. 2020. 东京都市圈人口变迁与产业重构特征研究[J]. 地理科学进展，39（9）：1498-1511.

何东，蓝志勇. 2018. 日本东京超大城市人口治理经验探讨[J]. 中国行政管理，400（10）：134-138.

李国平，杨艺. 2021-03-25. "套路深"的大城市走向何方——国外大城市远景规划及启示[N]. 光明日报，第 14 版.

毛新雅，彭希哲. 2013. 伦敦都市区与城市群人口城市化的空间路径及其启示[J]. 北京社会科学，（4）：139-146.

彭际作. 2006. 大都市圈人口空间格局与区域经济发展[D]. 上海：华东师范大学.

山神達也. 2003. 日本の大都市圏における人口増加の時空間構造[J]. 地理学評論，76（4）：187-210.

申立，吴芳芳. 2017. 应对老龄化的全球城市规划经验及启示——以纽约、伦敦、东京、首尔等为例[J]. 北京规划建设，（5）：18-22.

舒慧琴，石小法. 2008. 东京都市圈轨道交通系统对城市空间结构发展的影响[J]. 国际城市规划, 23 (3): 105-109.

涂云海. 2018. 国际大都市人口发展的经验及其启示——以新加坡、伦敦、东京和纽约为例[J]. 政策瞭望, (5): 46-48.

魏伟, 刘畅, 张帅权, 等. 2020. 城市文化空间塑造的国际经验与启示——以伦敦、纽约、巴黎、东京为例[J]. 国际城市规划, 35 (3): 77-86, 118.

张晓兰. 2013. 东京和纽约都市圈经济发展的比较研究[D]. 长春: 吉林大学.

赵燕霞, 刘黎. 2014. 北京人口调控举措的选择——来自国外特大型城市的经验借鉴[J]. 北京市经济管理干部学院学报, 29 (1): 21-26.

Bédarida F. 1976. A Social History of England 1851-1975[M]. London: Methuem.

Carter H, Lewis C R. 1990. An Urban Geography of England and Wales in the Nineteenth Century[M]. London: Edward Arnold.

Champion T. 2005. Population movement within the UK[C]//Office for National Statistics. Focus on People and Migration. London: Palgrave Macmillan: 91-113.

第三章
北京城市发展进程及其阶段性特征

第一节　城市功能定位及其变迁

北京城市总体规划是指导北京城市发展的总纲领。自 1949 年新中国成立以来，到《新总规》发布，北京市先后开展了七次总体规划（或草案）的编制工作（杨保军，2009）。北京城市总体规划结合不同历史时期城市发展的要求，不断对城市功能定位进行修正和调整，也成为指导不同阶段首都发展的总纲领（李国平等，2012）。本节在对比七次北京城市总体规划的基础上，结合历次五年规划（计划），梳理城市功能及定位的演变历程，阐述"首都建设—首都经济增长—首都发展"的演化脉络。

一、新中国成立初期的城市功能定位

1953 年北京市委出台的《改建与扩建北京市规划草案要点》明确提出首都建设的总方针是："为生产服务，为中央服务，归根到底是为劳动人民服

务"（董光器，2010）。该草案提出首都应当成为我国政治、经济、文化的中心，特别要把它建设成为我国强大的工业基地和科学技术的中心，以中心区作为中央首脑机关所在地，将行政中心设在旧城中心部位，四郊开辟大工业区和大农业基地，规划 20 年左右城市人口规模达到 500 万人，城市用地面积扩大到 600 平方公里。该草案成为第一个五年计划期间北京城建设的基本方案，也形成了单中心的空间格局。

1957 年的《北京城市建设总体规划初步方案》进一步强调了要将北京从消费性城市变为生产性城市、建设大工业城市的目标。同时，规划进一步确定了北京的定位——北京是中国的政治中心和文化教育中心，并应迅速建成一个现代化的工业基地和科学技术中心。1962 年，北京市委指出，北京已经实现了由消费性城市向生产性城市的转变，正式进入了以重化工业为主导的工业化阶段。

1973 年编制的《北京城市建设总体规划方案》提出严格控制城市发展规模，凡不是必须建在北京的工程，不要在北京建设，必须建在北京的，尽可能安排到远郊区县。同年的《北京市建设总体规划方案》提出，把北京建成一个具有现代工业、现代农业、现代科学文化和现代城市设施的清洁的社会主义首都。虽然在该方案中北京的城市定位没有实质性变化，仍是延续大力发展工业这一方向，但是已经明确指出北京城市发展中出现的若干问题，如城市规模过大，工业过于集中带来了缺水、环境污染、用地紧张等。

二、改革开放初期的城市功能定位

改革开放初期，两次北京城市总体规划的核心思想是明确政治、文化中心的功能定位，严控城市规模，突出以郊区化、分散集团式优化内部功能布局、强化外部开放化的格局。

1982 年的《北京城市建设总体规划方案》成为北京城市规划建设的转折点。该方案对北京的城市定位进行了调整，明确北京的城市性质是全国的政治中心和文化中心，取消了"经济中心"的提法，并提出了严格控制城市规模，坚持"分散集团式"城市布局，发展远郊卫星城，严格控制城市人口规模的城市发展目标。该方案强调经济发展要适应和服从于城市性质，要调整经济结构，重点发展能耗低、用水少、占地少、运输量少和不污染扰民的工业，对现有重工业进行技术升级改造，同时也提出要改变工业过度集中在市区的状况。

1993 年的《北京城市总体规划（1991 年—2010 年）》再次对北京的城市定位进行了调整，明确北京的城市性质是伟大社会主义中国的首都、全国的政治中心和文化中心、世界著名的古都和现代国际城市，并提出发展适合首都特点的经济，调整产业结构和布局，大力发展高新技术和第三产业，明确提出城市发展要实行"两个战略转移"的方针，即全市城市发展重点要逐步从市区向广大郊区转移，市区建设要从外延扩展向调整改造转移，并将历史文化名城保护纳入总体规划，把城市基础设施现代化和环境建设放在突出位置。这是首次在城市总体规划中突出北京城市的国际功能，提出建设全方位对外开放的现代化国际城市的目标，充分反映了在国际交往和对外开放不断扩大的时代背景下对首都发展的新要求。

三、进入 21 世纪的城市功能定位

进入 21 世纪，北京城市总体规划更加突出明确国家首都、国际城市、文化名城、宜居城市的功能定位。

2005 年的《北京城市总体规划（2004 年—2020 年）》进一步明确了北京的城市定位为"国家首都、国际城市、文化名城、宜居城市"。在该规划中，北京的首都职能、居住功能和文化特色得到强调，并进一步明确提出要将国际城市作为北京城市建设的努力目标，在市域空间结构上为"两轴两带多中心"。北京开始打造"多中心"结构，在市域范围内发展一系列城市职能中心，如中关村科技园区核心区、CBD、亦庄高新技术产业发展中心等。该规划把通州新城作为北京东部重要节点，在这里发展行政办公和金融贸易等功能，通州新城已经具有城市副中心的雏形了。

四、迈向新时代的城市功能定位

党的十八大以来，我国已迈向全面建设社会主义现代化国家的新征程。习近平总书记多次视察北京，围绕"建设一个什么样的首都，怎样建设首都"这一科学问题，对北京的规划建设和管理提出了更高的要求。步入新时代，首都工作必须科学把握新发展阶段、贯彻新发展理念、构建新发展格局，以首善标准加快推进首都高质量发展，积极建成社会主义现代化的标杆城市。在此背景下，确立首都发展的新理念，把握首都发展的新内涵，科学

谋划首都的新征程，具有十分重要的意义。

2017年发布的《新总规》明确北京战略定位为政治中心、文化中心、国际交往中心、科技创新中心，发展目标为建设国际一流的和谐宜居之都，即"四心一都"，确定的空间结构为"一核一主一副、两轴多点一区"，致力于改变单中心集聚的发展模式，构建北京新的城市发展格局。提出到2035年初步建成国际一流的和谐宜居之都，成为拥有优质政务保障能力和国际交往环境的大国首都；到2050年全面建成更高水平的国际一流的和谐宜居之都，成为具有广泛和重要国际影响力的全球中心城市。

第二节　改革开放以来首都发展的阶段性特征及驱动力

在综合参考罗斯托（W. Rostow）、胡佛（E. M. Hoover）、费希尔（J. Fisher）、钱纳里（H. Chenery）等学者对经济发展阶段划分观点的基础上，从经济总量、经济增速、产业结构（三次产业）、城镇化率、劳动生产率、消费支出结构、空间集聚格局等多个维度分析改革开放以来北京城市发展的阶段性特征及驱动力，为北京城市经济发展阶段的划分提供理论依据和现实支撑。

一、城市发展阶段划分的理论依据与标准

关于城市发展阶段的理论，比较有代表性的是钱纳里工业阶段理论。钱纳里将工业经济发展阶段划分为准工业化阶段（初级产品生产阶段）、工业化阶段（细分为工业化初级阶段、中级阶段、高级阶段三个阶段）、后工业化阶段（细分为后工业化初级阶段、高级阶段两个阶段）等三大发展阶段和六个细分发展阶段，评价指标为人均GDP。人均GDP是一个比较好的反映发展水平的综合性指标，但衡量一个国家或地区的工业化水平，还应该包括产业结构、工业结构、就业结构和空间结构等指标。陈佳贵等（2006）构建了人均GDP、三次产业结构、工业结构、城镇化率和就业结构等五个指标，并将发展阶段分为前工业化阶段、工业化实现阶段（工业化初期、中期、后期）、后工业化阶段三大阶段五个细分阶段。在工业化进程中，制造业的比重可能

是下降的，而并非一直上升。同时，针对城市发展阶段的判断，不应该仅仅测度工业化发展阶段，还应该统筹考虑GDP、消费（如恩格尔系数）、城镇化水平等城市发展的多维度指标，这样才能更加全面地反映城市发展的进程和趋势。

本书构建工业化进程综合指数（K指数）（北京大学首都发展研究院，2019），测度和划分改革开放以来北京城市发展进程和阶段。K指数可以理解为是一个指标体系，具体包括人均GDP、三次产业结构、人口城镇化率、劳动就业结构、消费性支出结构五个指标。在经济发展质量方面，将人均GDP作为衡量经济发展阶段的核心指标，反映新中国成立以来首都经济发展水平及当前高质量发展水平。其中，人均GDP标志值为依据美国国家经济研究局2009年GDP折算系数。在结构化指标方面，纳入了三次产业结构和劳动就业结构。此外人口城镇化率、消费性支出结构也作为一般辅助指标纳入测算，其中劳动就业结构采用第一产业就业比重，消费性支出结构采用居民恩格尔系数。发展阶段划分为六个细分阶段，为了更细致地刻画工业化阶段的差别，将工业化阶段从三个细分阶段增加到四个（分别为初期、中期、成熟期、发达期），后工业化阶段从两个细分阶段调整到一个，即后工业化发达经济阶段（表3-1）。

表3-1 工业化发展阶段标志值

基本指标		初级产品生产阶段（Ⅰ）	工业化阶段				后工业化发达经济阶段（Ⅲ）
			初期[Ⅱ(1)]	中期[Ⅱ(2)]	成熟期[Ⅱ(3)]	发达期[Ⅱ(4)]	
(1)人均GDP	1970年（美元）	140—280	280—560	560—1 120	1 120—2 100	2 100—3 360	3 360—5 040
	2009年（美元）	614—1 228	1 228—2 456	2 456—4 911	4 911—9 208	9 208—14 733	14 733—22 100
(2)三次产业结构		$A>I$	$A>20\%$, $A<I$	$A<20\%$, $I>S$	$A<10\%$, $I>S$	$A<10\%$, $I<S$	$A<5\%$, $I<S$
(3)人口城镇化率		30%以下	30%—40%	40%—50%	50%—60%	60%—75%	75%以上
(4)劳动就业结构		60%以上	60%—45%	45%—35%	35%—20%	20%—10%	10%以下
(5)消费性支出结构		60%以上	60%—55%	55%—48%	48%—40%	40%—30%	30%以下

注：①2009年人均GDP标准值，依据美国国家经济研究局网站数据获得的GDP折算系数计算；②三次产业结构，A为第一产业比重，I为第二产业比重，S为第三产业比重；③基本指标选取参考钱纳里工业阶段理论，以及陈佳贵和黄群慧（2012）。

二、城市发展阶段的测算及划分结果

本书通过计算 K 指数来划分北京城市发展阶段。K 指数拟采用分指标计算得分，进而加权合成综合指数的方式得出。各发展阶段各指标得分阈值如表 3-2 所示，其中初级产品生产阶段分值为 0—20 分；工业化阶段分值为 20—80 分，共分为 4 个阶段；后工业化发达经济阶段为 80—100 分。其中每个阶段的最小值为阶段分值的基准值，作为各阶段分值的基础分；各分类指标实际值达到该阶段标志值，则依据相应计算公式计算指标得分，再根据各分指标权重合成计算综合指数 K 值。K 值介于 0—20 分，则判定为初级产品生产阶段；介于 20—80 分，判定为工业化阶段；介于 80—100 分，判定为后工业化发达经济阶段。初级产品生产阶段（Ⅰ），K 指数值小于 20 分；工业化初期[Ⅱ（1）]，K 指数值介于 20—35 分；工业化中期[Ⅱ（2）]，K 指数值介于 35—50 分；工业化成熟期[Ⅱ（3）]，K 指数值介于 50—65 分；工业化发达期[Ⅱ（4）]，K 指数值介于 65—80 分；后工业化发达经济阶段（Ⅲ），K 指数值介于 80—100 分（表 3-2）。

表 3-2　各发展阶段各指标得分阈值　　　　　（单位：分）

分类	初级产品生产阶段（Ⅰ）	工业化阶段				后工业化发达经济阶段（Ⅲ）
		初期 [Ⅱ(1)]	中期 [Ⅱ(2)]	成熟期 [Ⅱ(3)]	发达期 [Ⅱ(4)]	
分值	0—20	20—35	35—50	50—65	65—80	80—100
基准值	0	20	35	50	65	80

（一）城市发展阶段的 K 指数测算方法

1. 分指标测算

采用阶段阈值法计算不同发展阶段的指标得分，计算公式如下：

$$\theta_j = a_{ij} + (x - \min_{ij}) / (\max_{ij} - \min_{ij}) \times \Delta a_{ij}, (i=1,\cdots,5)$$

其中，θ_j 为单个指标分值，a_{ij} 为该指标阶段分值的基准值，x 为该指标的实际数值，$\min_{ij}$ 和 $\max_{ij}$ 为该指标阶段标志值的最小值和最大值，i 代表不同发展阶段，Δa_{ij} 为不同阶段分值的差值，Ⅰ、Ⅲ阶段为 20 分，Ⅱ阶段为 15 分。劳动就业结构和消费性支出结构为反向指标，$\min_{ij}$ 和 $\max_{ij}$ 分别为阶段标志值的最小值和最大值。

其中，三次产业结构按照以下公式计算：$\theta_j = a_{ij} + \beta$。

Ⅰ、Ⅱ（1、2、3）阶段，$\beta=0$；Ⅱ（4），$\beta=(S-I)/(I+S)\times 15$；Ⅲ阶段，$\beta=(S-I)/(I+S)\times 20$，$I$ 表示第二产业增加值，S 表示第三产业增加值。

2. K 指数综合测算

采用加权合成法计算各年工业化进程综合指数，计算公式如下：

$$K = \sum_{j=1}^{n} \theta_j W_j$$

其中，W_j 为各单个指标的权重，j 代表不同指标。分指标权重分别设定方面，因为人均 GDP 是阶段判定的核心指标，计算权重最终定为 0.5；三次产业结构为主要辅助指标，计算权重定为 0.2；其他三个指标（人口城镇化率、劳动就业结构、消费性支出结构）权重均为 0.1。

（二）城市发展阶段的划分结果

改革开放以来，北京市人均 GDP 水平不断提升[①]，产业结构不断优化，人口城镇化率持续上升，农业就业占总就业的比重逐步降低，恩格尔系数不断下降（表 3-3）。

表 3-3 1978—2021 年北京各指标原始数据

年份	人均 GDP（美元）	第一产业增加值所占比重（%）	第二产业增加值所占比重（%）	第三产业增加值所占比重（%）	人口城镇化率（%）	劳动就业结构（%）	消费性支出结构（%）
1978	3 979.66	5.15	71.14	23.71	54.96	28.3	58.7
1983	4 451.98	6.99	61.55	31.46	58.63	21.2	58.8
1984	4 369.32	6.83	60.34	32.83	59.07	20.0	56.8
1993	3 339.84	6.06	47.35	46.59	74.73	10.4	47.8
1994	2 512.24	5.89	45.19	48.91	75.20	11.0	46.4
1998	3 494.96	3.28	35.36	61.36	76.89	11.5	41.1
1999	3 855.45	2.93	33.87	63.20	77.29	12.1	39.5
2000	4 125.32	2.51	32.68	64.81	77.54	11.8	36.3
2001	4 398.25	2.18	30.81	67.01	78.06	11.3	36.2
2002	4 811.53	1.91	28.97	69.12	78.56	10.0	33.8
2003	5 215.72	1.68	29.70	68.62	79.05	8.9	31.7
2004	5 821.00	1.45	30.72	67.83	79.53	7.2	32.2

① 由于是换算成 2009 年美元标准，个别年份出现下降情况。

续表

年份	人均GDP（美元）	第一产业增加值所占比重（%）	第二产业增加值所占比重（%）	第三产业增加值所占比重（%）	人口城镇化率（%）	劳动就业结构（%）	消费性支出结构（%）
2005	6 427.78	1.27	29.08	69.65	83.62	7.1	31.8
2006	7 193.11	1.09	26.99	71.91	84.33	6.6	30.8
2007	8 264.86	1.03	25.48	73.49	84.50	6.5	32.2
2008	9 375.63	1.01	23.63	75.36	84.90	6.4	33.8
2009	9 799.00	0.97	23.50	75.53	85.01	6.2	33.2
2010	10 051.55	0.88	24.01	75.11	85.96	6.0	32.1
2011	11 051.29	0.84	23.09	76.07	86.23	5.5	31.4
2012	11 736.88	0.84	22.80	76.36	86.20	5.2	31.3
2013	12 347.16	0.79	21.61	77.61	86.30	4.9	31.1
2014	13 252.88	0.73	21.25	78.02	86.40	4.5	30.8
2015	14 068.70	0.59	19.68	79.73	86.51	4.2	22.4
2016	14 638.18	0.51	19.26	80.23	86.50	4.1	21.5
2017	14 591.10	0.43	19.01	80.56	86.45	3.9	20.2
2018	16 504.70	0.39	18.63	80.98	86.50	3.7	20.2
2019	16 966.28	0.32	16.16	83.52	86.60	3.3	19.7
2020	17 218.05	0.30	15.83	83.87	87.50	2.4	21.5
2021	20 631.42	0.28	18.05	81.67	87.55	2.3	21.3

注：劳动就业结构采用第一产业就业比重；消费性支出结构采用居民恩格尔系数，2012年及以前的消费性支出结构来自城镇居民恩格尔系数，2012年以后为全市居民恩格尔系数（数据均来自《北京统计年鉴》）。

北京城市发展阶段可划分为四个：1978—1983年为工业化中期阶段，1984—2001年为工业化成熟期阶段，2002—2012年为工业化发达期阶段，2013—2021年为后工业化发达经济阶段（表3-4）。

表3-4　1978—2021年北京工业化发展阶段划分及各指标得分

发展阶段	年份	K指数值	人均GDP	三次产业结构	人口城镇化率	劳动就业结构	消费性支出结构
工业化中期	1978	47.26	44.31	57.44	57.44	56.7	37.0
	1983	49.95	47.20	62.95	62.95	63.8	36.8
工业化成熟期	1984	50.19	46.69	63.61	63.61	65.0	39.8
	1993	51.70	40.40	87.10	79.73	74.6	53.3
	1994	49.39	35.34	87.80	80.16	74.0	55.4
	1998	57.09	41.14	90.34	81.51	73.5	63.4
	1999	58.51	43.29	90.94	81.83	72.9	65.8
	2000	59.41	44.86	82.03	82.03	77.3	70.6
	2001	63.84	46.48	82.45	82.45	78.1	70.7

续表

发展阶段	年份	K指数值	人均GDP	三次产业结构	人口城镇化率	劳动就业结构	消费性支出结构
工业化发达期	2002	65.80	48.90	82.85	82.85	80.0	74.3
	2003	67.25	50.75	83.24	83.24	82.2	77.5
	2004	68.50	52.79	83.62	83.62	85.6	76.7
	2005	70.06	54.83	86.90	86.90	85.8	77.3
	2006	71.87	57.49	87.46	87.46	86.8	78.8
	2007	73.66	61.19	87.60	87.60	87.0	76.7
	2008	75.54	65.02	87.92	87.92	87.2	74.3
	2009	76.48	66.60	88.01	88.01	87.6	75.2
	2010	77.36	67.88	90.31	88.77	88.0	76.9
	2011	78.23	68.94	90.87	88.98	89.0	77.9
	2012	79.76	71.87	91.06	88.96	89.6	78.1
后工业化发达经济	2013	80.79	73.52	91.26	89.04	90.3	78.4
	2014	82.16	75.98	91.41	89.12	90.9	78.8
	2015	84.73	78.20	92.13	89.21	91.5	91.4
	2016	85.70	79.74	92.94	89.20	91.9	92.8
	2017	85.88	79.61	93.63	89.16	92.2	94.7
	2018	87.74	84.81	92.52	89.20	92.6	86.5
	2019	88.69	86.06	93.52	89.28	93.4	86.9
	2020	89.19	86.75	93.65	90.00	95.2	85.7
	2021	93.68	96.01	92.76	90.04	95.4	85.8

三、城市发展阶段性特征及驱动力分析

（一）工业化中期阶段（1978—1983年）

从K指数值看，1978—1983年的K指数值始终低于50，1983年达到峰值49.95，处于划分标准中高于35但低于50的工业化中期阶段。从分项指标看，1983年北京人均GDP为4451.98美元，处于工业化中期阶段；第一、第三产业增加值占比上升，第二产业增加值占比下降，第二产业占比始终高于第三产业。总体来看，改革开放之初的北京总体处于工业化中期阶段。

从驱动力看，工业特别是重化工业是该阶段北京城市发展的主要动力。新中国成立以来，依托国家优先发展重工业的政策和纺织、服装、食品等轻工业基础，北京拟建或新建包括首钢、燕山石化、东北郊电子等大型工业生产企业或工业集聚区，工业得到快速发展。这些工业具有劳动和资本密集型

特点，吸纳了大量的劳动力就业和资金集聚，夯实了北京城市发展的工业基础，为北京成为区域乃至国家的经济中心提供了前提条件。

（二）工业化成熟期阶段（1984—2001 年）

从 K 指数值看，该阶段从 1984 年的 50.19 上升到 2001 年的 63.84，总体处于高于 50 但低于 65 的工业化成熟期阶段。从分项指标看，以最高值 2001 年为重点分析，北京人均 GDP 处于工业化中期阶段；第一产业增加值占比持续下降，2001 年降至 2.18%，第二产业增加值占比从 1984 年的 60.34%下降至 30.81%，第三产业增加值占比快速增长，从 1984 年的 32.83%快速增至 2001 年的 67.01%，且超过第一、第二产业占比总和，产业结构指标已经属于后工业化发达经济阶段；人口城镇化率增至 78.06%，处于后工业化发达经济阶段；城镇居民恩格尔系数快速下降到 36.2%，处于工业化发达期阶段。总体来看，1984—2001 年的北京步入工业化成熟期阶段。

从驱动力看，改革开放的制度创新和第三产业快速发展是推动北京进入工业化成熟期阶段的重要推力。一方面，市场经济体制建设为北京工业化提供了更加开放和自由的经济环境，促进了企业发展和竞争力提升。例如，1984 年北京成立了北京经济技术开发区，吸引了大量外资企业和高新技术企业进驻，极大地推动了北京市现代化产业的发展。又如，石景山区单独设区也为北京多中心空间集聚结构优化发展的格局提供了新途径。另一方面，电子信息等技术密集型产业逐渐成为北京市经济的新增长点。从 20 世纪 90 年代开始，北京逐步调整产业结构，以高新技术产业和服务业为重点发展方向。信息技术、电子通信、生物医药、金融、文化创意等产业快速崛起，成为北京工业化进程的新引擎。

（三）工业化发达期阶段（2002—2012 年）

从 K 指数值看，该阶段从 2002 年的 65.80 上升到 2012 年的 79.76，处于高于 65 但低于 80 的工业化发达期阶段。从分项指标看，人均 GDP 年均增长率达 9.33%，从 2002 年的 4811.53 美元增加至 2012 年的 11 736.88 美元，达到工业化发达期阶段；2012 年第一产业增加值所占比重为 0.84%，第二产业增加值所占比重下降至 22.80%，第三产业增加值所占比重增至 76.36%，产业结构持续优化，第三产业高端化转向明显，产业结构处于后工业化发达经济阶段；人口城镇化率达到了 86.20%，居于后工业化发达经济阶段；从事第一产业的劳动就业结构下降至 5.2%，就业结构处在后工业化发达经济阶段；居民恩格尔系数稳步下降至 31.3%，仍处于工业化发达期阶段。总体来看，2002—2012 年的北京步入工业化发达期阶段。

从驱动力看，现代制造业、高新技术产业技术密集型行业及生产性服务业驱动北京走向工业化发达期阶段。这一时期，北京加大了对金融、旅游和文化创意等现代服务业的支持力度，同时配套提升城市基础设施和生态环境质量，这为北京工业化、城市化和国际化提供了新的增长点和经济动力。这一阶段，政府更加注重培育创新发展动能，鼓励创新创业，并加大了对知识产权的运营和保护力度。产业方面更加积极推进信息技术、生物技术和新材料等高新技术产业发展，中关村科技园区成为中国乃至全球的创新创业中心之一，吸引了大量的高科技企业和创新项目入驻。

（四）后工业化发达经济阶段（2013—2021 年）

从 K 指数值看，该阶段从 2013 年的 80.79 上升到了 2021 年的 93.68，处于高于 80 但低于 100 的后工业化发达经济阶段。从分项指标看，去除新冠疫情等负向冲击因素外，人均 GDP 总体保持中高速增长态势，并于 2018 年进入后工业化发达经济阶段；2021 年第一产业增加值占比低至 0.28%，第二产业增加值占比下降至 18.05%，第三产业增加值占比进一步提高至 81.67%；人口城镇化率达到 87.55%；从事第一产业的劳动就业结构下降至 2.3%；居民恩格尔系数快速下降至 21.3%，均处于后工业化发达经济阶段。总体来看，2013—2021 年的北京已经正式迈入后工业化发达经济阶段。

从驱动力看，以创新、协调、绿色、开放、共享为引领的高质量发展成为驱动北京迈入后工业化发达经济阶段的新动能。这一阶段，北京围绕"建设一个什么样的首都，怎样建设首都"这一重大时代课题，加强"四个中心"功能建设，提高"四个服务"水平，推进以人民为中心的发展，开启了首都全面建设社会主义现代化的新征程。在创新发展方面，北京推进国际科技创新中心建设，聚焦中关村主阵地、"三城一区"（即中关村科学城、怀柔科学城、未来科学城、创新产业集群示范区）主平台建设，优化布局国家战略科技力量，知识和技术密集型产业已占据绝对主导地位，世界主要科学中心和创新高地建设进程加快推进。在协调发展方面，全面推进乡村振兴和城乡协调发展，深化京西地区转型发展，加强城乡接合部地区建设，优化"一核"和"两翼"发展格局，更好地发挥对津冀的辐射带动作用。在绿色发展方面，积极推动碳排放总量和强度"双控"，绿色科技创新成果不断涌现，低碳节能的绿色经济有效带动产业结构低碳转型，2021 年 $PM_{2.5}$ 年均浓度降至 33 微克/米^3，较 2017 年下降 43.1%。在开放发展方面，重点加强服贸区和自贸区建设，以制度创新持续深化改革开放先行先试的优势。在共享发展方面，城乡居民收入差距进一步缩小，中等收入群体持续扩大。在减量发展方面，2022 年首都功能核心区常住人口为 180.4 万人，较 2013 年（221.2 万人）下降了 18.44%，实现首都功能核心区人口调控的目标，城乡建设用地减量 110 平方公里，北京成为全国第一个减量发展的超大城市。

第三节　新时代首都发展的重大转变

党的十八大以来，首都发展理念迎来重大转变。习近平总书记多次视察北京工作，围绕"建设一个什么样的首都，怎样建设首都"这一重大时代课题，对北京的规划、建设和管理提出了更高标准。特别是在 2014 年京津冀协同发展上升为国家战略以来，北京开始减量发展的新征程，更加注重效率提升、创新驱动和高质量发展。立足新发展阶段，首都发展应更加着眼于新时代赋予首都发展的新使命，统筹好"都"与"城"、"舍"与"得"、"一核"与"两翼"的辩证关系，强化首都全国政治中心、文化中心、国际交往中心、国际科技创新中心的功能，提高"四个服务"水平，科学规划城市功能的空间布局，以首都高质量发展引领全国加快中国式现代化建设的新征程。

一、从北京发展转向首都发展

北京兼具首都功能和基本城市功能。首都功能是指国家赋予北京的全国政治中心、文化中心、国际交往中心、科技创新中心功能。基本城市功能是指一个城市在维护生产生活等各项活动正常运转中发挥的作用（洪银兴，2003）。根据城市发展演化规律和中国城市发展现状，可以将城市功能分为核心功能、对外服务功能以及基础功能（李锋和王如松，2004；高宜程等，2008；张可云和蔡之兵，2015）。核心功能是根据城市功能定位决定的特定功能，如全国政治中心、文化中心、国际交往中心、科技创新中心功能。对外服务功能是指为区外提供产品和服务的基础部门服务功能，是在比较优势基础上，形成的相对于区外城市最具优势的产业部门和服务类型。基础功能是指满足市民正常工作和日常生活的交通、娱乐、生态、住房、基本公共服务等。从三者的关系看，核心功能是依托城市的独特地位和目标定位而形成的特定功能，这种特定功能依城市的不同而具有特殊性；对外服务功能往往支撑或依托城市的核心功能，是根据城市成长轨迹、发展基础和比较优势而形成的；基础功能是城市发展的基本环节，是满足人民生产生活基础性需求的服务功能。

北京作为首都，它不仅具有一般城市具有的"城"的功能，更要充分体现"四个中心"建设的职能，即"都"的功能。因此，北京发展即是围绕北京这个城市基础功能的发展内容，首都发展即是围绕北京作为中国首都这一特殊政治地位的发展内容。相应地，衍生出支撑两种发展内容的服务内容，即北京服务和首都服务。从北京发展转向首都发展，根本上是统筹处理好"都"和"城"的关系。"都"聚焦核心功能，"城"属于基础功能，两者的统筹本质上是协调好首都功能和基本城市功能的关系。

进入新时代，为率先实现首都现代化发展目标，一是要加强"四个中心"建设（李国平和杨艺，2023）。统筹强化全国政治中心、文化中心、国际交往中心、科技创新中心建设，建设更具有大国首都特色的国际一流的和谐宜居之都。二是要提升"四个服务"水平。不断提高为中央党、政、军领导机关的工作服务，为国家的国际交往服务，为科技和教育发展服务，为改善人民群众生活服务。三是统筹处理好首都功能和北京城市基础功能。应紧紧围绕实现"都"的功能来布局和推进"城"的发展，以"城"的更高水平发展服务保障"都"的功能。四是协调首都服务和北京服务。应持续优化提升北京服务水平，拱卫首都服务。

二、从单一城市发展转向京津冀协同发展

北京因"都"而立，因"都"而兴。经过70多年的发展，北京已经成为常住人口接近2200万的超大城市，人均GDP始终在全国保持领先水平。但是，在成为全国和区域性中心城市的过程中，北京也产生了"大城市病"问题。固守虹吸效应带来的城市集聚增长模式已经不再适合北京的发展。纵观伦敦、东京、巴黎等世界知名首都的发展历程（卢明华等，2021），均经历过统筹周边地区、制定协同规划的方式，形成"中心-外围"的协同发展模式。一方面可以破解核心城市的"大城市病"，另一方面可以有效辐射带动周边地

区的协同发展。

自京津冀协同发展战略实施以来，北京始终坚持牵住非首都功能疏解这个"牛鼻子"，持续优化"一核"和"两翼"的空间发展格局，"双城"联动引擎作用不断凸显，"三轴"人口产业集聚作用显著，"四区"差异化发展格局初步形成，"多节点"城市综合承载力逐步增强。从副中心建设看，2019年以来交通、产业、民生等领域160余个项目引领北三县高质量发展。截至2022年底，张家湾设计小镇、运河商务区分别注册380家和1.85万家企业，2023年北京城市副中心第二批市属机关和相关事业单位启动搬迁，城市副中心发展稳步推进。从雄安新区建设看，2022年以来中化、星网、华能央企总部项目开工建设，4所高校和2家医院选址落位，央企设立各类机构140多家，"两翼"建设朝着高标准、高质量日益推进。在交通一体化方面，截至2022年8月，京津冀铁路运营里程超1万公里，高铁覆盖京津冀全部地级市，北京大兴国际机场北线高速公路全线贯通，京雄津保环首都"1小时交通圈"已经形成；在产业升级与协同发展方面，区域产业结构从2014年的5.93∶34.92∶59.15变为2022年的4.78∶29.61∶65.61，2014年以来河北累计承接京津转入基本单位4.4万个，其中近八成为北京转入。曹妃甸协同发展示范区、北京大兴国际机场临空经济示范区、天津滨海—中关村园区等重大产业合作平台建设不断推进，京津、京冀、津冀之间的产业投资项目和资金都有大幅度增加。

三、从聚集资源求增长转向疏解非首都功能谋发展

从空间相互作用的视角看，新中国成立以来北京的城市发展始终处于聚集资源求增长状态。一方面发挥了集聚经济的作用，促进了北京人口和功能增加，带来了城市规模扩大和经济增长，在北京经济社会发展中发挥了重要作用，但另一方面出现了以人地关系矛盾为主线的"大城市病"问题。同时，区域虹吸效应导致北京与津冀等周边地区的发展差距持续拉大，区域发展的不平衡性凸显。为此，习近平总书记亲自谋划、亲自部署、亲自推动了京津冀协同发展战略，统筹"舍与得""疏解与提升"的关系，开启了以减量发展带动北京与周边地区走向均衡与高质量发展的新征程。

通过有序开展"疏解整治促提升"专项行动，截至2022年底，北京累计退出一般制造业企业近3000家，疏解提升区域性专业市场和物流中心近

1000个，拆除违法建设2.42亿平方米，腾退土地231平方公里，留白增绿9000公顷。2022年北京常住人口为2188.6万人，较峰值2016年（2195.4万人）减少了6.8万人；首都功能核心区人口从2014年的222.4万人下降至2022年的180.4万人，首都功能核心区人口快速增长现象得到有效控制。北京成为全国首个减量发展的超大城市，这促进了首都功能持续优化提升。

四、从城市管理转向超大城市治理

新时代，首都城市运行和管理已经取得明显成效。在城市管理体制改革方面，将首都城市环境建设委员会调整为首都城市环境建设管理委员会，北京市城市管理综合行政执法局调整为市城市管理委员会管理的行政执法机构，成立街道（乡镇）综合执法队，实现"一街（乡镇）一队"，基层执法能力得到加强。在民生服务方式方面，建立了12345市民服务热线、"接诉即办"等民生服务新模式，极大地提升了服务效率和民众满意度。在城市安全运行和应急管理方面，建立了安全生产责任、隐患排查治理、安全预防控制体系，定期开展行业风险评估，排查安全隐患，制订城市运行突发事件的应急预案。在公共空间治理方面，持续开展背街小巷环境整治行动，提升老旧小区的生活环境品质。但是，当前的首都城市运行仍面临着精细化管理水平不足、市政基础设施承载力不足等现实问题。

建设和治理好首都，坚持以首善标准提高首都精细化治理水平，是推进将首都建设成为国际一流的和谐宜居之都的重要保障。然而当下，单靠以政府为主的管理模式已经无法适应和解决首都面临的复杂多变的城市发展问题。在治理理念方面，应坚持以人民为中心的发展理念，需要城市治理主体在城市规划、建设、管理、服务等全过程中贯彻实施，以增加人民群体的获得感、幸福感和安全感。在治理主体方面，应采用"治理"的理念，统筹构建政府、市场和社会多方主体的多中心治理结构，充分发挥基层组织、民众参与城市治理的积极性。在治理客体方面，应统筹城市运行安全、运行韧性和品质宜居三个主要方面及其细分环节，充分把握城市运行的系统关联性。在治理方式方面，一是坚持科技赋能城市治理，运用区块链、大数据、行为科学，以及人工智能和信息技术等，不断提高城市运行智慧化水平。二是推进精细化治理。围绕"七有"要求和"五性"需求，精准把脉首都发展的民生问题，提供更加动态精细、智能适应的城市管理服务。三是完善法治化治理。围绕新时代首都城市问题的重点领域和难点问题，应以立法手段营造公开、透明、可预期的制度环境，为城市治理提供坚强的法治保障。

参 考 文 献

北京大学首都发展研究院. 2019. 大国首都方略：北京大学首都发展研究院建院 20 周年纪念文集[M]. 北京：科学出版社.

陈佳贵, 黄群慧. 2012. 中国工业化进程报告（1995—2010）[M]. 北京：社会科学文献出版社.

陈佳贵, 黄群慧, 钟宏武. 2006. 中国地区工业化进程的综合评价和特征分析[J]. 经济研究,（6）：4-15.

董光器. 2010. 六十年和二十年——对北京城市现代化发展历程的回顾与展望（上）[J]. 北京规划建设,（5）：177-180.

高宜程, 申玉铭, 王茂军, 等. 2008. 城市功能定位的理论和方法思考[J]. 城市规划,（10）：21-25.

洪银兴. 2003. 城市功能意义的城市化及其产业支持[J]. 经济学家,（2）：29-36.

李锋, 王如松. 2004. 城市绿色空间生态服务功能研究进展[J]. 应用生态学报,（3）：527-531.

李国平, 杨艺. 2023. 全球格局变化下北京"四个中心"建设研究[J]. 北京社会科学,（2）：22-32.

李国平, 王立, 孙铁山, 等. 2012. 面向世界城市的北京发展趋势研究[M]. 北京：科学出版社.

卢明华, 朱婷, 李国平. 2021. 基于国际比较视角的北京"四个中心"建设体检评估探索[J]. 地理科学, 41（10）：1706-1717.

石晓冬. 2018. "四个中心"塑格局 "多规合一"绘蓝图——《北京城市总体规划（2016年—2035年）》解读[J]. 城市管理与科技, 20（3）：12-17.

杨保军. 2009. 北京城市定位与空间嬗变[J]. 中国建设信息,（2）：6-11.

张可云, 蔡之兵. 2015. 北京非首都功能的内涵、影响机理及其疏解思路[J]. 河北学刊, 35（3）：116-123.

第四章
北京市人口发展规模、结构及其布局

第一节 北京市人口发展及其特征分析

本节梳理了北京市人口发展的相关研究成果，总结了各个历史时期北京市人口规模、人口结构、人口布局等方面的基本态势与发展规律，并对北京市人口的规模、结构和空间布局趋势进行了研判。

一、北京市人口发展相关研究

北京市的人口规模呈现阶段性发展态势，外来人口问题引发了广泛的讨论。新中国成立以来，北京市人口的长期增长为社会经济发展提供了人口红利，为产业发展提供了丰富的劳动力与人力资本（闫萍等，2019）。北京市人口规模发展的阶段性特征突出。改革开放初期，北京市户籍人口增长平稳，外来人口迁移仍受管控，人口规模增长相对平缓。随着户籍制度对人口流动的影响弱化，大量常住外来人口涌入北京，成为北京人口规模增长的主要动力（陆杰华和李月，2014）。常住人口与常住外来人口的变化趋势保持高度一致，北京市的人口调控政策主要是对常住外来人口施加影响，常住外来人口规模的下降是北京市人口规模得到有效控制的主要原因（北京大学首都发展研究院，2021）。

在人口结构方面，少子化与老龄化是北京市人口年龄结构的长期特征，影响了北京市的社会经济发展活力，外来高素质青年劳动力的集聚有利于优化北京的人口年龄结构与素质结构（北京大学首都发展研究院，2021）。受外来人口受教育水平提升的影响，北京市人口素质结构的变化表现为平均受教育年限持续上升（闫萍等，2019）。人口就业结构呈现出从第一产业向第二产业再向第三产业集聚的明显特征（闫萍等，2019）。20 世纪 80 年代以来，北京的人口分布呈现分散化和多中心趋势，但就业仍呈现向心集聚的趋势，导致了人口和就业的空间失衡（孙铁山等，2012）。

近年来，北京市人口分布呈现出从单中心向多中心的变化趋势，人口由中心城区向近郊和远郊扩散（冯健和周一星，2003）。常住外来人口向远郊区疏解，有效地推动了人口分布的空间均衡（闫萍等，2019）。北京外来人口的就业结构与产业结构高度相关，大量外来人口就业于第三产业（鲁奇等，2005），成为商务服务业的主体从业人员（陈宇琳，2016）。但由于就业机会高度集聚在中心城区，北京市的常住外来人口的空间分布不均也加剧了职住分离、交通拥堵等问题（孙铁山和刘霄泉，2016）。

均衡发展是北京市人口发展的主要趋势（李国平和席强敏，2015）。众多学者就北京市人口规模、结构和布局均衡发展开展了相关研究。李国平和席强敏（2015）指出，北京的人口发展面临着人口规模过大和布局不合理等问题，需要通过功能分区和产业转移有序引导人口疏解。为了促进人口与资源环境协调发展，应该将人口调控的重点从数量调控为主转变为优化人口结构与布局（李国平和罗心然，2021）。

二、北京市人口发展的基本特征

（一）人口规模特征

新中国成立以来，北京市人口规模发展大体上经历了快速增长、稳定增长、高速增长和逐步减少四个阶段。从长时期来看，北京市常住人口规模整体呈现增长态势，但在不同的历史阶段，增长态势有所不同。新中国成立初期，受到行政区划扩容的影响，北京市常住人口规模快速增加。20世纪60年代中期到20世纪末，北京市城市建设和经济发展稳步推进，常住人口规模增长相对稳定。21世纪以来，北京市常住人口年均增长率逐年攀升，常住外来人口持续增加导致北京人口规模进入高速增长阶段。直到2014年后，北京市加强人口调控，常住人口快速增长态势得到有效遏制，常住人口规模增长放缓，甚至开始出现负增长。

伴随出生人口减少与生育意愿降低，可以预见未来北京市家庭户规模可能继续缩小，加速进入少子化时代。为积极应对人口少子化的潜在挑战，亟须出台有利于生育的社会经济政策，切实解决影响市民生育意愿的教育、就业、养老等棘手问题。

（二）人口结构特征

人口老龄化趋势日益明显。新中国成立以来，北京市60岁以上人口[①]比重持续增加，到1990年，该比重上升到10.1%，说明北京已经进入老龄化社会。2010年以来，北京市人口呈现快速老龄化趋势，老年人口抚养比不断提升，劳动年龄人口的抚养负担进一步加重，中心城区[②]的老龄化问题尤为突出，平原五区老龄化率相对较低。

人口素质结构持续优化。新中国成立以来，北京市人口受教育程度持续提升，15岁及以上常住人口的平均受教育年限持续增加。2010年以来，北京市人力资本加快积累，其中，中心城区始终是北京市人口素质最高的区域。2022年，北京市高等教育毕业生中，硕博毕业生比例超过本科毕业生，在全国首次出现本硕博结构倒挂现象，人口素质结构进一步优化。

人口就业结构大幅优化。改革开放以来，北京市三次产业从业人员比重变化明显，第一产业和第二产业从业人员比重大幅下降，第三产业从业人员比重持续上升。从细分行业就业结构来看，2010—2021年，电力、热力、燃气及水生产和供应业从业人员比重上升了0.2个百分点，其他细分行业从业

[①] 北京市和各区的数据口径不一致，因此本书同时使用60岁及以上和65岁及以上这两种标准分析人口老龄化情况。

[②] 北京分区情况如下。中心城区：东城区、西城区、朝阳区、丰台区、石景山区、海淀区；平原五区：房山区、通州区、顺义区、昌平区、大兴区；首都功能核心区：东城区、西城区；城四区：朝阳区、丰台区、石景山区、海淀区；平原四区：房山区、顺义区、昌平区、大兴区；生态涵养区：门头沟区、怀柔区、平谷区、密云区、延庆区；外围十区：房山区、通州区、顺义区、昌平区、大兴区、门头沟区、怀柔区、平谷区、密云区、延庆区。

人员比重均呈下降趋势；在第三产业中，初级生产性服务业和生活性服务业中的多数行业从业人员比重均有所下降；高级生产性服务业和基础性服务业中的多数行业从业人员比重均有所上升。改革开放以来，北京市失业率整体呈现出先降后升的变化趋势。

人口城镇化水平持续提升。新中国成立以来，北京市城镇人口高速增长，乡村人口连续20年减少，城市化水平在20世纪90年代达到70%，在2005年突破80%。北京市城镇化已进入高级发展阶段，2020年城镇化率达到87.54%。分区来看，中心城区的城镇化水平相对较高，平原五区和生态涵养区的城镇人口比重呈快速增加态势。

（三）人口布局特征

人口空间分布日渐优化。随着非首都功能疏解工作稳步推进，中心城区人口疏解与规模调控成效明显，人口空间结构过度集中问题得到一定缓解。中心城区常住人口总量下降明显，外围十区人口增长趋势相对稳定，平原五区体现出较强的人口吸纳能力，生态涵养区的人口规模基本稳定。

人口由中心向外围不断扩散。北京市人口由四环内向四环外不断扩散，在通州区、大兴区、房山区等区域形成了多个次级人口集聚区。然而，北京人口分布过密与过疏并存。2020年，中心城区常住人口密度达到平原五区的6倍和生态涵养区的32倍。其中，首都功能核心区常住人口密度远高于其他各区。

三、北京市人口发展态势分析

（一）人口规模发展态势

人口规模快速增长态势得到有效控制。近年来，北京市持续加强人口调控，常住外来人口规模在调控下持续减少且空间分布进一步均衡。2010年以来，北京市常住人口增长率与常住外来人口增长率均大幅下降，常住外来人口数量的持续下降有力地带动了常住人口规模的减少。2010—2020年，首都功能核心区常住外来人口得到大力疏解，减少了14.48万人，平原五区常住外来人口总量增加了86.39万人，生态涵养区则增加了23.44万人，外围十区常住外来人口比重明显提高，逐渐成为新的外来人口集聚地。

（二）人口结构发展态势

人口老龄化加快。2010—2020 年，北京市人口呈现快速老龄化趋势，北京市各区 0—14 岁人口和 65 岁及以上人口比重均为正增长，15—64 岁劳动年龄人口比重均为负增长，普遍存在日益严重的老龄化问题。其中，首都功能核心区老龄化问题尤为严重，而且较少向外流动，生态涵养区由于良好的绿色生态空间与静谧环境，对老年人口吸引力较大，平原五区老龄化率相对较低，劳动年龄人口比重相对较高。

高素质人才流失加剧。2010 年以来，北京持续疏解非首都功能，严控城市规模，人才产业外溢，中青年群体和杰出青年人才净流入均呈负增长。北京对大学毕业生、中青年科技人才、高层次人才的吸引力有所下降，导致高层次人才流失严重。虽然北京仍然是新经济行业人才主要流入城市，城市人才吸引力位列全国榜首，但城市人才流动正呈现从北京走向新一线城市的趋势。如何在疏解人口的同时集聚高素质人才，对进一步优化北京市人口素质结构至关重要。

人口就业结构进一步优化。北京市三次产业就业结构持续调整，呈现出第一和第二产业从业人员比重大幅下降、第三产业从业人员比重明显上升的趋势，尤其是 2010 年以来，第一、第二产业从业人员数量和比重双下降，制造业从业人员数量和比重大幅下降，第三产业从业人员数量和比重大幅增长，尤其是高级生产性服务业吸纳就业的能力持续增强。但 2018 年以后，第三产业从业人员数量增长速度放缓，失业人数攀升，就业形势严峻。

城镇化水平进一步提升。北京市城镇化水平在全国 31 个省（自治区、直辖市）①中位列第 2，在 1000 万以上人口的超大城市中城镇化率位列第 3，城镇化水平高居全国前列。然而，北京市各区人口城镇化率差距较大，中心城区的城镇化早已进入高级发展阶段，但 2020 年顺义区、平谷区、密云区和延庆区的城镇化率仍低于 70%，房山区、通州区、怀柔区的城镇化率仍低于 80%，平原五区和生态涵养区的城镇化水平有待进一步提升。

（三）人口布局发展态势

随着人口调控与功能疏解工作稳步推进，北京市人口空间布局不平衡问

---

① 不包括我国港澳台地区的数据。

题在一定程度上得到了缓解，人口呈现出由中心向外围分散集聚的态势。2010—2020年，首都功能核心区常住人口密度降低了16.2%；平原五区常住人口密度提高了44.9%，生态涵养区人口密度增幅约为16.4%，但仍然属于全市的人口"过疏"地区。《新总规》要求中心城区常住人口控制在1085万人左右，因此未来还应进一步向外疏解人口，持续优化市域人口空间布局。

第二节　北京市人口规模发展特征分析

本节从全市和分区两个角度，对人口规模进行分析，研判北京人口规模的发展规律。

一、新中国成立以来北京市人口规模发展趋势

新中国成立以来，北京市常住人口整体呈现增长态势。根据历次全国人口普查数据，新中国成立初期北京市常住人口快速增长，从1982年开始，人口增长速度趋于稳定，年均增长率逐年攀升。受人口调控的影响，从2010年到2020年，北京市常住人口年均增长率由3.8%降至1.1%，人口规模持续增长态势得到有效控制（图4-1）。

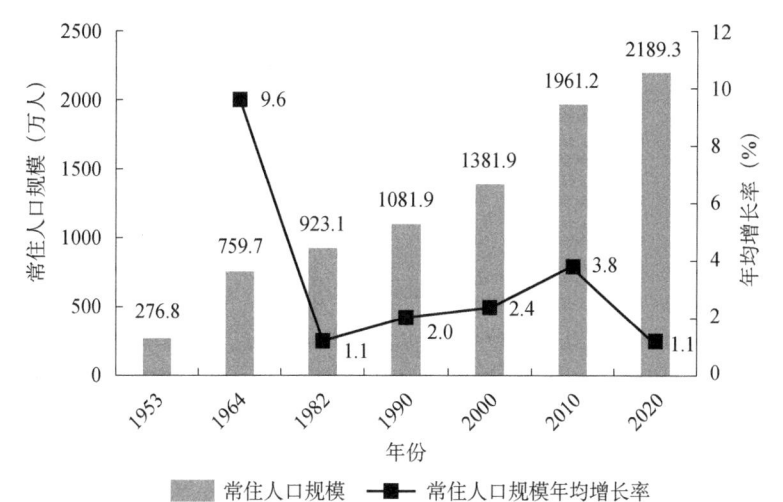

图4-1　1953—2020年北京市常住人口规模与年均增长率

资料来源：北京市历次全国人口普查数据。

家庭户规模持续缩小，家庭小型化趋势较为明显。自第二次全国人口普查以来，北京市平均每个家庭户的人口持续减少。1982年平均每个家庭户有3.70人，2010年这一指标降至2.45人，到2020年仅为2.31人（图4-2）。这意味着传统的家庭结构发生根本变化，家庭小型化将会对社会、政治、经济、文化等产生深刻影响。

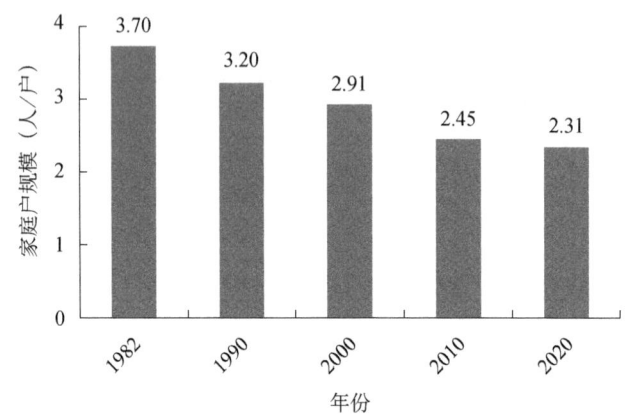

图4-2　1982—2020年北京市家庭户规模

资料来源：北京市历次全国人口普查数据。

（一）快速增长阶段

新中国成立初期，北京市行政区划大幅调整，常住人口数量相应大幅增加。1952年，河北省宛平县全部、房山县部分村被划归北京；1956年，河北省昌平县全部、通县部分村被划归北京；1958年北京大幅扩容，将河北省通县、顺义、大兴、良乡、房山五县划入北京并设立通州区、周口店区、大兴区、顺义区，随后又将河北省平谷、密云、怀柔、延庆四县划归北京（赵培红和孙久文，2011）。从1949年到1964年，北京市常住人口从420.1万人增加到776.3万人，增长了0.85倍。其中，1952年、1956年和1958年，北京市常住人口增长率分别达到5.67%、9.52%和4.01%，受行政区划调整影响，人口机械增长较快（图4-3）。在此期间，1950—1953年北京市常住人口增长率维持在5%左右，尽管1961年人口出现负增长，但这一时期整体人口增长较快，增长率在4%上下波动。

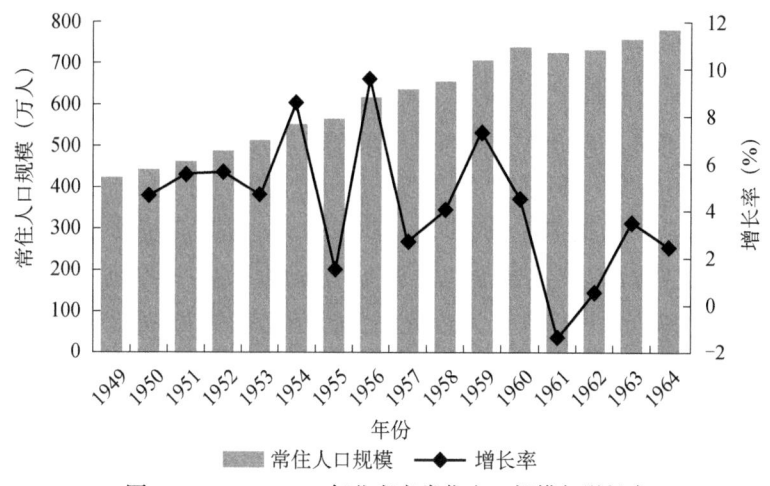

图 4-3 1949—1964 年北京市常住人口规模与增长率

资料来源：历年《北京统计年鉴》。

（二）稳定增长阶段

随着北京市城市建设和经济发展的稳步推进，1965 年到 20 世纪末的近 35 年中，北京市常住人口数量增长相对稳定。尽管在 1966—1969 年出现了短暂的人口负增长，但从 1970 年开始，常住人口数量以 1.5% 左右的年均增速稳步增长，在 1986 年常住人口突破 1000 万，到 1990 年达到了 1086 万。此后，人口年增长率基本维持在 0.7% 左右，1995 年增加到 1251.1 万人，1997 年降到了 1240 万人，到 1999 年达到了 1257.2 万人（图 4-4）。

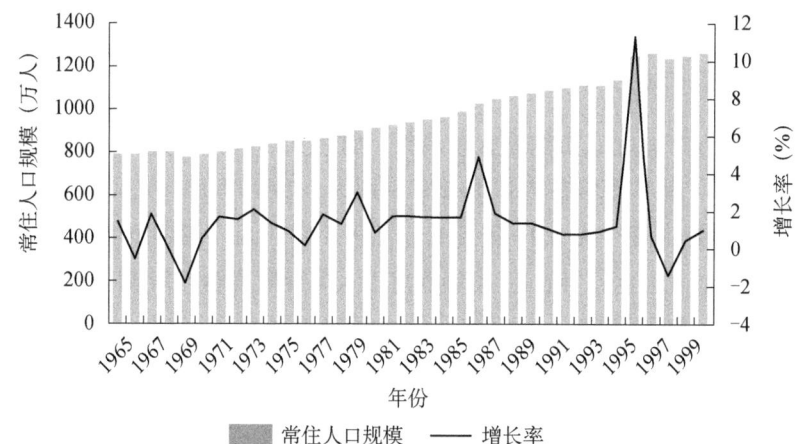

图 4-4 1965—1999 年北京市常住人口规模与增长率

资料来源：历年《北京统计年鉴》。

(三)高速增长阶段

21世纪以来,北京市常住人口数量进入高速增长阶段。从2000年到2010年的10年间,北京市常住人口从1363.6万增加到1961.9万,人口增长率在2008—2010年均超过5%,在其他年份也位于较高水平。2011—2014年,北京常住人口增长率在2%以上,常住人口在2011年超过2000万,并持续高速增长,到2014年达到2171.1万(图4-5)。这一时期由于人口流动性增强,大量外来人口涌入北京,尤其是2008年北京成功举办奥运会之后,迎来了一波人口增长高潮。

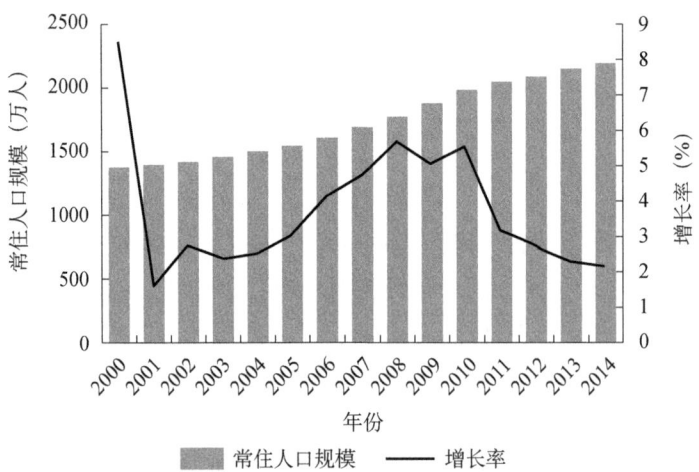

图 4-5 2000—2014年北京市常住人口规模与增长率
资料来源:历年《北京统计年鉴》。

(四)逐步减少阶段

2015年以来,北京市加强人口调控,常住人口规模得到有效控制。2015年和2016年,北京市常住人口增长率分别为0.79%和0.32%,常住人口数量在2016年达到峰值。从2017年开始,北京市常住人口持续负增长,到2021年下降到2188.6万(图4-6)。北京市常住人口规模在这一时期呈现出明显的增长放缓与负增长特征。

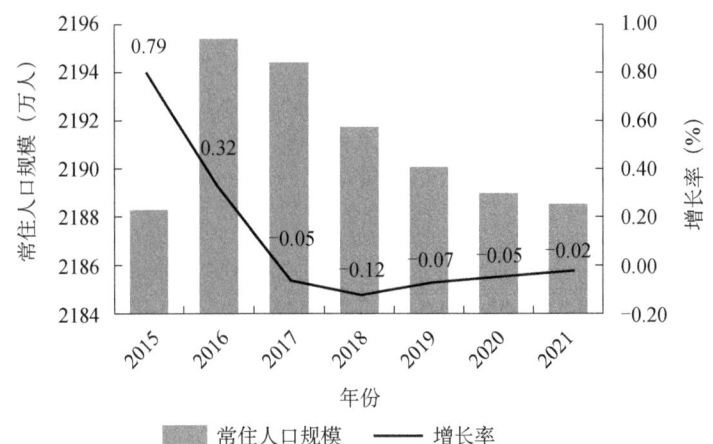

图 4-6　2015—2021 年北京市常住人口规模与增长率
资料来源：历年《北京统计年鉴》。

二、2010—2021 年北京市人口规模发展趋势

2010 年以来，北京市常住人口规模逐步得到有效控制。《新总规》对人口规模提出了明确要求，指出"北京市常住人口规模到 2020 年控制在 2300 万人以内，2020 年以后长期稳定在这一水平"。根据第七次全国人口普查数据，2020 年北京市常住人口总量为 2189.3 万人，实现了这一调控目标。与第六次全国人口普查数据相比，常住人口规模增加了约 228.07 万人，增幅为 11.63%。从历次全国人口普查数据来看，2010 年之前北京市常住人口总体呈现快速增长趋势，受人口调控的影响，2010 年之后常住人口规模持续增长态势得到有效控制。

（一）人口规模由增到减

2010—2021 年的前半段时期，北京市常住人口规模仍处于持续增长阶段。2010—2016 年，北京市常住人口规模仍处于较快增长状态，从 2010 年的 1961.9 万人增长到 2016 年的 2195.4 万人，其中 2010—2014 年常住人口增加了 209.2 万人，2014—2016 年仅增加了 24.3 万人。但这一时期的常住人口增长率呈现出快速下降的变化趋势，从 2010 年的 5.48% 下降到 2014 年的 2.15%，到 2016 年进一步下降到 0.32%，人口增长速度明显放缓。2016 年以后，随着非首都功能疏解的深入推进，北京市常住人口规模逐年下降，与 2016 年相比，2021 年的常住人口数量减少了 6.8 万，成为全国超大城市中唯一一个人口减少的城市（图 4-7）。

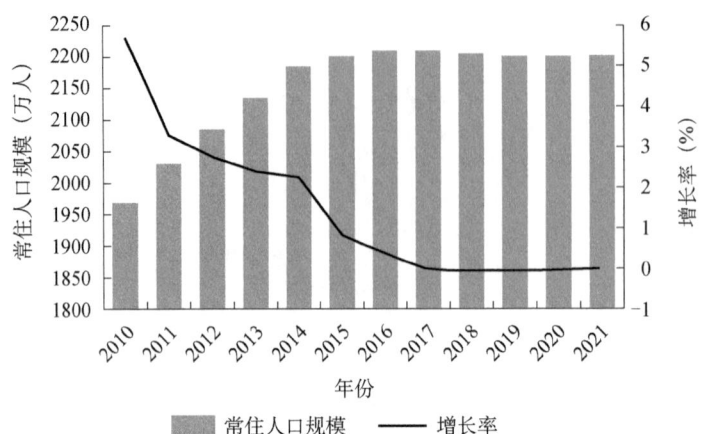

图 4-7 2010—2021 年北京市常住人口规模与增长率

资料来源：《北京统计年鉴 2022》。

（二）常住外来人口规模调控成效明显

2010—2021 年，北京市常住外来人口比重略有上升，但常住外来人口规模得到有效调控。2021 年，北京市常住外来人口总量为 834.8 万人，较 2010 年增加了 130.1 万人，年均增长率达到 1.55%。2010—2021 年，常住外来人口占常住人口的比重由 35.92% 提高至 38.14%，增加了 2.22 个百分点（图 4-8）。自 2016 年起，北京市常住人口规模逐年下降，说明北京市采取的人口调控政策在遏制 2010 年以来的人口猛增趋势方面取得了明显成效，也为今后的人口结构优化奠定了基础。

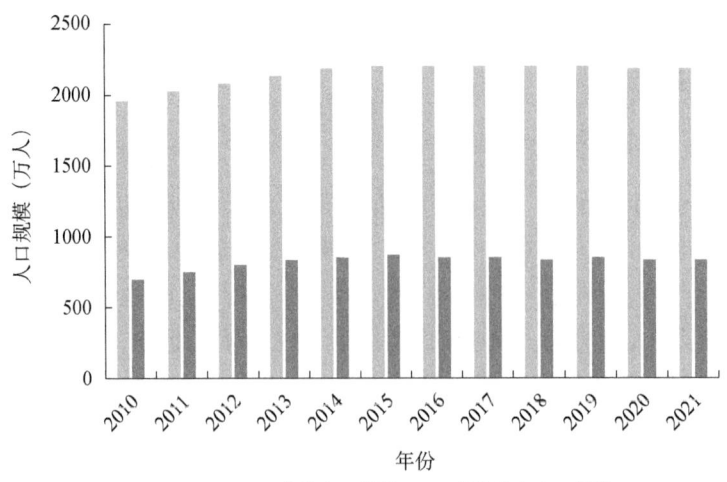

图 4-8 2010—2021 年北京市常住人口与常住外来人口规模

资料来源：《北京统计年鉴 2022》。

（三）人口增长率持续下降

自北京市加强人口规模调控以来，常住人口规模快速增长态势得到遏制。受人口调控的影响，2022 年北京人口自然增长率为 −0.05‰，2003 年之后首次出现负值。2022 年，北京出生人数 12.38 万，比上一年减少 1.51 万人，连续 6 年减少，出生人数创 2006 年以来最低；2022 年，北京人口出生率 5.67‰，下降 0.68 个千分点，连续 6 年下降，从长期趋势看，出生率为历史最低（1949—2022 年）。

北京市常住人口与常住外来人口增长率双双下降，常住外来人口负增长引领人口减少趋势。2010—2021 年，北京市常住人口增长率与常住外来人口增长率均呈现出明显的下降趋势。其中，常住外来人口增长率从 2010 年的 14.73% 急剧下降到 2011 年的 6.41%，此后持续下降，在 2015 年进一步降低为 0.49%。从 2016 年开始，常住外来人口维持负增长水平，增长率在 −0.5% 上下波动，说明 2016 年以来，北京市常住外来人口持续减少，且每年下降的幅度相对较大。与此同时，北京市常住人口增长率整体上呈现出一致但相对滞后的变化趋势。从 2010 年到 2011 年，常住人口增长率也大幅下降，从 5.48% 下降到 3.16%，此后逐步下降到 2014 年的 2.15%，并在 2015 年大幅下降到 0.79%，到 2016 年下降到 0.32%。随着非首都功能疏解工作的稳步推进，北京市常住外来人口迅速减少，常住人口增长率也随之在 2017 年首次低至 −0.05%，此后维持在 −0.02% 以下，常住人口持续 5 年负增长，常住外来人口的减少是其主要原因（图 4-9）。

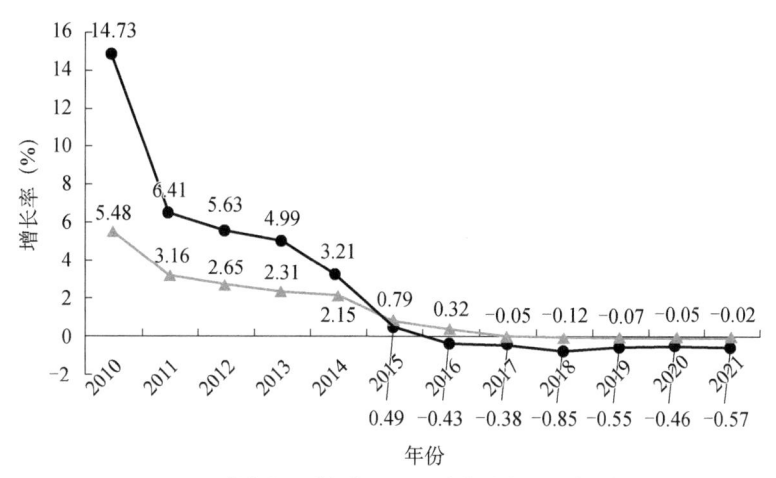

图 4-9 2010—2021 年北京市常住人口与常住外来人口增长率

资料来源：《北京统计年鉴 2022》。

三、各区人口规模变化趋势

（一）各区人口规模调控成效明显

北京市人口区域分布不均衡状况有所缓解，中心城区尤其是首都功能核心区人口疏解成效明显，根据《北京社会发展报告（2021~2022）》，"多点支撑"人口区位特征增强，人口均衡发展呈现新常态，表现出"中心降、中间涨、边缘稳、外围补"的人口分布结构特征。2015—2021年，首都功能核心区和城四区的人口规模持续下降，降幅趋缓，平原五区和生态涵养区的人口规模提升，且平原五区的人口增幅更大，这在一定程度缓解了首都功能核心区和城四区的人口压力，优化了北京人口的空间布局（表4-1）。

表 4-1 北京市各区 2015—2021 年常住人口数　（单位：万人）

	2015年	2016年	2017年	2018年	2019年	2020年	2021年
全市	2188.3	2195.4	2194.4	2191.7	2190.1	2189.0	2188.6
首都功能核心区	221.0	213.7	206.1	198.9	190.6	181.5	181.2
东城区	90.0	86.4	82.8	79.2	75.3	70.9	70.8
西城区	131.0	127.3	123.3	119.7	115.3	110.6	110.4
城四区	1076.4	1051.0	1020.6	991.2	957.0	917.0	916.0
朝阳区	399.0	389.3	379.1	369.3	357.5	345.1	344.9
丰台区	238.4	232.4	225.8	219.0	211.1	201.9	201.5
石景山区	66.9	65.3	63.3	61.4	59.4	56.8	56.6
海淀区	372.1	364.0	352.4	341.5	329.0	313.2	313.0
平原五区	699.1	735.6	767.4	796.2	833.0	874.0	874.7
房山区	104.0	108.9	114.5	118.5	124.8	131.1	131.3
通州区	139.4	145.9	154.5	163.3	173.2	184.0	184.3
顺义区	102.9	108.9	114.5	119.6	125.7	132.4	132.6
昌平区	196.5	202.2	207.6	213.6	219.5	226.9	227.0
大兴区	156.3	169.7	176.3	181.2	189.8	199.4	199.5
生态涵养区	191.8	195.1	200.3	205.4	209.5	216.5	216.7
门头沟区	32.2	32.8	34.2	35.7	37.3	39.3	39.6
怀柔区	38.6	39.6	40.8	41.9	42.7	44.1	44.1
平谷区	41.9	42.5	43.3	44.2	44.5	45.7	45.7
密云区	48.6	48.9	49.7	50.6	51.5	52.8	52.7
延庆区	30.5	31.3	32.3	33.0	33.5	34.6	34.6

资料来源：历年《北京统计年鉴》。

（二）各区常住外来人口变化明显

各区常住人口规模变化受常住外来人口的影响最为明显。2010—2020年，中心城区尤其是首都功能核心区常住外来人口呈现负增长，外围十区则保持着稳定的增长趋势，这与各区常住人口规模变化基本一致。2010—2020年，中心城区常住外来人口总量由433.71万人减少至361.29万人，占常住人口的比重由37.0%降低为32.9%。其中，首都功能核心区外来人口疏解力度较大，由54.71万人减少至40.23万人，东城区和西城区分别年均减少3.36%和2.97%。平原五区常住外来人口总量由240.01万人增加至426.40万人，生态涵养区则由30.69万人增加至54.15万人，外围十区外来人口占常住人口的比重均有明显提高（表4-2）。由此可以看出，常住外来人口规模调控是北京市人口疏解政策取得明显成效的主要原因，外围十区逐渐成为新的外来人口集聚地。

表4-2　2010—2020年北京市各区常住外来人口规模

地区	常住外来人口（万人） 2020年	常住外来人口（万人） 2010年	2010—2020年均增速（%）	常住外来人口占常住人口比重（%） 2020年	常住外来人口占常住人口比重（%） 2010年
全市	841.84	704.41	1.80	38.50	35.90
首都功能核心区	40.23	54.71	-3.03	22.20	25.30
东城区	15.81	22.00	-3.25	22.30	23.90
西城区	24.42	32.71	-2.88	22.10	26.31
城四区	321.06	379.00	-1.65	32.90	37.00
朝阳区	128.07	151.50	-1.67	37.10	42.70
丰台区	64.53	81.30	-2.28	32.00	38.50
石景山区	16.64	20.60	-2.11	29.30	33.40
海淀区	111.82	125.60	-1.16	35.70	38.30
平原五区	426.40	240.01	5.92	48.80	39.80
房山区	43.84	19.50	8.44	33.40	20.60
通州区	89.80	43.50	7.52	48.80	36.70
顺义区	59.93	27.90	7.95	45.30	31.80
昌平区	131.04	84.71	4.46	57.74	51.01
大兴区	101.79	64.40	4.68	51.10	47.20

续表

地区	常住外来人口（万人） 2020年	常住外来人口（万人） 2010年	2010—2020年均增速（%）	常住外来人口占常住人口比重（%） 2020年	常住外来人口占常住人口比重（%） 2010年
生态涵养区	54.15	30.69	5.84	25.00	16.50
门头沟区	11.52	4.70	9.38	29.40	16.30
怀柔区	15.58	10.30	4.23	35.30	27.50
平谷区	7.83	4.89	4.82	17.10	11.80
密云区	11.15	6.90	4.92	21.10	14.70
延庆区	8.07	3.90	7.54	23.40	12.40

资料来源：北京市各区第七次、第六次全国人口普查公报。

第三节　北京市人口发展结构分析

本节从年龄结构、素质结构、就业结构和城乡结构等角度出发，讨论北京市人口发展结构的演变规律。

一、人口年龄结构老龄化加快

（一）新中国成立以来人口老龄化趋势明显

新中国成立以来，北京市人口年龄结构变化明显，呈现出人口老龄化趋势。从常住人口的年龄结构来看，随着时间的推移，北京市60岁及以上人口比重持续增加，15—59岁劳动年龄人口比重有所下降，人口老龄化率持续攀升，老龄化问题较为严重。2010—2020年，北京市0—14岁人口比重由8.6%提高至11.9%，15—59岁劳动年龄人口比重由78.9%降低至68.5%，60岁及以上人口比重由12.5%增加至19.6%，其中65岁及以上人口比重由8.7%增加至13.3%（图4-10）。按照国际公认的标准，当一个国家或地区60岁及以上人口比重超过10%，或65岁及以上人口比重超过7%，即意味着这个国家或地区的人口处于老龄化社会。由此可见，北京市早已迈入老龄化社会，且目前人口老龄化的程度正在逐步加深。

老龄化问题直接导致劳动年龄人口的抚养负担过重。根据国家统计局的标准，老年人口抚养比系数为65岁及以上人口数除以15—64岁人口数，少年儿童抚养比系数为0—14岁人口数除以15—64岁人口数。近年来，北京市老年人口抚养比明显提高，少年儿童抚养比从 2010 年开始有所提高。2010—2020 年，北京市老年人口抚养比由 10.5% 提高至 17.8%，少年儿童抚养比由 10.4% 提高至 15.8%（图 4-11）。伴随老年人口和少年人口比重的增加，北京市劳动年龄人口正在面临越来越重的抚养压力。

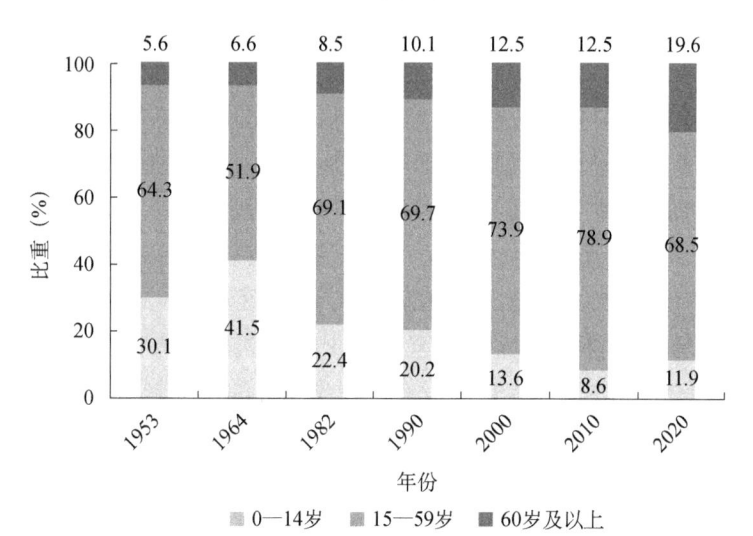

图 4-10 1953—2020 年北京市常住人口年龄结构
资料来源：北京市历次全国人口普查数据。

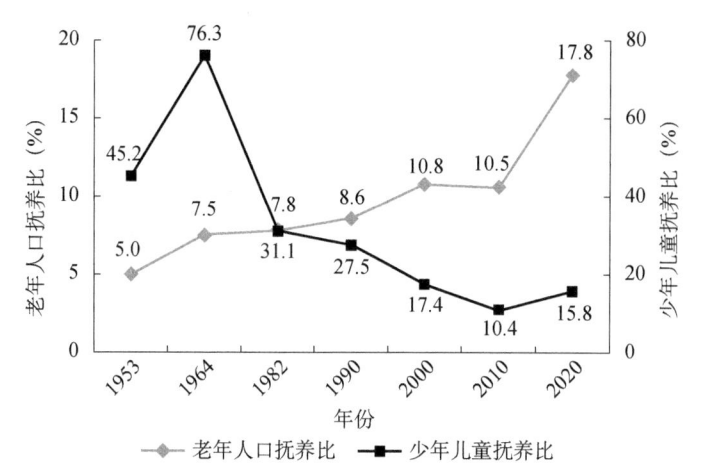

图 4-11 1953—2020 年北京市老年人口抚养比与少年儿童抚养比
资料来源：北京市历次全国人口普查数据。

（二）2010—2020 年人口快速老龄化

2010—2020 年，北京市中心城区老年人口比重高且增长快，65 岁及以上人口比重由2010年的8.7%提高至2020年的13.3%，增加了4.6个百分点。其中，首都功能核心区老龄化问题尤为严重，2020年东城区和西城区65岁及以上人口比重分别达到18.2%，居全市首位。丰台区和石景山区老龄化进程有所加快，2010—2020年两区65岁及以上人口比重分别增加了6.9个和6.7个百分点，增长率远高于其他各区（表4-3）。虽然中心城区交通拥堵、居住环境恶化等问题日益凸显，但其医疗条件等公共服务配套相对完善，老年人口仍然更愿意在中心城区居住。

生态涵养区和平原五区要积极应对老龄化社会的潜在挑战。生态涵养区由于有良好的绿色生态空间与静谧环境，吸引了较多老年人口定居，2020年65岁及以上人口比重达到15.0%。平原五区老龄化率相对较低，2020年65岁及以上人口比重为10.8%，其中昌平区、大兴区仅为9.7%（表4-3）。近年来，由于非首都功能疏解而疏散至外围十区的人口，大部分为常住外来人口，中心城区的常住老龄人口并没有呈现出明显的流动趋势。对于外围十区而言，在承接中心城区人口疏解的过程中，应当着力提高医疗、养老等公共服务品质，完善交通等基础设施配套，营造更加和谐宜居的环境。

表4-3 北京市各区常住人口年龄结构

地区	0—14岁比重 2020年（%）	0—14岁比重 2010—2020年变动（百分点）	15—64岁比重 2020年（%）	15—64岁比重 2010—2020年变动（百分点）	65岁及以上比重 2020年（%）	65岁及以上比重 2010—2020年变动（百分点）
全市	11.9	3.3	74.8	-7.9	13.3	4.6
首都功能核心区	14.1	6.5	67.7	-12.3	18.2	5.7
东城区	13.9	6.4	67.9	-12.3	18.2	5.9
西城区	14.3	6.7	67.5	-12.2	18.2	5.5
城四区	11.9	4.0	73.1	-9.6	15.0	5.6
朝阳区	11.4	3.8	74.3	-9.5	14.3	5.7
丰台区	10.9	2.2	73.3	-9.1	15.8	6.9
石景山区	11.4	2.5	72.2	-9.2	16.4	6.7
海淀区	11.8	4.1	75.1	-8.8	13.1	4.7
平原五区	11.7	2.4	77.6	-6.2	10.8	3.8
房山区	12.9	2.1	73.9	-6.5	13.2	4.4
通州区	12.1	3.1	76.4	-6.9	11.5	3.8
顺义区	11.7	2.2	77.5	-5.0	10.8	2.8
昌平区	10.4	2.1	79.9	-6.0	9.7	3.9
大兴区	11.9	2.5	78.4	-6.2	9.7	3.7

续表

地区	0—14岁比重 2020年（%）	0—14岁比重 2010—2020年变动（百分点）	15—64岁比重 2020年（%）	15—64岁比重 2010—2020年变动（百分点）	65岁及以上比重 2020年（%）	65岁及以上比重 2010—2020年变动（百分点）
生态涵养区	12.2	1.3	72.8	-6.2	15.0	4.9
门头沟区	11.4	1.2	73.8	-5.0	14.8	3.8
怀柔区	11.8	0.3	75.4	-4.4	12.8	4.1
平谷区	13.3	2.8	70.3	-8.7	16.4	5.9
密云区	12.7	1.2	72.1	-6.1	15.2	4.9
延庆区	11.7	1.0	72.6	-6.8	15.7	5.8

资料来源：北京市各区第七次、第六次全国人口普查公报。

老年人口和少年儿童人口的增多，叠加劳动年龄人口的减少，致使各区劳动年龄人口的抚养负担进一步加重。经测算，2010—2020年各区老年人口抚养比和少年儿童抚养比均有明显提高（图4-12、图4-13）。中心城区抚养比系数较大且增长快，2010—2020年其老年人口抚养比由11.3%提高至20.5%，少年儿童抚养比由9.5%提高至16.3%。其中，首都功能核心区劳动年龄人口面临的抚养压力尤为严峻，2010—2020年其老年人口抚养比由15.7%提高至26.9%，少年儿童抚养比由9.5%提高至20.9%。石景山区和丰台区老年人口抚养压力较大，2020年其老年人口抚养比分别为22.7%和21.6%，相较2010年均增加超过10个百分点。此外，生态涵养区的抚养压力也比较大，2020年其老年人口和少年儿童抚养比分别为20.5%和16.8%，与中心城区基本持平。

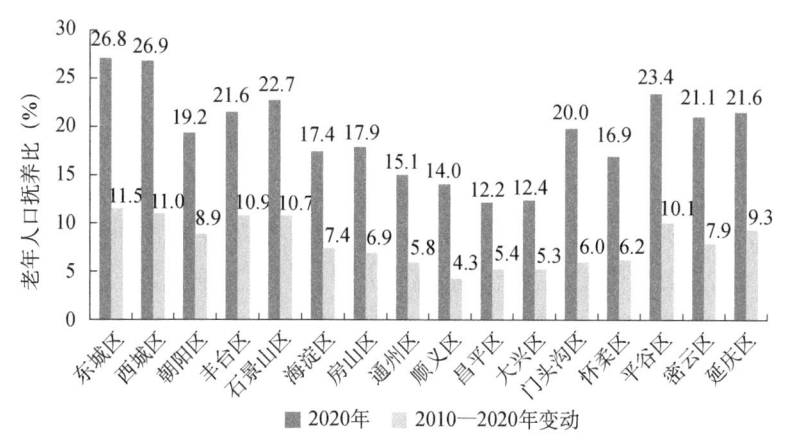

图4-12 2010—2020年北京市各区老年人口抚养比

资料来源：北京市各区第七次、第六次全国人口普查公报。

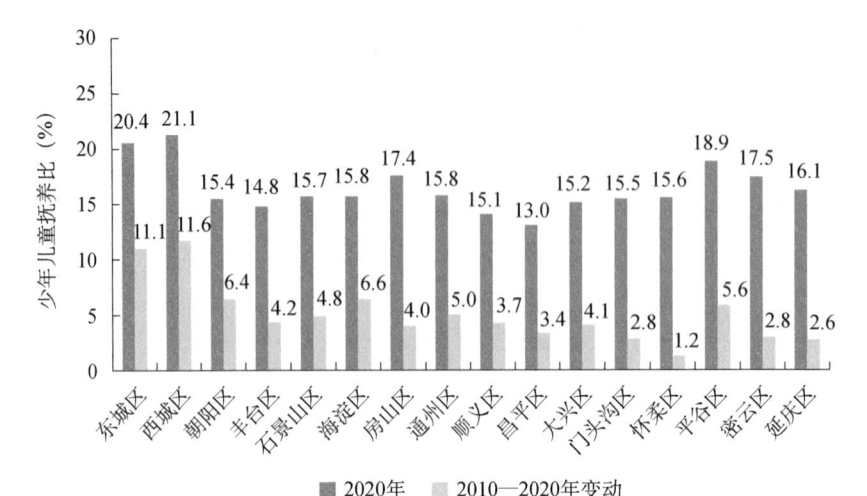

图 4-13　2010—2020 年北京市各区少年儿童抚养比

资料来源：北京市各区第七次、第六次全国人口普查公报。

（三）各年龄段人口向平原五区转移集聚

各年龄段常住人口数量及比重在平原五区均有明显提升，而首都功能核心区、城四区不同年龄段的常住人口比重除首都功能核心区 0—14 岁常住人口比重略有上升以外，其余均呈下降趋势。2021 年，平原五区 1—14 岁、15—64 岁、65 岁及以上的常住人口数量达到 104.5 万人、670.8 万人、99.4 万人，相比 2015 年分别增加了 27.9 万人、110.8 万人、39.1 万人（表 4-4）；其占全市人口中的比重分别从 2015 年的 34.96%、32.40%、27.06% 提升到 2021 年的 39.48%、41.61%、31.90%（表 4-5）。首都核心功能区 2021 年 0—14 岁常住人口比重与 2015 年持平，但 15—64 岁、65 岁及以上的常住人口比重从 2015 年的 9.48%、15.31% 下降到了 2021 年的 7.43%、11.36%。城四区 0—14 岁、15—64 岁、65 岁及以上的常住人口比重从 2015 年的 45.14%、49.64%、47.35% 下降到 2021 年的 40.42%、41.32%、45.70%。人口老龄化对北京市社会经济发展产生了基础性、全局性、复杂性和长期性的影响。自 2021 年底北京市出台《北京市积极应对人口老龄化实施方案（2021 年—2025 年）》之后，从推动托育发展，到养老服务补位，再到健康医疗设施加速布局、探索长护险等，迎战老龄化的"路线图"逐渐清晰。

表 4-4　北京各区不同年份不同年龄段人口数量情况　　（单位：万人）

地区	0—14 岁 2010 年	0—14 岁 2015 年	0—14 岁 2021 年	15—64 岁 2010 年	15—64 岁 2015 年	15—64 岁 2021 年	65 岁及以上 2010 年	65 岁及以上 2015 年	65 岁及以上 2021 年
全市	168.8	219.1	264.7	1621.6	1728.6	1612.3	171.0	222.8	311.6
首都功能核心区	16.4	22.3	26.0	172.8	163.9	119.8	27.1	34.1	35.4
东城区	6.9	8.4	9.9	73.7	68.0	47.5	11.3	14.1	13.4
西城区	9.5	13.9	16.1	99.1	95.9	72.3	15.8	20.0	22.0
城四区	76.1	98.9	107.4	796.5	858.1	666.2	82.8	105.5	142.4
朝阳区	26.8	37.8	40.5	297.1	317.1	252.7	30.6	40.6	51.7
丰台区	18.5	22.7	22.5	174.0	185.2	143.9	18.7	24.5	35.1
石景山区	5.5	5.9	6.5	50.1	52.5	40.5	6.0	6.8	9.6
海淀区	25.3	32.5	37.9	275.3	303.3	229.1	27.5	33.6	46.0
平原五区	55.8	76.6	104.5	505.0	560.0	670.8	42.2	60.3	99.4
房山区	10.2	11.8	17.2	76.0	81.3	96.5	8.3	11.5	17.6
通州区	10.7	13.3	22.9	98.6	113.0	139.5	9.1	11.5	21.9
顺义区	8.3	11.5	15.8	72.4	82.4	102.2	6.9	8.1	14.6
昌平区	13.8	21.2	24.1	142.8	157.6	180.7	9.7	16.8	22.2
大兴区	12.8	18.1	24.5	115.4	125.7	151.9	8.2	12.4	23.1
生态涵养区	20.5	21.3	26.8	147.3	146.3	155.5	18.9	22.9	34.4
门头沟区	3.0	3.4	4.6	22.9	23.3	29.0	3.2	4.1	6.0
怀柔区	4.3	4.4	5.4	29.8	30.0	32.6	3.3	4.0	6.1
平谷区	4.4	4.6	6.0	32.8	32.3	31.6	4.4	5.4	8.1
密云区	5.4	5.5	6.7	36.6	36.7	37.6	4.8	5.7	8.4
延庆区	3.4	3.4	4.1	25.2	24.3	24.7	3.2	3.7	5.8

资料来源：历年《北京统计年鉴》。

表 4-5　北京各区不同年份不同年龄段人口占比变化情况　　（单位：%）

地区	0—14 岁 2010 年	0—14 岁 2015 年	0—14 岁 2021 年	15—64 岁 2010 年	15—64 岁 2015 年	15—64 岁 2021 年	65 岁及以上 2010 年	65 岁及以上 2015 年	65 岁及以上 2021 年
首都功能核心区	9.72	10.18	9.82	10.66	9.48	7.43	15.85	15.31	11.36
城四区	45.08	45.14	40.42	49.12	49.64	41.32	48.42	47.35	45.70
平原五区	33.06	34.96	39.48	31.14	32.40	41.61	24.68	27.06	31.90
生态涵养区	12.14	9.72	10.12	9.08	8.48	9.64	11.05	10.28	11.04

资料来源：历年《北京统计年鉴》。

幼儿园与小学在园/校人数呈现不同的空间分布特征。自 2005 年起，平原五区幼儿园在园人数及比重均呈现明显上升趋势，首都功能核心区、城四区幼儿园在园人数占全市比重逐步下降。2021年首都功能核心区的小学生在校人数占全市比重相比2015年提升了3个百分点，城四区、平原五区的占比则较为平稳（图4-14、图4-15）。

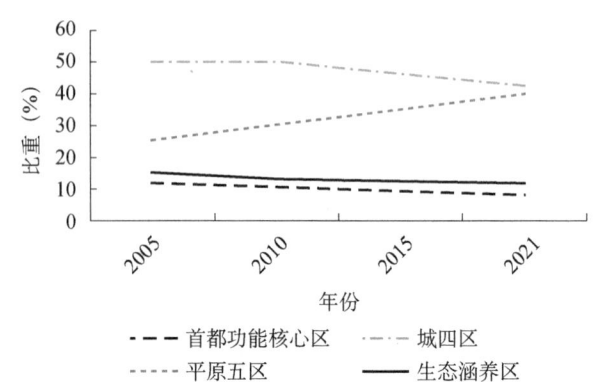

图4-14　2005—2021年北京各区幼儿园在园人数占全市比重

资料来源：北京市教育委员会（https://jw.beijing.gov.cn）。

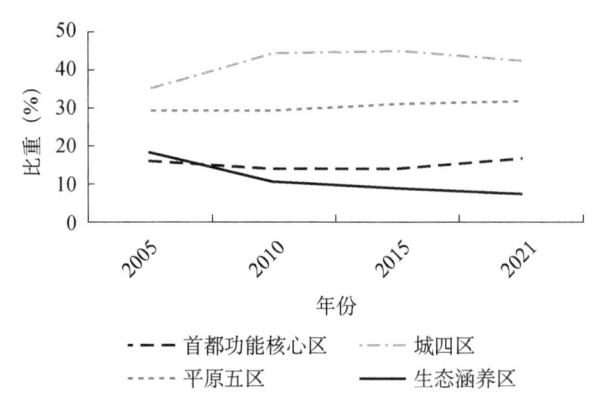

图4-15　2005—2021年北京各区小学在校人数占全市比重

资料来源：北京市教育委员会（https://jw.beijing.gov.cn）。

二、人口素质结构趋于优化

（一）新中国成立以来人口素质结构持续优化

人口受教育程度进一步提升，素质结构持续优化。从历次人口普查中人口受教育程度来看，北京市大学（指大专及以上）文化程度人口比重持续提高，15岁及以上常住人口的平均受教育年限持续增加，人口平均受教育年限由1964年的5.3年增加至2020年的12.6年（表4-6）。

表 4-6　1964—2020 年北京市常住人口受教育程度情况

指标		1964 年	1982 年	1990 年	2000 年	2010 年	2020 年
每 10 万人中各种受教育程度人口（人）	大学	4 866	9 300	16 843	4 359	31 499	41 980
	高中	17 646	18 978	23 151	4 513	21 220	17 593
	初中	29 086	30 551	34 391	11 768	31 396	23 289
	小学	26 197	22 579	16 956	31 883	9 956	10 503
平均受教育年限（年）		5.3	7.8	8.6	10.0	11.7	12.6

资料来源：北京市历次全国人口普查数据。

（二）2010—2020 年人口素质结构进一步优化

2010—2020 年，北京市人口素质结构进一步优化。北京市每 10 万人中拥有大学文化程度的人数由 31 499 人增加至 41 980 人，相应地，每 10 万人中高中（含中专）、初中文化程度人口均有明显减少。15 岁及以上常住人口的平均受教育年限由 11.7 年增加至 12.6 年。

北京人力资本积累优势明显。北京市集聚着全国最优质的教育资源和科技创新资源，同时也有着全国最高的高学历人口比重。《北京市第七次全国人口普查公报》显示，2020 年，北京市大专及以上学历人口比重占常住人口比重的 42%，相比于各省、自治区、直辖市处于遥遥领先的地位，高于位居第二的上海市（33.9%）8.1 个百分点，高于排名第三的天津市（26.9%）15.1 个百分点；其余地区大专及以上学历人口比重均不足 20%。2010—2020 年，北京市大专及以上学历人口比重由 31.5% 上升至 42.0%，增加了 10.5 个百分点。

中心城区人口素质相对最高，平原五区人口素质提升最为明显。从常住人口受教育程度来看，中心城区始终是北京市人口素质最高的区域。2020 年，中心城区每 10 万人中拥有大学文化程度的人数均超过 40 000 人，其中海淀区高达 56 451 人，居全市首位。昌平区高校与高素质人才集聚，每 10 万人中拥有大学文化程度的人数达到 44 354 人。2010—2020 年，平原五区人口素质提升较为明显，各区每 10 万人中拥有大学文化程度的人数增量均超过 10 000 人。其中，大兴区新增 16 322 人，居全市首位，房山区、通州区、顺义区、昌平区分别新增 13 901 人、13 193 人、12 757 人、10 375 人。这表明，2010—2020 年平原五区对高层次人才的吸引力有所提升，依托经济发展的比较优势和人才发展的良好环境，正在着力聚集和留住年轻、高素质人才。此外，门头沟区和丰台区人口素质提升也比较明显，每 10 万人中拥有大学文化程度的人数增量分别达到 14 938 人和 14 459 人（图 4-16）。

区	2010年	2020年
延庆区	19 402	23 451
密云区	11 794	22 599
平谷区	11 717	22 618
怀柔区	14 625	25 770
门头沟区	17 605	32 543
大兴区	18 744	35 066
昌平区	33 979	44 354
顺义区	16 939	29 696
通州区	21 947	35 140
房山区	16 917	30 818
海淀区	47 081	56 451
石景山区	34 684	47 280
丰台区	30 033	44 492
朝阳区	36 472	49 236
西城区	39 963	48 472
东城区	36 536	45 626

每10万人中拥有大学文化程度的人数（人）

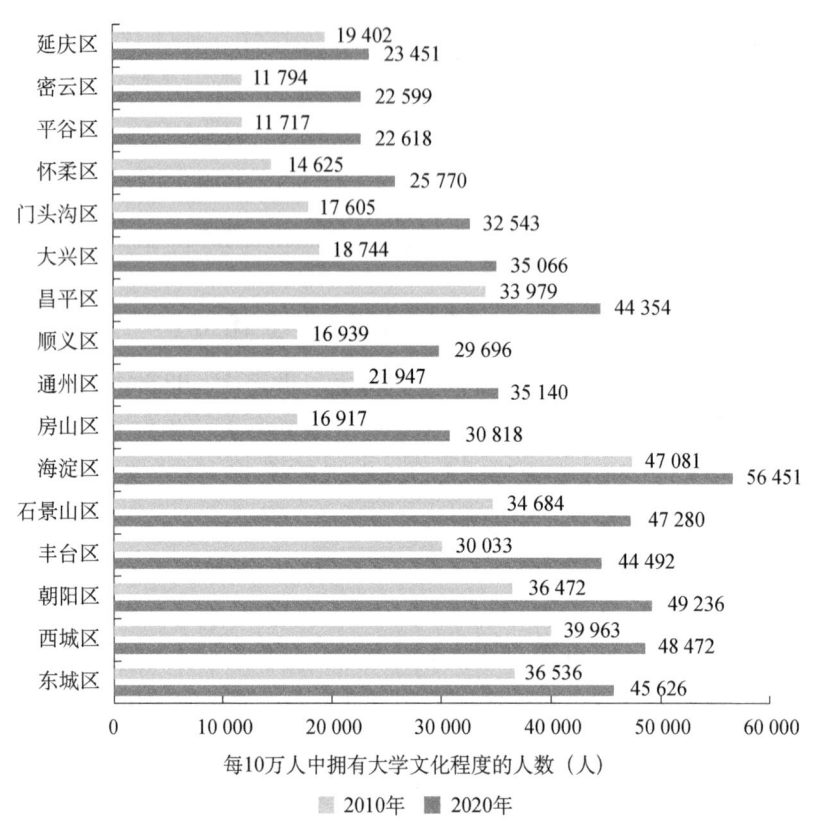

图 4-16　2010 年、2020 年北京市各区每 10 万人中拥有大学文化程度的人数
资料来源：北京市各区第七次、第六次全国人口普查公报。

（三）北京高校毕业生数量出现本硕博结构倒挂现象

2022 年，北京高校毕业生数量出现本硕博结构倒挂现象。北京市教育委员会发布的《2022 年北京市高等教育毕业生就业报告》数据显示，2022 年北京市高等教育毕业总数为 38.5 万人，其中本科毕业生为 19.1 万人，占比为 49.6%，硕博毕业生为 19.4 万人，占比为 50.4%，这是全国首次出现硕博毕业生比例超过本科毕业生比例的情况。根据教育部数据，2022 年全国高等教育毕业生总数为 1000 万人，其中硕士和博士毕业生共计 300 万人，占比为 30%，仍然低于本科毕业生的占比（70%）。这说明本硕博结构倒挂是北京市人才市场的特殊现象。硕博研究生毕业人数超过本科生是北京市高等教育综合水平不断提高的结果，体现了北京市高等教育发展水平和人才培养层次的提升，也反映了北京市作为人才高地的重要地位和作用。另外，结合新冠疫情以来北京市实施的硕博研究生的扩招政策，未来北京常住人口中高学历高素质人才的数量将会逐步增加，同时北京市就业市场的学历竞争可能会进一步加剧。

（四）高素质人才流失影响人口素质结构优化

2010年以来，北京市常住人口、中青年群体人口数以及杰出青年人才净流入均呈现出负增长趋势。整体来看，北京对大学毕业生、中青年科技人才、高层次人才的吸引力有所下降，导致北京成为高层次人才流失最严重的地区之一（中国民主促进会北京市委员会，2023）。流出北京的"95后"人才中7.7%流向上海，流出上海的9.8%流向北京，北京和上海互为人才外流目标城市第一位。其中，北京流向上海与上海流向北京的"95后"人才比值为1.19，这表明"95后"人才从北京净流向上海，即"95后"从北京流向上海的人才多于从上海流向北京的人才。2021年，上海放宽了高学历和留学生人才落户条件，硕士学位人才在沪工作年限从5年降至1年、留学生落户取消第一份工作限制；2022年，上海人才落户条件再次放宽，高层次人才、重点机构急需人才、高技能人才、创新创业人才、专业人才和其他特殊人才等5类人才可直接落户上海，申办公示期由15天减少至5天，相对北京来说落户政策更宽松、流程更简化，更能吸引年轻优秀人才去上海就业。

三、人口就业结构不断优化

（一）改革开放以来三次产业就业结构持续调整

改革开放以来，北京市三次产业从业人员数量与从业人员比重均变化明显。1978—2021年，第一产业从业人员比重从28.30%下降到2.33%，第二产业从业人员比重则从40.10%下降到16.67%，第三产业从业人员比重从31.60%上升到81%（图4-17）。在此期间，第一产业从业人员数量从125.9万人下降到27万人，第二产业从业人员数量从177.9万人增加到193万人，第三产业从业人员数量从140.3万人上升到938万人，增长幅度最为明显。

第一产业从业人员数量持续减少，从业人员比重持续下降。1978—1984年，北京市第一产业从业人员数量超过100万人，从业人员比重在20%以上；1985—2002年，第一产业从业人员数量持续下降，2002年第一产业从业人员数量减少到 67.6 万人，从业人员比重降到 10.00%；2003—2013 年，第一产业从业人员数量进一步减少到 50.7 万，从业人员比重在 2012 年达到 4.96%，此后维持在 5%以下；2014—2021 年，第一产业从业人员数量仍较快下降，到 2021 年仅有 27 万人，从业人员比重则降到了 2.33%。

第二产业从业人员数量先增后减，从业人员比重也先升后降。1978—1988 年，第二产业从业人员数量持续增加，从 177.9 万人增加到 267.6 万人，从业人员比重则从 1978 年的 40.10%波动上升到 1985 年的 46%，达到峰值。此后，第二产业从业人员数量仍处于波动上升状态，并在 1992 年达到峰值 281.6 万人。1996—2003 年，从业人员比重在 30%以上，从 39.40%下降到 32.10%；2004—2021 年进一步下降，2021 年该比重下降到 16.67%。

第三产业从业人员数量则持续增加，从业人员比重也持续上升。1978—1989 年，第三产业从业人员数量持续增加，从 140.3 万人逐年增加到 236.6 万人，从业人员比重则从 31.60%逐步上升到 39.80%。从 1990 年开始，第三产业从业人员数量超过 250 万人，从业人员比重超过 40%。1990—1993 年，从 254.8 万人增长到 283.3 万人，并在 1994 年突破 300 万人，在 2003 年、2005 年、2006 年、2008 年、2012 年和 2015 年接连突破 400 万、500 万、600 万、700 万、800 万和 900 万人，到 2021 年高达 938 万人。

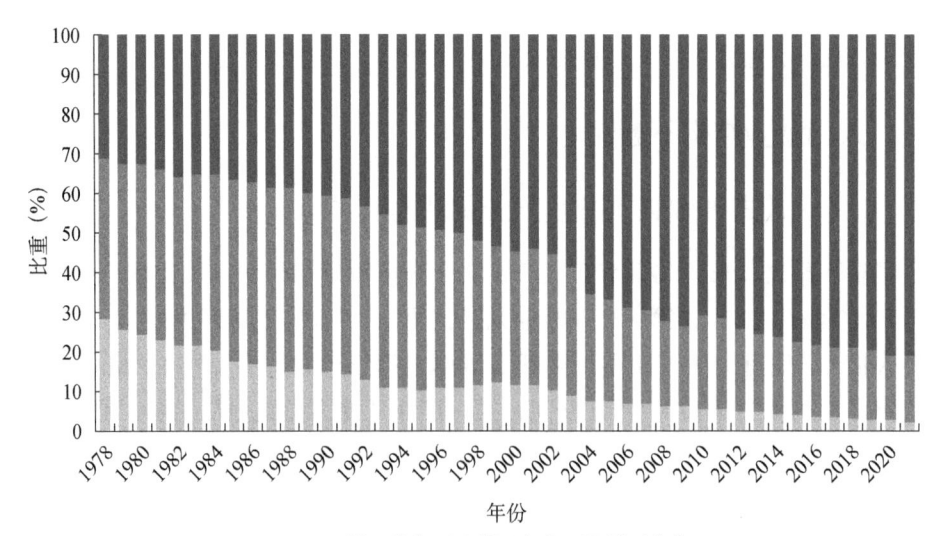

图 4-17　1978—2021 年北京市三次产业从业人员比重

资料来源：历年《北京统计年鉴》。

（二）2010—2021年人口就业结构日益优化

2010—2021年，北京市三次产业从业人员比重均有所变化。北京市第一和第二产业从业人员数量大幅下降，分别从58.3万人和252.1万人减少到27万人和193万人，第三产业从业人员数量则从756.9万人大幅增长到938万人。相应地，第一和第二产业从业人员比重也大幅减小，第三产业从业人员比重增长了10.06个百分点（图4-18）。

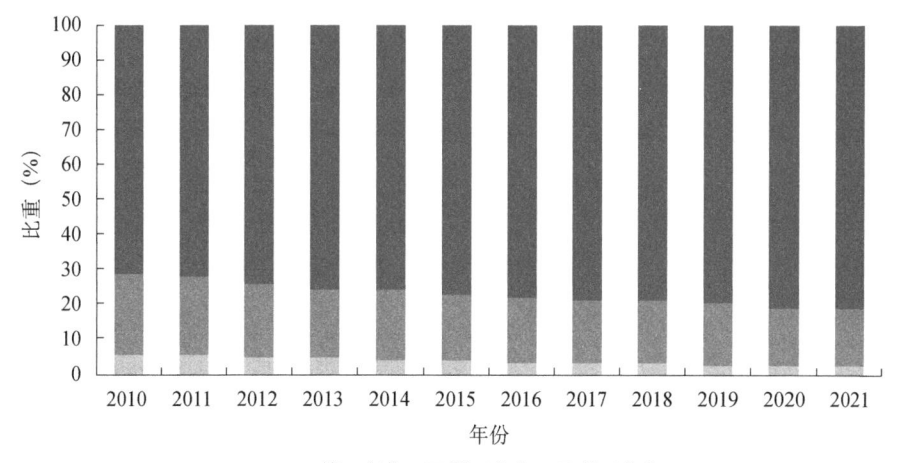

图4-18　2010—2021年北京市三次产业从业人员比重
资料来源：历年《北京统计年鉴》。

2010—2021年，第一产业从业人员数量每三年约减少10万人，从2010年的58.3万人下降到2014年的46.5万人，再减少到2017年的38.6万人和2020年的28万人，比重分别从5.45%降低到4.07%、3.24%和2.41%，到2021年达到2.33%。第二产业从业人员数量从每两年大约减少20万人变成每三年减少10万人、每四年减少10万人，从2010年的252.1万人减少到2012年的231.8万人，再减少到2015年的220万人、2019年的210.9万人。第三产业从业人员数量虽然大幅增长，但近年来在北京严格的人口调控政策的影响下有所下降，2010—2017年，第三产业从业人员数量从756.9万人增长到937.6万人，年均增长25.81万人，从业人员比重也从70.94%增长到78.72%，增加了7.78个百分点；从2018年开始，第三产业从业人员数量增长速度放缓，与上一年相比仅增加了3.2万人，2019年和2020年均比上年增加了0.5万人，到2021年甚至减少了3.8万人，但第三产业从业人员比重仍持续上升，从 2018 年的 79.06%增加到 2021 年的 81.00%。

从细分行业来看，2010—2021 年，北京市各行业从业人员增加了 112.9 万人，其中，第一产业减少了 1.7 万人，第二产业中制造业减少了 40.8 万人。第三行业各细分行业可以归为初级生产性服务业、高级生产性服务业、生活性服务业和基础性服务业四大类。其中，初级生产性服务业从业人员变动不大，只有房地产业增加了 14.5 万人；高级生产性服务业从业人数大幅增长，信息传输、软件和信息技术服务业及金融业分别增加了 59.5 万人和 33.9 万人，科学研究和技术服务业也增加了 15.5 万人；生活性服务业从业人员数量变动不大，但基础性服务业从业人员数量明显增加，尤其是教育业及卫生和社会工作从业人员分别增加了 11.9 万人和 12.2 万人。

聚焦于各行业从业人员比重，可以看出，2010—2021 年，第一产业从业人员比重呈下降趋势，由 0.5%降到了 0.2%。第二产业中，电力、热力、燃气及水生产和供应业从业人员比重上升了 0.2 个百分点，其他细分行业从业人员比重均呈下降（或持平）趋势，尤其是制造业从业人员比重逐年下降，2010—2021 年下降了 7.7 个百分点，比重下降到了 7.9%。2010—2021 年，初级生产性服务业中，除房地产业外，其他行业从业人员比重均有所下降；高级生产性服务业中，除租赁和商务服务业外，其他行业从业人员比重均有所上升；生活性服务业中，除文化、体育和娱乐业外，其他行业从业人员比重均有所下降；基础性服务业中，除公共管理、社会保障和社会组织外，其他行业从业人员比重均有所上升（图 4-19、表 4-7）。

进一步分析北京市第三产业各行业从业人员的变化趋势（表 4-7）。初级生产性服务业中，房地产业从业人员比重从 2010 年的 4.9%上升到 2021 年的 6.1%，起伏较大。批发和零售业从业人员比重在 2010—2015 年从 8.6%上升到 9.9%，但从 2016 年开始该比重持续下降到了 2021 年的 6.9%。交通运输、仓储和邮政业从业人员比重先降后升再降，在 2012 年达到 8.1%后持续下降，到 2017 年该比重为 7.1%，2018—2020 年略有回升，2021 年再次下降到 7.2%。高级生产性服务业中，信息传输、软件和信息技术服务业从业人员比重持续上升（从 6.4%上升到 13.3%），尤其是 2017 年以来大幅增长，取代租赁和商务服务业（从 12.0%降到 9.0%），成为从业人员比重最高的行业。金融业从业人员比重增长了 3.8 个百分点，达到 8.0%；科学研究和技术服务业从业人员比重虽然只增加了 1 个百分点，但仍高达 8.1%。生活性服务业中，文化、体育和娱乐业从业人员比重波动上升，尤其是 2021 年，与上年相比增长了 0.11 个百分点，达到 2.5%；住宿和餐饮业与居民服务、修理和其他服务业从业人员比重分别下降了 0.6 个和 0.3 个百分点。基础性服务业中，公共管理、社会保障和社会组织从业人员比重从 6.4% 降到了 5.7%，教育业从业人员比重则增加了 0.6 个百分点，达到 6.9%；水利、环境和公共设施管理业与卫生和社会工作从业人员比重分别上升了 0.2 个和 1.1 个百分点。

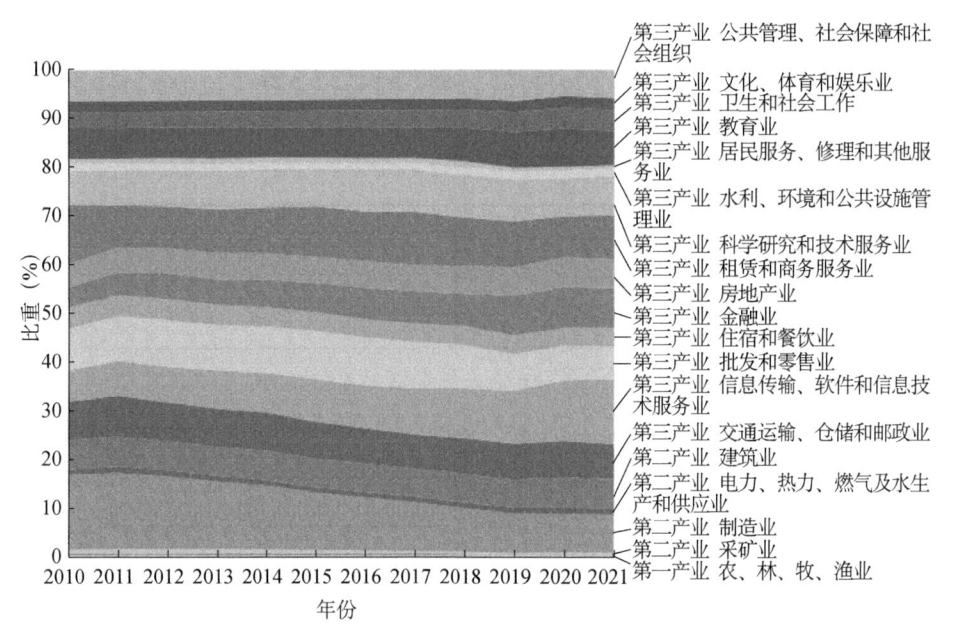

图 4-19 2010—2021 年北京市细分行业从业人员比重

资料来源：国家统计局（https://www.stats.gov.cn）。

表 4-7 2010 年与 2021 年北京市细分行业就业人员状况

产业	行业	从业人员（万人） 2010 年	2021 年	变动	从业人员比重（%） 2010 年	2021 年	变动	产业特征
	合计	646.6	759.4	112.8	100.0	100.0	0.0	
第一产业	农、林、牧、渔业	3.2	1.5	-1.7	0.5	0.2	-0.3	
第二产业	采矿业	4.5	2.8	-1.7	0.7	0.4	-0.3	
	制造业	100.6	59.8	-40.8	15.6	7.9	-7.7	
	电力、热力、燃气及水生产和供应业	6.8	9.5	2.7	1.1	1.3	0.2	
	建筑业	39.4	46.2	6.8	6.1	6.1	0.0	

续表

产业	行业	从业人员（万人）			从业人员比重（%）			产业特征
		2010年	2021年	变动	2010年	2021年	变动	
第三产业	批发和零售业	55.4	52.4	-3.0	8.6	6.9	-1.7	初级生产性服务业
	交通运输、仓储和邮政业	51.0	54.9	3.9	7.9	7.2	-0.7	
	房地产业	31.5	46.0	14.5	4.9	6.1	1.2	
	信息传输、软件和信息技术服务业	41.7	101.2	59.5	6.4	13.3	6.9	高级生产性服务业
	金融业	27.2	61.1	33.9	4.2	8.0	3.8	
	租赁和商务服务业	77.8	68.5	-9.3	12.0	9.0	-3.0	
	科学研究和技术服务业	45.7	61.2	15.5	7.1	8.1	1.0	
	住宿和餐饮业	28.0	28.3	0.3	4.3	3.7	-0.6	生活性服务业
	文化、体育和娱乐业	15.3	19.2	3.9	2.4	2.5	0.1	
	居民服务、修理和其他服务业	7.4	5.8	-1.6	1.1	0.8	-0.3	
	水利、环境和公共设施管理业	8.8	12.0	3.2	1.4	1.6	0.2	基础性服务业
	教育业	40.6	52.5	11.9	6.3	6.9	0.6	
	卫生和社会工作	20.7	32.9	12.2	3.2	4.3	1.1	
	公共管理、社会保障和社会组织	41.1	43.6	2.5	6.4	5.7	-0.7	

资料来源：国家统计局（https://www.stats.gov.cn）。

（三）失业率呈波动上升态势

改革开放以来，北京市失业率整体呈现出先降后升的变化趋势。1979—1983年，北京市失业率小幅下降，从1.60%下降到1.09%。此后，失业率在1984—2000年最高均保持较低水平，在0.50%上下波动。进入21世纪后，随着北京市常住人口的快速增长，失业人数和失业率也有较大幅度增加。2000年以前，每年失业人数不超过3.32万人，2001年开始跃升至5.19万人，失业率也从1%以下上升到1.18%。2005—2008年，北京市每年失业人数均超过10万人，失业率最高达到2.11%（图4-20）。2009年后近10年的时间内，北京市失业人数有所回落，呈现出波动上升的趋势。在新冠疫情的冲击以及国内外环境变化的影响下，2020年和2021年失业人数分别高达29.02万人和37.19万人，失业率也上升到2.56%和3.23%。

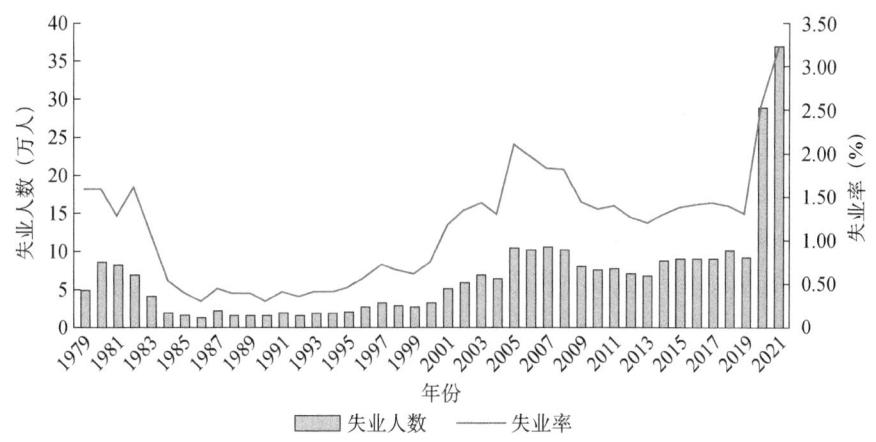

图 4-20　1979—2021 年北京市失业人数和失业率

资料来源：历年《北京统计年鉴》。

近年来，北京市就业形势严峻。2022 年，北京市失业率达到 4.70%，为 1980 年以来最高失业率。自新冠疫情暴发以来，北京市失业率由 2019 年的 1.30%，攀升到 2022 年的 4.70%，失业人口规模逐年扩大，除 2021 年失业状况有所缓和外，2020 年和 2022 年失业率增长速度较快，其中，2022 年失业率增长速度最快，比 2021 年增加 1.47 个百分点（图 4-21）。由于新冠疫情造成北京市就业形势严峻、就业市场前景不佳，北京市已出现失业人口数量持续增长、失业人口规模持续扩大的趋势，并且增长速度有加快的趋势。

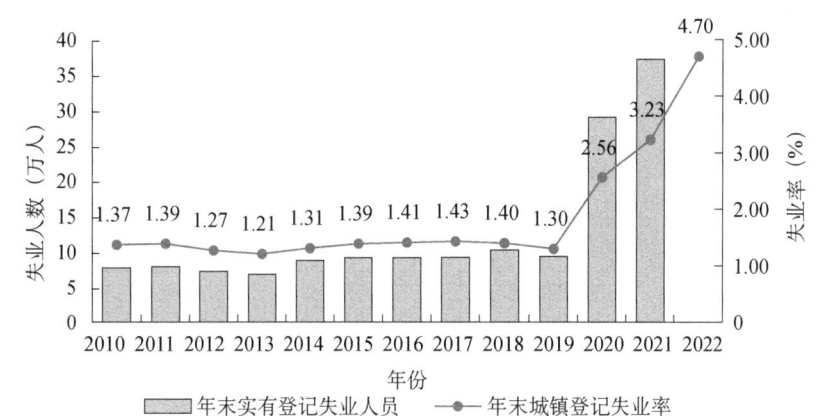

图 4-21　2010—2022 年北京市失业人数和失业率

资料来源：历年《北京统计年鉴》。

注：2022 年失业人数暂缺。

（四）就业人口空间分布不均

北京市就业人口及岗位需求仍高度集中在中心城区。从从业人员数量的空间分布上看，2021年，75%的城镇非私营单位从业人员集中在中心城区，东城区、西城区、海淀区、朝阳区的从业人员工资水平远高于其他各区。其中，海淀区与朝阳区是两大就业集聚中心，海淀区城镇非私营单位从业人员达到177.1万人，占北京市的23%；朝阳区城镇非私营单位从业人员达到150.0万人，占北京市的20%。海淀区、朝阳区的常住人口占北京市总人口的14.3%、15.7%（表4-8），这意味着有大量从业者从外区到海淀区与朝阳区就业，带来潮汐通勤与交通拥堵等问题。

表4-8　2021年北京各区城镇非私营单位从业人员数、工资总额、平均工资

地区	从业人员数（人）	工资总额（亿元）	平均工资（元）
全市	7 595 091	14 811	194 651
首都功能核心区	1 573 822	3 500	218 913
东城区	630 470	1 286	204 284
西城区	943 352	2 214	233 541
城四区	4 086 168	8 296	188 512
朝阳区	1 500 234	3 176	211 809
丰台区	612 016	763	125 145
石景山区	202 696	399	195 448
海淀区	1 771 222	3 958	221 645
平原五区	1 575 781	2 517	155 396
房山区	171 827	217	124 568
通州区	194 798	287	147 670
顺义区	420 618	657	154 543
昌平区	264 498	458	176 750
大兴区	524 040	899	173 449
生态涵养区	359 320	498	136 995
门头沟区	37 895	60	158 431
怀柔区	83 579	123	146 356
平谷区	101 928	144	139 277
密云区	89 278	122	135 627
延庆区	46 640	50	105 284

资料来源：《北京区域统计年鉴2022》。

注：平均工资计算公式为工资总额/从业人员数，但由于工资总额单位为亿元，省略小数后造成一定偏差。

目前，企业岗位招聘需求依然集中在中心城区。2023年3月，北京约有14.2万家企业开展招聘活动，其中有63.7%的企业集中在中心城区，而45.3%的企业集中在朝阳区、海淀区。开展招聘活动的企业主要集中在五环以内的中心城区，较为明显的集聚中心包括东三环沿线、望京、中关村、金融街等片区。在平原五区则主要集中在城市副中心、上地、亦庄、大兴生物医药基地等片区。大量就业机会在中心城区的高度集聚也说明了资本与企业仍倾向于在城市中心集聚，自然也将带动优质的要素与资源向中心集聚，从而推高城市中心的生活与居住成本。目前，天通苑—回龙观地区、石景山轨道交通沿线地区、城南地区、北京城市副中心是就业机会较少的居住集中地区。

四、人口城乡结构持续变化

（一）新中国成立以来城镇化水平持续提高

城镇人口高速增长，城镇化水平持续提高。从历次全国人口普查中的城乡人口结构来看，北京市城镇人口高速增长，乡村人口连续20年减少，城镇化率持续攀升。北京市城镇化水平在20世纪90年代就已达到70%，在2005年突破80%，城镇化进程早已进入收敛期。2010—2020年，北京市城镇人口总量由1685.9万人增加至1916.6万人，增长了13.7%，年均增长率达到1.3%。相应地，乡村人口总量由275.3万人减少至272.7万人，减少了1%。当前，北京市城镇化已进入高级发展阶段，2010年城镇化率为85.96%，到2020年进一步提升至87.54%（图4-22）。

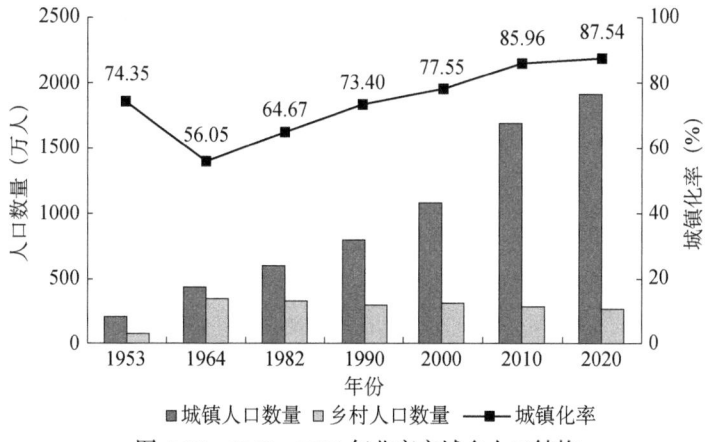

图4-22 1953—2020年北京市城乡人口结构

资料来源：北京市历次全国人口普查数据。

（二）2010—2020年城镇化水平高居全国前列

2020年第七次全国人口普查数据显示，北京城镇化水平在这10年中从85.93%增长至87.55%，增加了1.62个百分点。北京市城镇化水平在全国31个省（自治区、直辖市）[①]中位列第2（仅次于上海），在1000万以上人口的超大城市中位列第3（仅次于深圳、上海）[②]。

根据第六次全国人口普查与第七次全国人口普查数据，2010—2020年，北京、上海、天津3个直辖市人口净流入，但城镇化水平已基本不再增加。相比于上海、天津，北京市人口增幅明显，但随着北京市人口调控措施的进一步落实，北京市未来人口规模增长会趋于收敛。

（三）平原五区和生态涵养区的城镇化率呈快速增加态势

2010—2020年，顺义区城镇化率由53.8%提升至66.1%，提高了12.3个百分点，居各区首位；此外，密云区、房山区、延庆区、大兴区的城镇化率均提高了超过10个百分点。2020年，门头沟区城镇化水平相对较高，城镇化率达到91.4%；平原五区其次，其他生态涵养区的城镇化率相对较低（图4-23）。

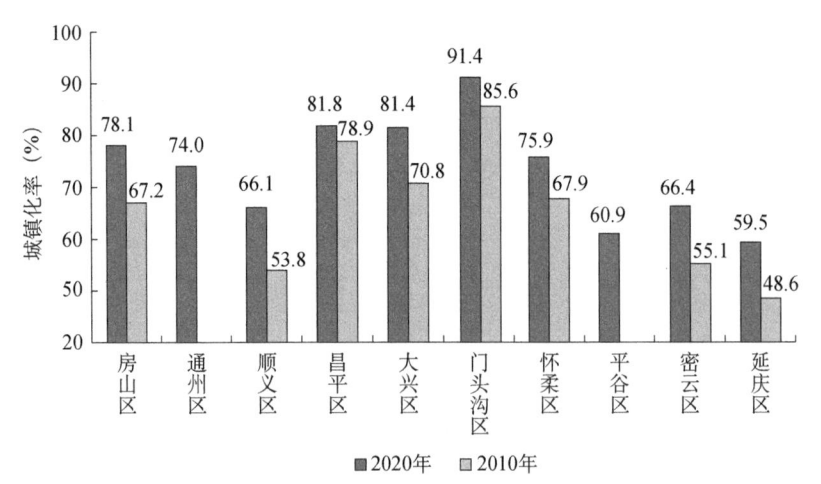

图4-23 2010—2020年北京市平原五区和生态涵养区的城镇化率
资料来源：北京市各区第七次、第六次全国人口普查公报。
注：2010年通州区和平谷区城镇化率数据缺失。

[①] 不包括中国港澳台地区的数据。
[②] 数据来自各地级市2020年第七次全国人口普查公报。

第四节 北京市人口发展空间布局

《新总规》对市域人口空间布局提出了明确要求。为实现这一目标,北京市持续推进中心城区人口疏解与平原五区人口承接工作,努力打造多个功能完备、结构合理、素质较高的人口集聚次中心,以切实解决人口空间布局不平衡问题。但目前人口分布过密与过疏并存的问题仍然存在,亟待进一步调整和优化人口空间布局。本节从全市人口和分区人口密度两个角度,讨论北京人口空间分布的演变规律。

一、人口空间布局调整加快

（一）中心城区尤其是首都功能核心区人口疏解成效明显

中心城区人口疏解与规模调控成效明显。随着非首都功能疏解工作稳步推进,中心城区作为北京市人口规模调控的主要地区,在人口疏解方面取得了明显成效。2010—2020年,中心城区常住人口数量由1171.6万人减少至1098.87万人,共减少了72.73万人（表4-9）。2020年,中心城区常住人口占全市的比重为50.19%,相较2010年降低了9.56个百分点。《新总规》要求中心城区常住人口控制在1085万人左右,因此未来还应进一步向外疏解人口,持续优化市域人口空间布局。

其中,首都功能核心区的人口疏解成效尤为突出。2010—2020年,首都功能核心区常住人口总量由216.2万人减少至181.5万人,共减少了34.7万人。2020年,首都功能核心区常住人口占全市的比重为8.29%,相较2010年降低了2.74个百分点。东城区人口疏解力度相对更大,常住人口年均减少2.56%;西城区其次,常住人口年均减少1.16%。

表4-9　2010—2020年北京市各区常住人口规模

地区	常住人口（万人） 2020年	常住人口（万人） 2010年	2010—2020年均增速（%）	常住人口占全市比重（%） 2020年	常住人口占全市比重（%） 2010年
全市	2189.32	1961.2	1.11	100.00	100.00
首都功能核心区	181.50	216.2	−1.73	8.29	11.03
东城区	70.88	91.9	−2.56	3.24	4.69
西城区	110.62	124.3	−1.16	5.05	6.34

续表

地区	常住人口（万人）2020年	常住人口（万人）2010年	2010—2020年均增速（%）	常住人口占全市比重（%）2020年	常住人口占全市比重（%）2010年
城四区	917.37	955.4	-3.98	41.90	48.72
朝阳区	345.25	354.5	-0.26	15.77	18.08
丰台区	201.98	211.2	-0.45	9.23	10.77
石景山区	56.79	61.6	-0.81	2.59	3.14
海淀区	313.35	328.1	-0.46	14.31	16.73
平原五区	874.02	603.2	3.78	39.92	30.76
房山区	131.28	94.5	3.34	6.00	4.82
通州区	184.03	118.4	4.51	8.41	6.04
顺义区	132.40	87.7	4.21	6.05	4.47
昌平区	226.95	166.1	3.17	10.37	8.47
大兴区	199.36	136.5	3.86	9.11	6.96
生态涵养区	216.43	186.4	1.50	9.89	9.50
门头沟区	39.26	29.0	3.08	1.79	1.48
怀柔区	44.10	37.3	1.69	2.01	1.90
平谷区	45.73	41.6	0.95	2.09	2.12
密云区	52.77	46.8	1.21	2.41	2.39
延庆区	34.57	31.7	0.87	1.58	1.62

资料来源：北京市各区第七次、第六次全国人口普查公报。

（二）外围十区人口稳定增长

中心城区人口疏解既是政府调控的结果，也与外围人口次中心数量不断增加、人口按市场规律向郊区不断转移密切相关。2010—2020年，北京市呈现出人口由中心向外围不断扩散的分布态势。伴随中心城区人口向外疏解，外围十区保持着稳定的人口增长趋势。2010—2020年，平原五区体现出较强的人口吸纳能力，其常住人口总量由603.2万人增加至874.02万人，年均增长率达到3.78%，占全市的比重由30.76%提高到39.92%。其中，通州区和顺义区常住人口年均增长率分别为4.51%、4.21%，逐步发展成为新兴的人口次中心。生态涵养区的人口增加幅度则相对较小，与2010年相比新增常住人口30.03万人，年均增长率为1.5%，保持着在全市中人口规模中占比基本稳定。

（三）人口由中心向外围不断扩散

2010—2020年，北京市呈现出人口由四环内向四环外不断扩散的分布态势，在城市外围形成了多个次级人口集聚区。2020年，北京市常住人口主要分布在二环到四环之间，在朝阳区和海淀区各街道形成大规模人口集聚。在四环以外的区域，常住人口主要分布在昌平区，在东小口地区、回龙观地区、沙河地区等区域形成次级人口集聚。随着非首都功能疏解工作稳步推进，常住人口逐渐向五环以外地区分散布局，在通州区（永顺地区、梨园地区、马驹桥镇、台湖镇）、大兴区（清源街道、旧宫地区、西红门地区、黄村地区）、房山区（长阳镇、拱辰街道）等区域形成多个次级人口集聚区。

二、各区人口密度差异明显

（一）全市人口分布过密与过疏并存

北京市始终存在人口分布过密与过疏并存的问题，中心城区尤其是首都功能核心区的常住人口密度过高。总体来看，北京市平均人口密度水平并不高，2020年全市常住人口密度为1334人/公里^2，然而各区的人口密度差异很大。2020年，中心城区常住人口密度达到8030人/公里^2，是平原五区（1388人/公里^2）的近6倍和生态涵养区（248人/公里^2）的32倍多。其中，首都功能核心区的人口尤为密集，2020年其常住人口密度高达19 622人/公里^2，远高于其他各区的密度水平。西城区人口密度居全市各首位，达到21 905人/公里^2，而位于生态涵养区的延庆区仅为173人/公里^2（图4-24）。

（二）人口空间布局不断改善

随着人口调控与功能疏解工作稳步推进，市域人口空间布局不平衡问题在一定程度上得到了缓解，人口呈现出由中心向外围分散集聚的态势。2010—2020年，中心城区常住人口密度水平降低了12.5%，体现出较为明显的下降趋势。其中，首都功能核心区常住人口密度降幅更大，10年内降低了16.2%。平原五区则不断承接中心城区的产业和人口，常住人口密度水平提高了44.9%，其中通州区、顺义区、大兴区人口正在加速集聚，但尚有比较大的人口增长空间。生态涵养区常住人口密度虽然由2010年的213人/公里^{2}提高至2020年的248人/公里^2，增幅约为16.4%，但仍然属于全市的人口过疏地区（图4-25）。

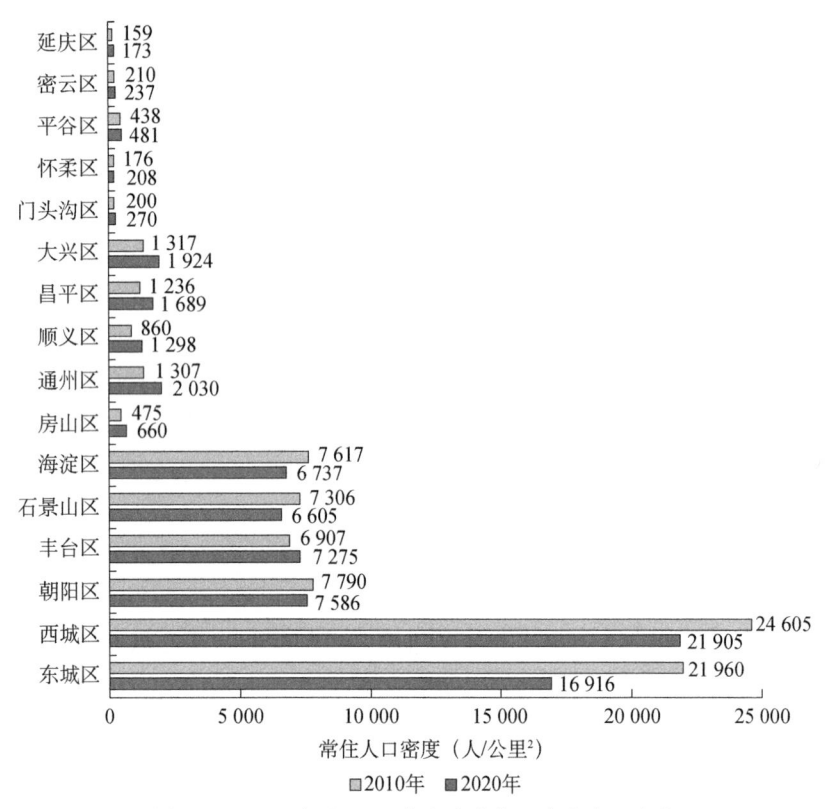

图 4-24 2010 年和 2020 年北京市各区常住人口密度

资料来源：北京市各区第七次、第六次全国人口普查公报。

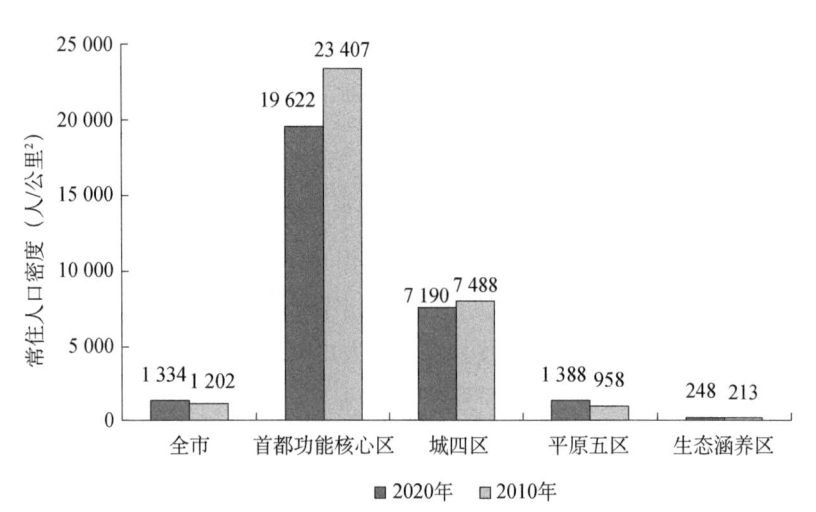

图 4-25 2010 年和 2020 年北京市各功能区常住人口密度变化

资料来源：北京市各区第七次、第六次全国人口普查公报。

三、人口空间布局有待优化

虽然北京市人口区域分布格局不断优化，但各区人口密度仍存在较大差异，过度集中的问题仍然存在。2021 年，北京市西城区和东城区的人口密度最大，分别为 2.180 万人/公里^2 和 1.690 万人/公里^2，也是北京市仅有的两个人口密度超过 1 万人/公里^2 的城区。平原五区的人口密度在 0.065 万—0.203 万人/公里^2，其中顺义区的人口密度为 0.130 万人/公里^2，与北京市全市人口密度持平，生态涵养区的人口密度则更低（图 4-26）。其次，在持续推进人口疏解工作的同时，需要关注人口流入地区的功能集聚和"大城市病"的治理，在推动职住均衡的同时带动城市功能的空间均衡发展，发挥人口集聚的正面效应，这也是北京市实现人口规模巨大的现代化需要重点解决的问题。北京作为世界城市人口密度排名前十的千万级人口规模的城市，需要发挥其引领作用，推动城市发展在效率、活力和宜居等方面实现多赢的发展目的，探索人口规模巨大的现代化的北京路径。

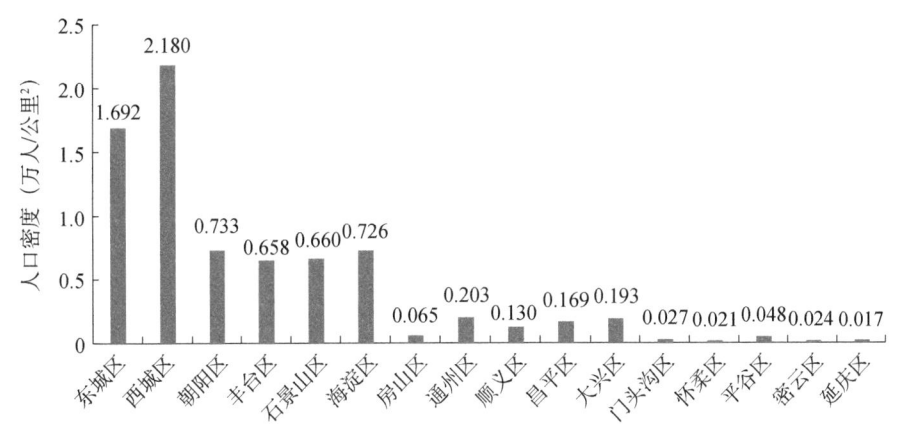

图 4-26　2021 年北京各区常住人口密度

资料来源：《北京统计年鉴 2022》。

参 考 文 献

北京大学首都发展研究院. 2021. 2021 首都发展报告[M]. 北京：科学出版社.

陈宇琳. 2016. 特大城市外来商业服务业人口发展规律初探——以北京、上海、广州为例[J]. 现代城市研究，（11）：59-64, 92.

冯健，周一星. 2003. 近 20 年来北京都市区人口增长与分布[J]. 地理学报，（6）：903-916.

李国平，罗心然. 2021. 京津冀协同发展战略对北京人口规模调控的影响研究[J]. 河北经贸大学学报，42（3）：94-102.

李国平，席强敏. 2015. 京津冀协同发展下北京人口有序疏解的对策研究[J]. 人口与发展，21（2）：28-33.

鲁奇，吴佩林，鲁礼新，等. 2005. 北京流动人口特征与经济发展关系的区域差异[J]. 地理学报，（5）：851-862.

陆杰华，李月. 2014. 特大城市人口规模调控的理论与实践探讨——以北京为例[J]. 上海行政学院学报，15（1）：13-22.

孙铁山，刘霄泉. 2016. 中国超大城市常住外来和常住户籍人口居住-就业的空间错位——基于北京、上海和广州的实证[J]. 人口与经济，（5）：23-34.

孙铁山，王兰兰，李国平. 2012. 北京都市区人口——就业分布与空间结构演化[J]. 地理学报，67（6）：829-840.

闫萍，尹德挺，石万里. 2019. 新中国70年北京人口发展回顾及思考[J]. 社会治理，（9）：47-59.

赵培红，孙久文. 2011. 北京市行政区划调整对城市发展的影响及启示[J]. 城市观察，（5）：107-117.

中国民主促进会北京市委员会. 2023. 加快建设世界重要人才中心[J]. 北京观察，388（2）：63.

第五章 北京市经济发展规模、结构及其布局

第一节 北京市经济发展阶段及其驱动力

自新中国成立以来，北京市经济发展共经历了五个阶段（北京大学首都发展研究院，2019）：第Ⅰ阶段（1949—1977年），消费型城市向重化工业城市的转型阶段；第Ⅱ阶段（1978—1993年），"退二进三"的结构调整阶段；第Ⅲ阶段（1994—2000年），以服务业为主导的经济格局基本形成阶段；第Ⅳ阶段（2001—2013年），内部结构优化与极化发展阶段；第Ⅴ阶段（2014年以后），走向均衡与高质量发展阶段（图5-1）。

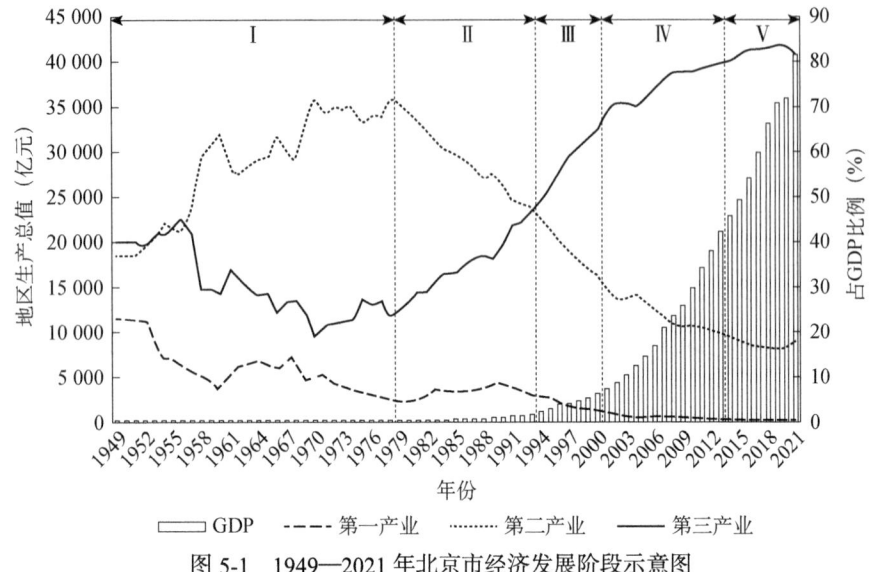

图 5-1　1949—2021 年北京市经济发展阶段示意图

资料来源：《新中国六十年统计资料汇编（1949—2008）》《北京统计年鉴 2022》。

一、北京市经济发展阶段

（一）第 I 阶段（1949—1977 年）：消费型城市向重化工业城市转型

新中国成立初期至改革开放前夕，北京市呈现出以工业为主导的经济结构，消费型城市向重化工业城市转型。新中国成立初期，北京市遵循中国共产党"一化三改"的工业化发展战略，学习苏联确立"大工业、大城市"的建设路线。1949 年，北京市成立都市计划委员会，负责北京市城市规划；1953 年，北京市委出台《改建与扩建北京市规划草案要点》，提出将北京建设成为我国强大的工业基地和技术科学中心；1957 年，北京市出台《北京城市建设总体规划初步方案》，明确提出将北京市建设成为现代化工业基地。在计划经济体制下，北京市将资源集中于工业，形成以工业为主导的经济结构。北京市依靠工业支撑城市经济发展，由"消费城市"转型成为"生产城市"。其中，优先发展重工业，在重型工业结构下，以冶金、机械、化工等重点行业支撑北京市经济发展（北京市社会科学院课题组等，2007）。在这一阶段，北京市激进的工业化发展方式极大地推动了北京市乃至全国的经济增长，然而也造成了产业结构失衡、生产能耗过高、资源供给紧张等一系列问题，阻碍了北京市经济的进一步发展（邱竞，2008）。

（二）第Ⅱ阶段（1978—1993年）："退二进三"的结构调整

改革开放至1993年，北京市进行"退二进三"的结构调整。改革开放后，我国三次产业结构优化调整，第一产业比重迅速下降，经济发展由"一产、二产、三产"转向"三产、二产、一产"（王吉霞，2009）。北京市顺应国家经济发展方向，开始调整原先以重工业为主的经济发展战略，寻求通过调整产业结构来缓解重化工业体系与北京城市性质和功能之间的矛盾，由此解决重化工业体系下资源短缺、空气污染、交通拥堵等城市问题。北京市第二产业占比持续下降，工业内部结构开始向高端化转型，由资源密集型、劳动密集型工业转向高科技含量、高附加值、低消耗、低污染的高端化工业，尤其是高新技术制造业，逐渐成为北京市工业发展的主导力量（北京市社会科学院课题组等，2007）。北京市第三产业占比不断上升，至1994年首次超过第二产业，呈现出"三产、二产、一产"的产业结构。北京三次产业结构由1978年的5.15∶71.14∶23.71调整为1994年的5.89∶45.19∶48.92，经济结构调整成效明显。

（三）第Ⅲ阶段（1994—2000年）：以服务业为主导的经济格局基本形成

20世纪末期，北京市基本形成以服务业为主导的经济格局。20世纪90年代中后期，北京市进一步加快产业调整，大力推动第三产业发展，重视科学技术发展（邱竞，2008）。北京市经济结构发生巨大变化，第三产业占比持续跃升，于1995年超过50%，进入"服务经济"时代，1998年超过60%。在这一阶段，北京市脱离了工业城市的发展模式，实现了经济增长模式的转型，充分体现了服务职能，逐渐建成现代综合服务中心城市（杨治宇，2013）。发展至2000年，北京市GDP已经突破3000亿元，其中，第三产业比例达到64.81%，"三产、二产、一产"的经济结构基本形成。但在这一阶段，北京市仍然存在较为明显的重工业发展痕迹，化工、冶金、建材、重型机械等"三高"工业行业占全市工业增加值的比重仍然较高。

（四）第Ⅳ阶段（2001—2013年）：内部结构优化与极化发展

21世纪以来，北京市经济发展着眼于三次产业内部的结构优化与升级。21世纪初，北京市以第三产业为主导的经济结构日益明显，金融保险业、社会服务业、房地产业等行业占比稳步提升（北京市社会科学院课题组等，2007）。由于北京市产业结构调整空间较为有限、三次产业的资源配置效率差距较小等原因，北京市产业结构变迁并未显著推动经济增长（张辉和王晓霞，2009；杨仁发和李娜娜，2019）。这一时期北京市开始着力于产业内部结构的优化升级，不断提升现代制造业、高新技术产业等高端产业比重，使高端产业成为带动北京市产业发展的主导产业，由此奠定了北京市高端产业带动经济发展的方向。但是，与此同时，北京市的极化问题也进一步加剧。北京市人口持续增加，2013年常住人口高达2114.8万人，2000—2013年13年间人口增加了750.8万人，加剧了北京市特别是中心城区的资源环境压力，也成为北京市"大城市病"问题愈加严重的主要原因。

（五）第V阶段（2014年以后）：走向均衡与高质量发展

2014年以来，随着京津冀协同发展上升为国家战略，北京市经济发展逐渐呈现出均衡与高质量发展态势。经济发展由增量转为减量，由粗放转为集约，由集聚转为疏解。北京市在创新、协调、绿色、开放、共享等五大方面均有显著提升，经济高质量发展成效显著（王文举和祝凌瑶，2021）。其中，在科技创新方面，创新驱动成为北京经济高质量发展的主要驱动力，创新投入与产出显著推动经济高质量发展；在统筹协调方面，北京市产业之间与城乡之间的协调发展促进经济高质量发展；在生态建设方面，北京市环境治理和生态改善对经济高质量发展起到推动作用；在对外开放方面，北京市对外贸易市场稳定性、开放性强，推动经济高质量发展；在民生福祉方面，北京市交通资源等公共基础设施完备，设施共享促进经济高质量发展（冯梅和郭红霞，2021；王文举和姚益家，2021）。北京市经济高质量发展辐射带动京津冀城市群内其他城市实现高质量发展（张震和覃成林，2021）。

二、北京市经济驱动力

（一）北京市经济驱动力的历史性转变

北京市经济发展由要素驱动转为创新驱动。一是新中国成立初期至20世纪末，北京市经济发展实现了由要素驱动向投资驱动的转型。新中国成立初期，北京市的经济发展以要素为主要驱动力。1953年，北京市开始执行"一五"计划，向"生产城市"转型，大力增加基本建设投资。20世纪70年代，北京市生产性投资占总投资比重超过70%，重工业投资占生产性投资比重超过55%。改革开放之后，市场化改革下的经济主体追逐利润最大化，持续增加投资，扩大产能，形成投资推动型的粗放式经济增长（杨德才，2020）。二是21世纪以来，创新驱动北京市经济发展。随着《中关村科技园区条例》《北京市关于进一步促进高新技术产业发展的若干规定》等政策法规的出台，北京市科技创新取得了跨越式发展。21世纪初，北京市科技创新对经济增长的贡献率已经超过50%，成为经济发展的主要驱动力（汪先永等，2006）。以科技创新为驱动的发展模式优化了产业结构，推动了北京市产业技术高端化、产业布局合理化，使经济发展更好地服务于民生（李涛，2013）。

（二）北京市经济发展的五大驱动力

现阶段，北京市经济发展呈现五力驱动态势，驱动力来源既有后工业化发达经济阶段的共性动力，即创新、消费与区域化，也有科技、文化、改革三大城市发展动力的互相作用。

一是深化改革开放。通过不断探索市场在资源配置中起决定性作用的改革路径，北京市各类企业对于发展的内生性需求得到全面激发，将促进混合所有制经济的发展，从而不断创造出新的经济增长点、新的市场和新的就业形态，民营总部经济也将迎来新的发展，使政府引导、企业主导的发展方式得到深化，成为推动北京城市经济增长的动力源泉。

二是提升经济发展质量。尽管北京已经进入后工业化发达经济阶段，但是仍处于该阶段的起步期，与进入后工业化发达经济阶段的国际化大都市相比较，北京经济规模总量、人均水平、产业结构以及劳动生产率水平等方面还具有较大差距。北京应围绕后工业化发达经济阶段所赋予的使命，围绕提升发展质量和效益，通过经济结构调整释放发展潜能，促进未来10—20年北京经济的平稳、高质量、持续发展。

三是建设和谐宜居之都。目前人们对高品质生活消费需求的增加、对生态环境要求的提高与水资源的极度紧缺、大气环境污染形成了尖锐的矛盾。据预测，2030年北京水资源需求约为46亿立方米，有11亿多立方米的缺口（李国平等，2013）。尽管北京的生态效率很高，但是生态环境尤其来自大气环境污染对城市生态文明建设的影响越来越大，为推动城市发展方式的转变提供了巨大的动力和需求。人口压力将进一步促进城市产业转向人口依赖度低、附加值高的高端产业；水资源短缺、资源外向依赖度高以及城市生态环境质量差等问题，将促使城市产业转向低水耗、低能耗的绿色产业，同时也能促进技术与管理的创新，推动绿色环保的高科技产业发展；人们对于高品质生活的追求，将促进高端消费需求增加，以及促进城市基础设施和管理水平提升，从而将加速培育出新的经济增长点。

四是强化首都功能和建设国际科技创新中心与文化中心。随着首都功能在北京城市功能定位中地位的进一步提升，非首都功能产业，尤其是高污染、高耗能、人口依赖性强的产业向外转移。城市发展对经济目标的追求逐渐降低，低碳绿色的高端服务业、技术密集型产业、高科技产业进一步发展成为重点产业。国际科技创新中心与文化中心的城市功能定位，将进一步强化科技创新与文化创新作为北京城市发展核心动力的地位与作用，驱动城市"高精尖"经济结构的加快形成。

五是推动多中心发展。为了缓解中心城区的压力，北京市域多中心发展也将提速，中心城区部分占地规模大、人口依赖度高的批零、物流等传统服务业的经济功能向城市新城及京外区域转移，一方面会创造大量就业机会，同时也将吸纳人口同步转移，形成多中心的发展，为新城及京外区域带来大量投资与消费需求。《京津冀协同发展规划纲要》提出，要建设以首都为核心的世界级城市群，北京的多中心化发展与京津冀世界级城市群建设将是一个一体化互动的过程，这也将为北京发展提供持续的动力。早在1979年，吴良镛先生就提出要将京津唐地区融为一体的规划构思，提出解决北京的问题应有区域视角（吴良镛，2018）。

第二节　北京市经济发展规模分析

北京市经济稳定快速发展，经济规模不断扩大。分功能区而言，首都功能核心区对北京经济规模增长做出了巨大贡献。本节从北京市全市、各功能区以及16个市辖区三个层次，对北京市经济规模变化进行分析。

一、新中国成立以来北京市经济发展规模变化分析

新中国成立以来，随着北京市经济结构的不断转型升级，经济规模取得了跨越式的提升（图5-2）。1949年，北京市GDP仅2.77亿元，波动增长至1978年的100亿元。此后，北京市经济规模稳步扩张，2000年北京市GDP突破3000亿元，2007年突破10 000亿元。2014年以后，北京市进入了均衡

与高质量发展阶段，处于经济不断发展和向服务及知识型经济转型的新时期：一方面，2022年北京市GDP已经达到了4.2万亿元，人均GDP也已经达到19.03万元；另一方面，北京市的经济增速逐渐放缓，经济社会发展也面临着结构优化和驱动力转型的压力和挑战，这都客观上要求北京市进一步优化经济结构和加快创新驱动进程。

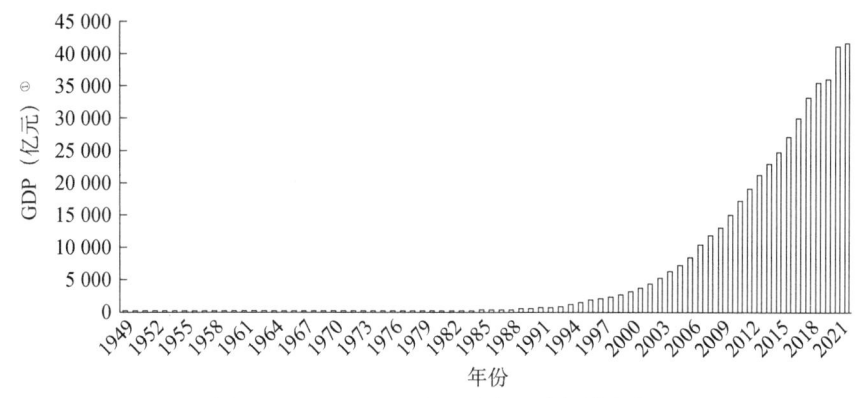

图5-2　1949—2022年北京市经济规模变化

资料来源：《新中国六十年统计资料汇编（1949—2008）》《北京统计年鉴2022》《北京市2022年国民经济和社会发展统计公报》。

二、党的十八大以来北京市经济发展规模变化分析

（一）北京市全市经济总量及增速的变化态势

2011年至新冠疫情发生前，北京市经济始终保持6%以上的中高速增长状态，2019年经济总量达到3.5万亿元，是2016年的1.31倍和2011年的2.03倍；北京市与上海市经济总量的差距呈现不断缩小的趋势，2011年上海GDP是北京市的1.16倍，到2019年缩小为1.07倍。2020年以来，受新冠疫情影响，北京市经济增速呈现波浪形变化特征，与全国经济发展态势基本一致（图5-3）。

尽管受到新冠疫情的影响，但《新总规》实施以来，减量发展一直稳步推进，常住人口规模、城乡建设用地规模、建筑规模"三个减量"的同时，人均GDP一直保持增长态势，在2015年之后增速呈明显上升趋势，2022年人均GDP达到19.03万元，是2015年的1.66倍。从2011—2022年北京市与上海市人均GDP的对比可以看出：北京市人均GDP一直高于上海市，且从两市人均GDP的比值来看，2016—2021年，上海市与北京市人均GDP的差距在逐渐扩大（图5-4），减量发展背景下北京经济质量得到了提升，实现了

从集聚资源求增长转向疏解非首都功能谋发展的重大转变。

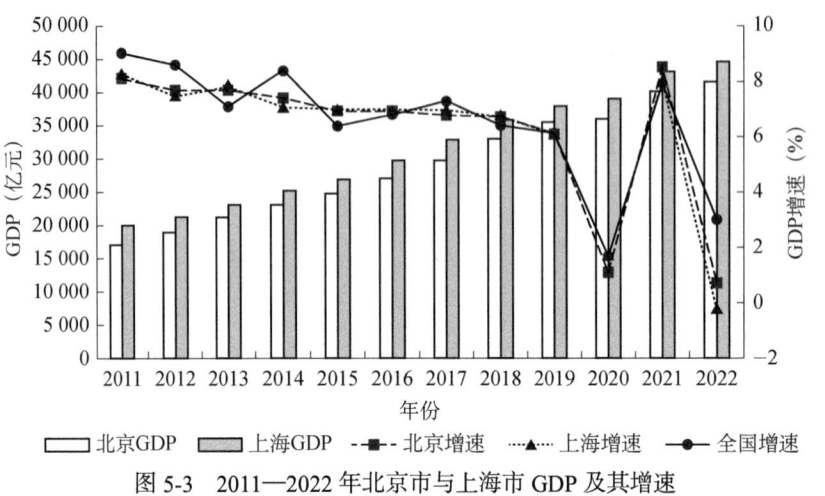

图 5-3 2011—2022 年北京市与上海市 GDP 及其增速

资料来源：根据历年《中国统计年鉴》《北京统计年鉴》《上海统计年鉴》《中华人民共和国国民经济和社会发展统计公报》《北京市国民经济和社会发展统计公报》《上海市国民经济和社会发展统计公报》整理计算得出。

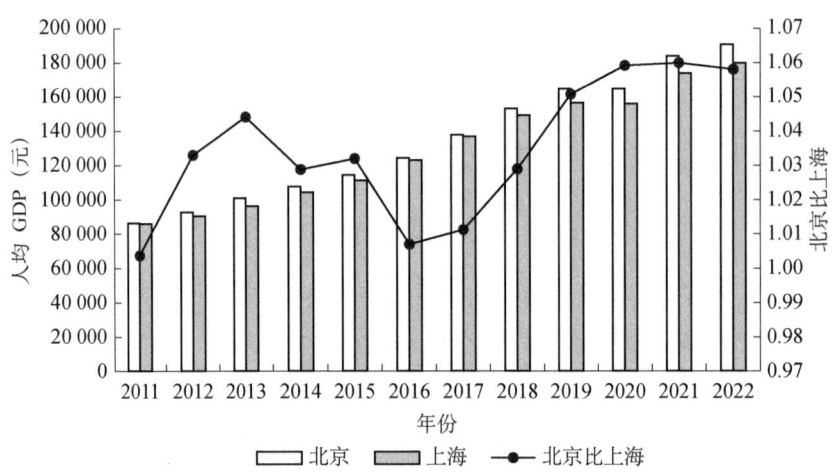

图 5-4 2011—2022 年北京市与上海市人均 GDP 的对比分析

资料来源：根据 2022 年北京市与上海市统计年鉴和统计公报整理计算得出。

（二）北京市各功能区经济总量及增速的变化态势

从各功能区对全市经济增长的贡献率来看，中心城区是推动北京市经济增长的主要空间载体，尤其是新冠疫情冲击的第一年，对北京市经济增长的贡献率高达 77.3%，其中主要来源于海淀区的贡献（图 5-5）。首都功能核心区和生态涵养区对全市经济增长的贡献率呈现下降态势，平原四区的贡献率则呈上升趋势，2021年对全市经济增长的贡献率达到了 36.6%，提供了超过 1/3 的经济增长动能，而城市副中心对全市经济增长的贡献尚未达到预期，2021 年的贡献率仅为 2.4%，在 2017—2020 年也仅为 3.4%。

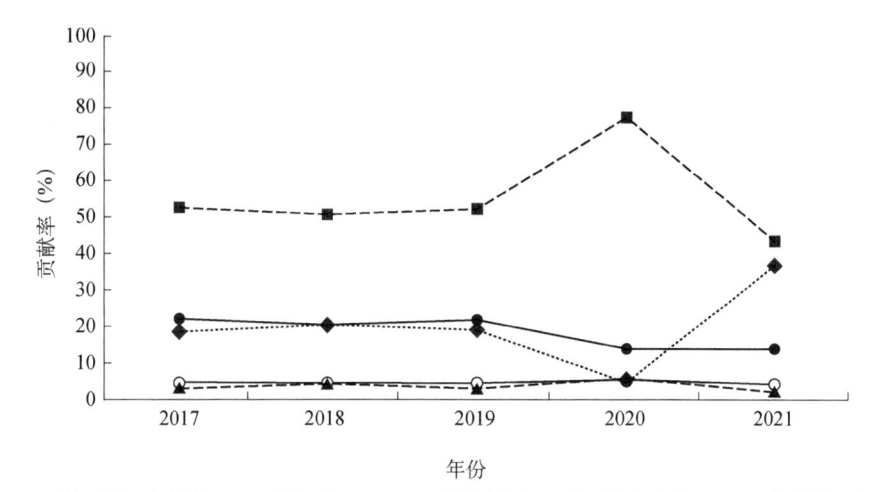

图 5-5　2017—2021 年北京各功能区对全市经济增长的贡献率

资料来源：根据历年《北京区域统计年鉴》整理计算得出。

从 2021 年各功能区的经济规模来看，中心城区仍是北京市经济发展的主要空间载体，占全市 GDP 的比重为 50.4%，与 2016 年的份额接近（图 5-6）。

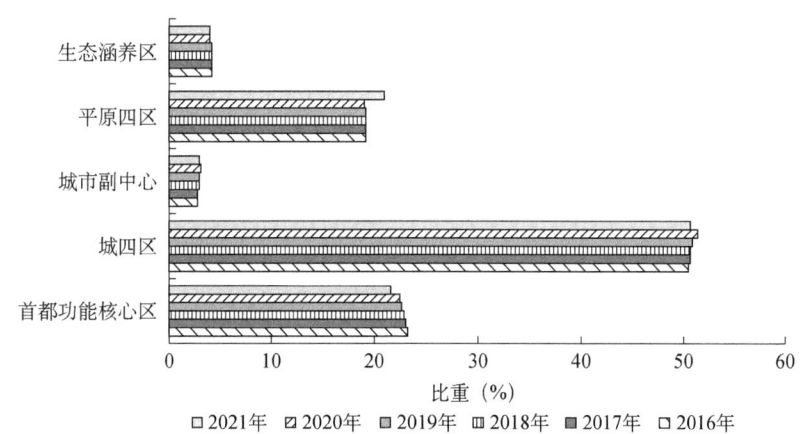

图 5-6　2016—2021 年北京各功能区 GDP 占全市 GDP 的比重

资料来源：根据历年《北京区域统计年鉴》整理计算得出。

（三）北京市各区经济总量及增速的变化态势

2016—2021 年，北京市经济空间变动主要表现为首都功能核心区占全市 GDP 比重的下降和平原四区占比的上升，首都功能核心区占全市 GDP 比重由 2016 年的 23.2% 下降为 2021 年的 21.6%，平原四区则由 2016 年的 19.3% 上升为 2021 年的 20.9%，主要是大兴区和北京市经济技术开发区的占比提升带来的，两个区域分别提升了 1.1 个和 1.4 个百分点（表 5-1）。城市副中心的产业集聚效应尚未显现，2016—2021 年变动不大，2021 年占全市 GDP 的比重仅为 3.0%。

北京市经济发展主要依靠海淀区、朝阳区、西城区和东城区。2021 年，海淀区、朝阳区、西城区和东城区 GDP 占北京市 GDP 比重分别为 23.9%、19.1%、13.6% 和 8.0%，总量超过全市 GDP 的 50%。随着非首都功能的疏解，朝阳区、西城区和东城区 GDP 占北京市的比重有所减少，2016—2021 年，朝阳区 GDP 占北京市 GDP 比重减少了 1.7 个百分点，在各区中降幅最大。然而，占北京市 GDP 比重最大的海淀区增长态势不减，5 年间增长了 1.7 个百分点。

表 5-1 2016—2021 年北京市各区 GDP 及占全市 GDP 比重的变动

地区	2016 年（%）	2021 年（%）	2016—2021 年变动（百分点）
东城区	8.6	8.0	−0.6
西城区	14.6	13.6	−1.0
朝阳区	20.8	19.1	−1.7
丰台区	5.3	5.0	−0.2
石景山区	2.2	2.4	0.2
海淀区	22.2	23.9	1.7
门头沟区	0.7	0.7	0.0
房山区	2.3	2.1	−0.2
通州区	2.9	3.0	0.1
顺义区	6.0	5.2	−0.8
昌平区	3.1	3.2	0.1
大兴区	2.6	3.7	1.1
怀柔区	1.1	1.1	0.0
平谷区	0.9	0.9	0.0
密云区	1.0	0.9	−0.1
延庆区	0.5	0.5	0.0
北京经济技术开发区	5.2	6.6	1.4

资料来源：根据 2016 年、2021 年《北京区域统计年鉴》整理计算得出。

北京市各区的经济规模呈现由中心向外围递减的特征。根据自然断点法，将2021年北京市各区的经济规模（表5-2）分为五个等级，第一等级为海淀区、朝阳区、西城区和东城区，第二等级为北京经济技术开发区、顺义区、丰台区和大兴区，第三等级为昌平区、通州区和石景山区，第四等级为房山区、怀柔区和密云区。第五等级为平谷区、门头沟区和延庆区。

北京市各区的经济增速差异可能会打破现有的经济分布结构（表5-2）。将2020—2021年北京市各区同比增速分为五个等级，第一等级为大兴区、北京经济技术开发区、顺义区、昌平区和平谷区。其中，大兴区增速高达56.4%，远远超出其他各区。第二等级为石景山区、海淀区和丰台区。第三等级为西城区、东城区和通州区。第四等级为房山区、怀柔区、朝阳区和密云区。第五等级为门头沟区和延庆区，其经济规模与增速在北京市各区中均列末位。

表5-2　2020年、2021年北京市各区GDP及同比增长率

地区	2021年GDP（万元）	2020年GDP（万元）	同比增长（%）
东城区	31 930 514	29 370 330	8.0
西城区	54 081 091	50 027 177	8.1
朝阳区	76 178 061	70 371 206	7.5
丰台区	20 097 406	18 484 627	8.2
石景山区	9 598 843	8 625 819	9.2
海淀区	95 017 399	84 920 103	8.8
通州区	12 063 469	11 104 688	7.8
房山区	8 183 536	7 501 815	7.7
顺义区	20 767 700	18 492 533	10.6
昌平区	12 869 778	11 518 176	10.4
大兴区	14 618 409	9 310 422	56.4
门头沟区	2 687 841	2 490 829	7.0
怀柔区	4 326 128	3 991 086	7.7
平谷区	3 592 752	3 218 831	9.8
密云区	3 603 131	3 334 210	7.5
延庆区	2 047 392	1 956 899	4.1
北京经济技术开发区	26 660 063	20 403 246	28.8

资料来源：历年《北京区域统计年鉴》。

注：同比增长数据是以不变价格计算得出的。

第三节 北京市经济发展结构分析

北京市第三产业比重超过 80%，主导北京市经济发展。其中，金融业，信息传输、软件和信息技术服务业是北京市经济发展最为重要的支柱行业。本节从三次产业结构、行业内部结构、经济增长的效率及动能等角度出发，分析北京市经济发展结构及其变化。

一、北京市的产业结构与主导产业变迁

（一）改革开放以来北京市基于三次产业的经济结构变动

改革开放以来，北京市第三产业占比持续扩大，取代第二产业成为北京市的主导产业（图5-7）。1978年，北京市第二产业占据主导地位，占比高达70.96%，第三产业和第一产业占比分别为23.90%和5.14%。其后，北京市快速发展第三产业，至20世纪末期，北京市第三产业与第二产业分庭抗礼，共同支撑经济发展。21世纪以来，北京市第三产业优势愈发明显，形成稳定的"三产、二产、一产"经济结构。2021年，北京市第三产业、第二产业、第一产业占比分别为81.67%、18.05%和0.28%。

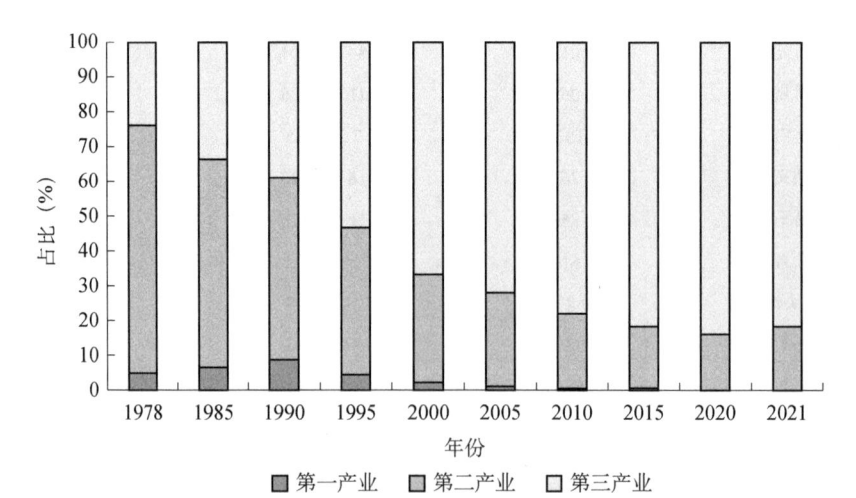

图 5-7　1978—2021 年北京市三次产业结构变化

资料来源：《新中国六十年统计资料汇编（1949—2008）》《北京统计年鉴2022》。

（二）党的十八大以来北京市三次产业经济结构变动

根据钱纳里工业发展阶段的经典理论测算得出，从2013年开始，北京市进入后工业化发达经济阶段。处于该阶段的国际化大都市产业结构基本都曾经历第三产业比重持续上升、第二产业比重经一段时间下降后保持相对稳定的过程，如东京、伦敦、纽约等在第三产业高度发达的背景下仍高度重视第二产业的发展。2016年以来，北京市第二产业增加值占GDP的比重基本都在16%左右（2021年受疫苗生产带来的生物医药制造业快速增长影响，第二产业占比为18%），第三产业占比则在83%左右，三次产业结构处于相对稳定的状态（图5-8）。

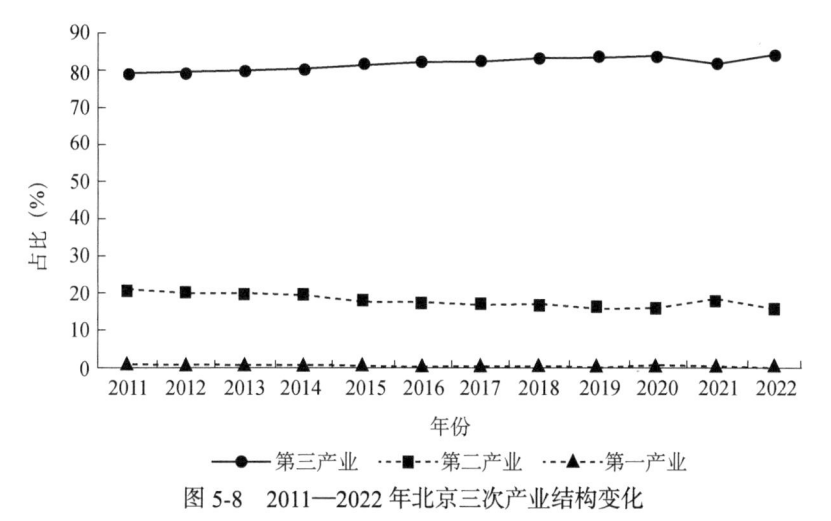

图5-8 2011—2022年北京三次产业结构变化

资料来源：根据《北京统计年鉴2022》和《北京市2022年国民经济和社会发展统计公报》整理计算得出。

作为国内首个第三产业占GDP比重超过80%的大城市，北京市服务业尤其是现代服务业在经济发展中的主导地位不断加强，长期以来服务业一直是北京市经济增长的主要驱动力（图5-9），在"十二五"和"十三五"两个五年规划时期的贡献率均高达88.6%，远高于国内其他主要城市（表5-3）。上海市第三产业在"十二五"时期对经济增长的贡献率高达96.5%，但在"十三五"时期随着对第二产业发展的重视，第三产业的贡献率降低到80.6%；深圳市第二产业在经济发展中的地位也相对较高，"十三五"时期对城市经济增长的贡献率达到了32.7%。2020—2022年北京市第三产业和第二产业对经济增长的贡献率呈现较大的波动变化，其主要原因是疫苗生产带来的生物医药快速增长及其回落产生的影响。

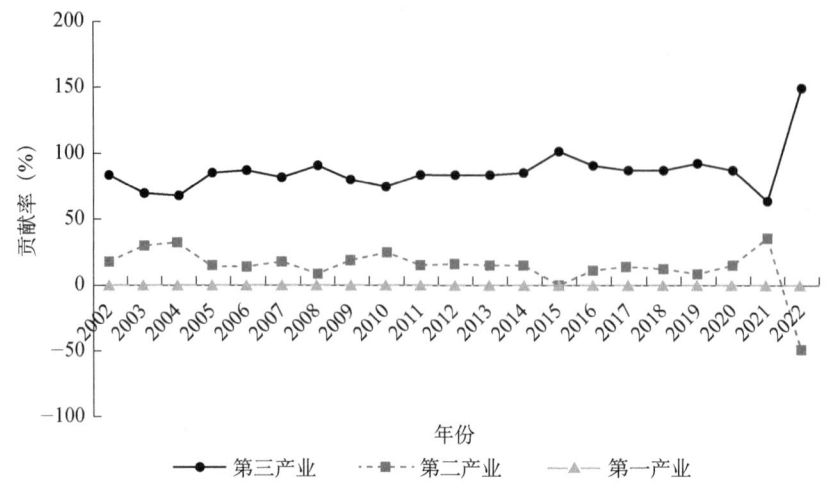

图 5-9　2002—2022 年北京市三次产业对经济增长的贡献率

资料来源：根据《北京统计年鉴 2022》和《北京市 2022 年国民经济和社会发展统计公报》整理计算得出。

表 5-3　北京市与国内主要城市三次产业对经济增长贡献率的对比　（单位：%）

时期	产业	北京	上海	深圳	天津	杭州	广州
2011—2015 年	第一产业	0.1	0.0	0.0	0.7	1.7	0.4
	第二产业	11.3	3.5	31.1	14.4	19.3	13.2
	第三产业	88.6	96.5	68.9	84.9	79.0	86.4
2016—2020 年	第一产业	−0.2	−0.1	0.2	1.6	0.5	0.9
	第二产业	11.6	19.5	32.7	16.7	14.6	15.3
	第三产业	88.6	80.6	67.1	81.7	84.9	83.8

资料来源：根据各城市统计年鉴整理计算得出。

（三）北京市行业门类的经济结构变动

从行业门类来看，金融业，信息传输、软件和信息技术服务业是占北京市 GDP 比重最大的两个行业门类，2022 年占 GDP 的比重分别为 19.7%和 17.9%，且从 2016—2022 年的比重变动来看也是上升幅度最大的两个行业门类，占 GDP 的比重分别提高了 2.0 个和 6.8 个百分点（图 5-10）；工业增加值占 GDP 的比重基本稳定在 12.0%左右。作为支撑国际一流大都市建设的重要生产性服务业和现代服务业门类，科学研究和技术服务业、租赁和商务服务业在北京市 GDP 中的比重偏低，2022 年占比为 8.3%和 6.2%，且在 2016—2022 年分别上升了 1.0 个百分点和下降了 1.5 个百分点，其在经济发展中的地位亟须提升。

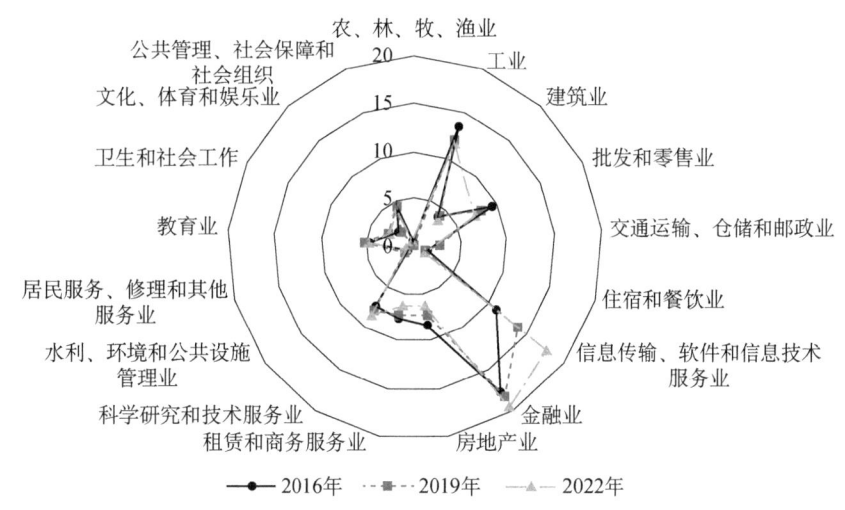

图 5-10　2016 年、2019 年和 2022 年北京市各行业门类增加值占 GDP 比重

资料来源：根据《北京统计年鉴 2022》和《北京市 2022 年国民经济和社会发展统计公报》整理计算得出。

信息传输、软件和信息技术服务业与金融业不仅是占 GDP 比重最大的两个行业部门，同时也是支撑北京市经济增长的主要动能，且对经济增长的贡献率呈现不断上升的态势，2016 年两个行业的贡献率合计为 36.4%，2019 年为 50.5%，在新冠疫情的冲击下贡献率进一步大幅提升，2022 年的贡献率合计高达 112.9%（图 5-11）。其他现代服务业对经济增长的贡献率相对较弱，经济增长动能的多样化水平有待提高，以提高抵御冲击的韧性。

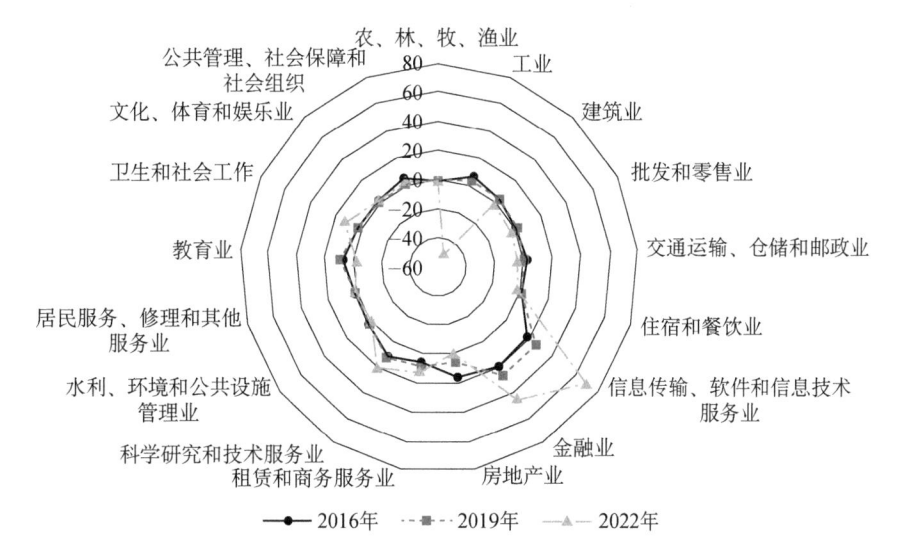

图 5-11　2016 年、2019 年和 2022 年北京市各行业门类对经济增长的贡献率

资料来源：根据《北京统计年鉴 2022》和《北京市 2022 年国民经济和社会发展统计公报》整理计算得出。

（四）北京市制造业内部结构变动

根据第四次全国经济普查数据，2018年北京市共有制造业法人单位2.57万家，从业人员96.8万人，比2013年分别下降21.0%和29.4%。全市制造业企业平均从业人员数也明显下降，生产过程中对劳动力数量的依赖程度有所降低。

从北京市的制造业行业大类来看，绝大多数行业的法人单位和从业人员数均有不同程度的下降，其中纺织服装、服饰业，金属制品业，非金属矿物制品业，橡胶和塑料制造业等一般性制造业或高耗能行业的法人单位数和从业人员数明显减少，不符合首都功能定位的一般性制造业疏解成效显著（表5-4）。另外，符合首都功能定位的计算机、通信和其他电子设备制造业，铁路、船舶、航空航天和其他运输设备制造业，专用设备制造业，医药制造业的法人单位数有不同程度的增加。在北京市人口疏解的政策背景下，制造业中仅有医药制造业的从业人员规模出现了增长，其余行业的从业人员数均在减少，其中黑色金属冶炼和压延加工业的人员下降高达80.7%。这显示出非首都功能疏解的推进，优化了北京市的制造业结构，促使北京市制造业向高端化发展。

从行业大类来看，营业收入上升明显的制造业行业主要有两类：一类是汽车制造业，计算机、通信和其他电子设备制造业，医药制造业等技术密集型行业；另一类则是食品制造业，酒、饮料和精制茶制造业，印刷和记录媒介复制业等都市型制造业。

表5-4 2013—2018年北京市制造业各行业主要指标的变化情况

行业	法人单位（个）	从业人员（人）	资产总计（亿元）	负债合计（亿元）	营业收入（亿元）
农副食品加工业	-296	-17 029	23.9	2.2	-38.2
食品制造业	-256	-14 583	124.1	3.2	194.0
酒、饮料和精制茶制造业	-98	-10 505	168.6	77.0	60.7
纺织业	-106	-6 666	-32.6	-22.3	-33.5
纺织服装、服饰业	-1 268	-41 582	-50.8	-47.9	-53.2
皮革、毛皮、羽毛及其制品和制鞋业	-47	-2 670	1.5	-1.9	-7.0
木材加工和木、竹、藤、棕、草制品业	-402	-5 959	-5.7	5.6	-8.4
家具制造业	-635	-16 458	27.3	35.8	9.3

续表

行业	法人单位（个）	从业人员（人）	资产总计（亿元）	负债合计（亿元）	营业收入（亿元）
造纸和纸制品业	−263	−7 755	−11.5	−13.6	−6.7
印刷和记录媒介复制业	−301	−19 058	2.0	−9.1	22.7
文教、工美、体育和娱乐用品制造业	−78	−5 985	−0.6	14.0	62.5
石油加工、炼焦和核燃料加工业	−56	−7 528	−15.7	−34.5	−116.6
化学原料和化学制品制造业	−729	−23 226	−7.7	−12.2	−12.4
医药制造业	6	5 568	778.6	278.7	547.7
化学纤维制造业	−10	−93	33.2	32.9	1.2
橡胶和塑料制品业	−672	−19 894	−93.3	−51.2	−49.9
非金属矿物制品业	−827	−37 432	576.2	460.9	−29.1
黑色金属冶炼和压延加工业	−220	−9 622	−201.1	−78.4	−58.7
有色金属冶炼和压延加工业	−101	−3 174	0.4	−4.1	−4.0
金属制品业	−1 129	−38 842	243.6	106.8	3.0
通用设备制造业	−436	−24 918	433.3	244.1	47.2
专用设备制造业	26	−18 766	426.1	402.7	149.3
汽车制造业	−79	−25 694	2 848.7	1 565.6	1 053.8
铁路、船舶、航空航天和其他运输设备制造业	48	−1 128	384.1	175.6	169.8
电气机械和器材制造业	−392	−21 824	176.6	104.8	37.5
计算机、通信和其他电子设备制造业	200	−37 326	2 468.1	1 340.7	758.3
仪器仪表制造业	−141	−11 024	142.6	45.8	−2.1
其他制造业	−87	−4 824	14.4	39.5	33.6

资料来源：第四次全国经济普查数据。
注：由于烟草制品业数据缺失，所以未包括在内。

从制造业内部结构来看，汽车制造业，计算机、通信和其他电子设备制造业，医药制造业和专用设备制造业4个技术密集型行业处于主导地位（表5-5）。2018年，这4个行业营业收入占全市制造业营业收入的比重合计58.43%，且2013—2018年，其法人单位、从业人员和营业收入3个指标的比重均出现了不同程度的上升，其中医药制造业和汽车制造业的上升幅度相对更高。另一方面，除酒、饮料和精制茶制造业，文教、工美、体育和娱乐用品制造业以外，一般性制造业或高耗能行业的从业人员和营业收入占全市制造业的比重均有不同程度的下降。总体上，北京市制造业呈现一般性制造业或高耗能行业快速退出，向"高精尖"结构迈进的演变特征。

表 5-5　2018 年北京市制造业各行业主要指标占全市制造业比重及 2013—2018 年比重变化

行业	2018年（%） 法人单位	2018年（%） 从业人员	2018年（%） 营业收入	2013—2018年变动（百分点） 法人单位	2013—2018年变动（百分点） 从业人员	2013—2018年变动（百分点） 营业收入
汽车制造业	2.67	12.68	26.00	0.44	2.08	2.44
计算机、通信和其他电子设备制造业	5.52	11.23	20.15	2.03	0.78	1.48
医药制造业	2.27	8.99	6.97	0.60	3.21	2.54
专用设备制造业	9.49	9.04	5.31	2.52	1.45	0.03
电气机械和器材制造业	6.38	5.99	5.00	0.43	0.28	−0.70
石油、煤炭及其他燃料加工业	0.57	0.95	4.21	−0.03	−0.25	−1.64
通用设备制造业	10.21	6.98	4.16	1.28	0.36	−0.47
食品制造业	2.83	4.92	3.74	−0.06	0.47	0.65
非金属矿物制品业	7.00	4.70	3.36	−0.75	−1.26	−0.86
铁路、船舶、航空航天和其他运输设备制造业	1.07	3.78	2.67	0.42	1.10	0.69
金属制品业	10.91	4.11	2.54	−0.67	−1.55	−0.47
化学原料和化学制品制造业	4.79	3.00	2.41	−1.01	−0.76	−0.55
农副食品加工业	2.54	2.62	2.36	−0.26	−0.42	−0.73
仪器仪表制造业	3.74	3.76	1.94	0.53	0.37	−0.39
酒、饮料和精制茶制造业	1.19	2.75	1.75	0.00	0.09	0.09
印刷和记录媒介复制业	5.12	3.26	1.22	0.39	−0.37	−0.08
文教、工美、体育和娱乐用品制造业	2.70	0.90	1.05	0.45	−0.15	0.24
纺织服装、服饰业	5.65	4.03	0.97	−2.45	−1.77	−0.57
橡胶和塑料制品业	3.82	1.66	0.77	−1.09	−0.93	−0.50
其他制造业	0.68	0.51	0.69	−0.09	−0.19	0.11
家具制造业	3.00	1.36	0.67	−1.18	−0.78	−0.06
黑色金属冶炼和压延加工业	0.45	0.24	0.67	−0.56	−0.63	−0.55
造纸和纸制品业	2.59	0.78	0.53	−0.14	−0.32	−0.15
有色金属冶炼和压延加工业	0.60	0.53	0.49	−0.16	−0.06	−0.12
木材加工和木、竹、藤、棕、草制品业	1.97	0.37	0.14	−0.73	−0.32	−0.09
纺织业	1.38	0.42	0.14	0.03	−0.36	−0.26
皮革、毛皮、羽毛及其制品和制鞋业	0.79	0.26	0.08	0.06	−0.11	−0.06
化学纤维制造业	0.08	0.08	0.02	−0.01	0.02	0.00

资料来源：第四次全国经济普查数据。

注：由于烟草制品业数据缺失，所以未包括在内。

（五）北京市第三产业内部结构变动

2018年，北京市第三产业中法人单位、从业人员和营业收入居前几位的行业大类是：批发业、货币金融服务、商务服务业、零售业、软件和信息技术服务业、房地产业、保险业、专业技术服务业、其他金融业、互联网和相关服务、科技推广和应用服务业、研究和试验发展、教育业等（图5-12）。这些行业除零售业外，均为生产性服务业，北京市第三产业以生产性服务业为主，结构高级化特征明显。

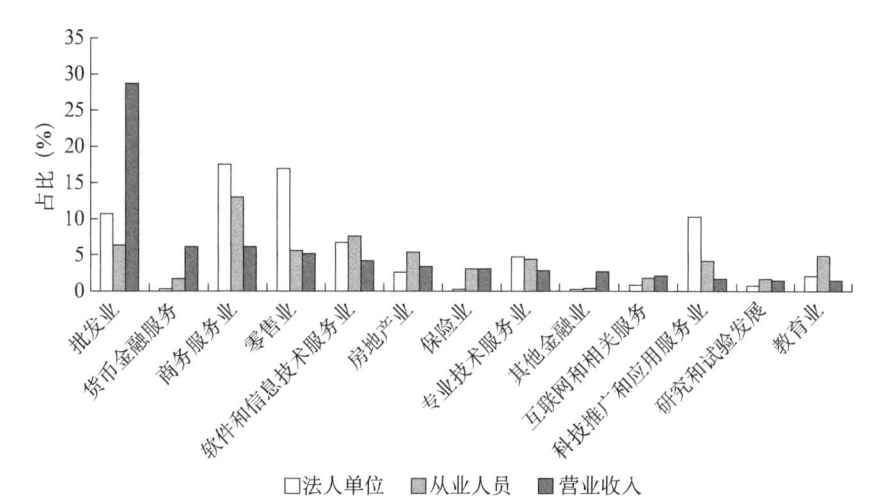

图 5-12　2018年北京市第三产业主要行业大类占比情况

注：图中所示行业为北京第三产业占比前几位的行业大类，行业按营业收入占比由大到小排序。

2013—2018年，北京经济中比重下降最明显的行业是批发业，但从批发业每个单位平均营业收入和劳均营业收入来看，都有较大幅度的提高，分别增长了6.2%和13.8%。这说明批发业在北京经济结构中比重明显下降的同时，经济效率在不断提高。显示出非首都功能疏解带动相关产业功能退出的同时，也在不断优化产业，促进其提质增效。

2013—2018年，部分生产性服务业在北京经济中占比明显增加，比如货币金融服务、互联网和相关服务、软件和信息技术服务业、研究和试验发展，而且这些行业劳动生产率也有明显提升，尤其研究和试验发展、互联网和相关服务、货币金融服务，人均营业收入分别增加了5.2倍、1.7倍和1.3倍。这些行业的增长带动了北京经济的提质增效，反映出北京经济的转型升级和高质量发展。

需要注意的是，部分生产性服务业在北京经济中占比有所增加，但劳动生产率（劳均营业收入）偏低且有所下降。比如，保险业、科技推广和应用服务业在北京经济中占比增加，但劳均营业收入却有所下降，和2013年相比，分别下降了46.8%和6.2%。其中，科技推广和应用服务业每个单位平均人员规模、收入规模也在下降，分别下降了18.6%和23.7%。2018年，科技推广和应用服务业每个单位平均人员规模、营业收入规模和劳均营业收入只有5.7人/个、309.3万元/个、54.3万元/人，仅相当于所有行业平均水平的41%、17%、37%。此外，2013—2018年，租赁和商务服务业从业人员增加明显，但法人单位、营业收入占比分别下降了3.0%和1.3%，该行业每个单位平均人员规模、营业收入规模和劳均营业收入均不高且还在下降，分别下降了3.1%、11.4%和8.6%。因此，在北京非首都功能疏解和经济提质增效过程中，不仅需要注意对一般性制造业的疏解和提升，也需要关注部分服务业行业经济效率偏低的情况，推进这些行业的提质增效。

二、北京市经济增长的效率及动能变化

（一）北京市三次产业的劳动生产率变化

北京市经济增长效率不断提升。从劳动生产率来看，2011—2021年，北京市社会劳动生产率、第二产业劳动生产率和第三产业劳动生产率均呈明显上升趋势（图5-13）。北京市社会劳动生产率从2011年的15.77万元/人上升到2021年的34.78万元/人，第一产业由2.30万元/人上升至4.12万元/人，第二产业由14.35万元/人上升至37.66万元/人，第三产业由17.23万元/人上升至35.06万元/人。2011—2020年，第三产业劳动生产率一直保持着领先水平，但2021年第二产业劳动生产率超过第三产业。就劳动生产率增速而言，北京市第二产业和第三产业增速相对较为稳定，2021年第二产业增速较快，远超第三产业。相较之下，北京市第一产业劳动生产率增速波动较大，2015年与2016年增速为负（图5-14）。

（二）北京市经济增长的新动能

北京市经济发展新业态、新模式不断发展壮大，以新旧动能转化为核心特征的高质量发展路径深刻影响着北京市的经济增长轨迹。数字经济、战略性新兴产业和高技术产业在北京市经济发展中的地位不断提高，占GDP的比

重不断上升。2022年，北京市数字经济实现增加值17 330.2亿元，占GDP的比重达到41.6%，比2016年提高了5.8个百分点，且比重一直处于上升态势（图5-15）。

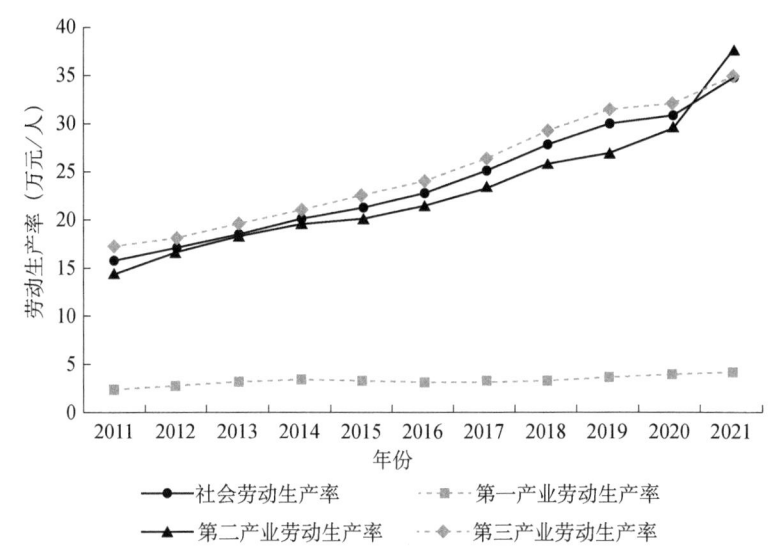

图5-13　2011—2021年北京市社会劳动生产率与三次产业劳动生产率
资料来源：根据历年《北京统计年鉴》整理计算得出。

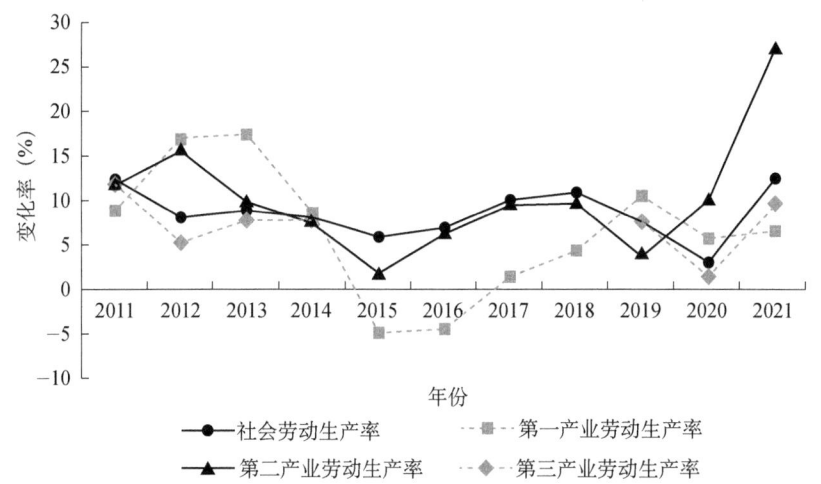

图5-14　2011—2021年北京市社会劳动生产率与三次产业劳动生产率的增速
资料来源：根据历年《北京统计年鉴》整理计算得出。

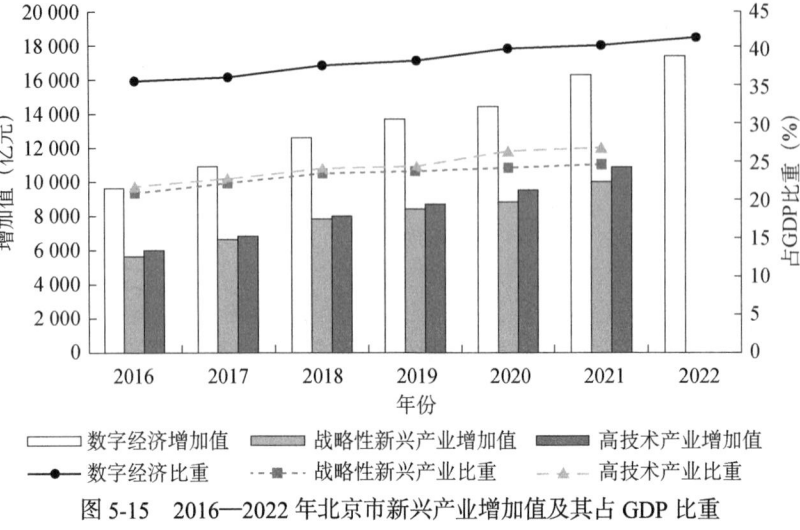

图 5-15　2016—2022 年北京市新兴产业增加值及其占 GDP 比重

资料来源：根据《北京统计年鉴 2022》和《北京市 2022 年国民经济和社会发展统计公报》整理计算得出。

随着北京市持续推动"五子"联动服务和融入新发展格局，科技创新引领作用不断增强，新兴产业对经济增长的贡献率也处于上升态势，尤其是在新冠疫情冲击期间，数字经济和高技术产业对支撑北京经济增长发挥着重要作用。2020 年数字经济和高技术产业对经济增长的贡献率分别高达 152.8% 和 165.7%，2022 年数字经济对经济增长的贡献率为 80.4%（图 5-16），数字经济活力不断释放。从北京市与上海市、深圳市战略性新兴产业发展的指标来看，北京市战略性新兴产业的发展优于上海市，但在增加值、占 GDP 的比重和对经济增长的贡献率方面与深圳市仍有一定的差距（表 5-6）。

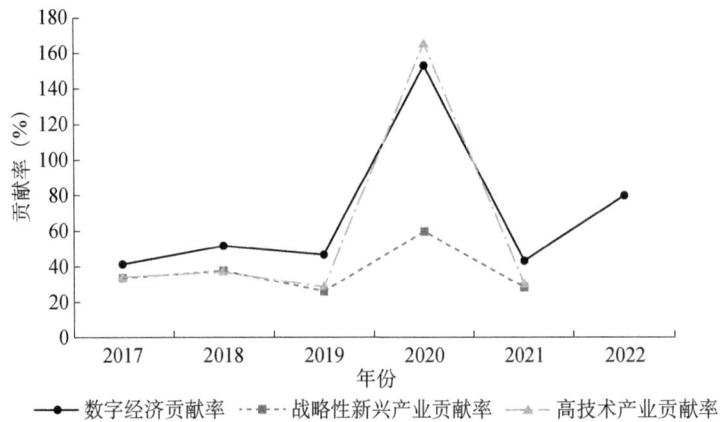

图 5-16　2017—2022 年北京市新兴产业对经济增长的贡献率

资料来源：根据《北京统计年鉴 2022》和《北京市 2022 年国民经济和社会发展统计公报》整理计算得出。

表 5-6　北京市与上海市、深圳市战略性新兴产业的对比

项目	北京市	上海市	深圳市
2021 年增加值（亿元）	9 961.60	8 794.52	12 146.37
2021 年占 GDP 的比重（%）	24.7	20.4	39.6
2016—2021 年对经济增长的贡献率（%）	32.6	29.3	38.5

资料来源：根据北京、上海和深圳统计年鉴整理计算得出。

第四节　北京市经济发展空间布局分析

北京市经济发展呈现出圈层分布特征，经济密度呈现出由中心向外围减小的趋势。本节从北京市全市、各功能区及 16 个市辖区三个层次，对北京市经济密度和产业密度进行分析，探讨北京市经济发展空间分布的变化特征。

一、北京市经济密度的变化特征

北京市经济密度持续提升，由 2016 年的 1.53 亿元/公里^2 增加至 2021 年的 2.26 亿元/公里^2（表 5-7）。虽然各功能区经济密度呈上升趋势，但各功能区之间经济密度差异较大。2021 年，首都功能核心区经济密度高达 92.95 亿元/公里^2，远高于城四区（15.53 亿元/公里^2），城市副中心和平原新城地区经济密度不足 2 亿元/公里^2，而生态涵养区经济密度仅为 0.19 亿元/公里^2。

表 5-7　2016—2021 年北京市各区经济密度变化　（单位：亿元/公里^2）

地区	2016 年	2017 年	2018 年	2019 年	2020 年	2021 年
全市	1.53	1.69	1.87	2.00	2.03	2.26
首都功能核心区	66.59	73.20	80.17	85.56	85.80	92.95
东城区	54.49	59.95	65.18	69.56	70.20	76.32
西城区	76.56	84.14	92.55	98.76	98.67	106.67
城四区	10.37	11.52	12.76	13.69	14.10	15.53
朝阳区	11.72	12.91	14.16	15.12	14.95	16.18
丰台区	4.57	5.09	5.59	5.98	6.04	6.57
石景山区	6.91	7.78	8.73	9.42	10.06	11.20

续表

地区	2016 年	2017 年	2018 年	2019 年	2020 年	2021 年
海淀区	13.71	15.31	17.11	18.47	19.71	22.06
城市副中心	0.84	0.94	1.09	1.17	1.23	1.33
通州区	0.84	0.94	1.09	1.17	1.23	1.33
平原四区	0.68	0.75	0.83	0.88	0.86	1.04
房山区	0.30	0.34	0.38	0.40	0.37	0.41
顺义区	1.57	1.68	1.84	1.95	1.81	2.04
昌平区	0.61	0.67	0.74	0.81	0.86	0.96
大兴区	0.65	0.73	0.82	0.88	0.90	1.41
生态涵养区	0.13	0.14	0.16	0.17	0.17	0.19
门头沟区	0.13	0.14	0.16	0.17	0.17	0.18
怀柔区	0.14	0.16	0.18	0.19	0.19	0.20
平谷区	0.25	0.27	0.29	0.31	0.34	0.38
密云区	0.11	0.13	0.14	0.15	0.15	0.16
延庆区	0.07	0.08	0.09	0.10	0.10	0.10

资料来源：根据《北京统计年鉴》整理计算得出。

具体来看，北京市各功能区经济密度均呈现整体稳步提升态势，市辖区之间的经济密度提升存在差异。一是首都功能核心区经济密度远高于其他各功能区，其中，西城区经济密度于 2021 年突破百亿元/公里^2，超出东城区 30.35 亿元/公里^2（图 5-17）。二是城四区经济密度由大到小分别为海淀区、朝阳区、石景山区和丰台区，且各区间经济密度差异存在扩大趋势（图 5-18）。三是平原四区中顺义区经济密度保持领先优势，大兴区和昌平区经济密度相近，但大兴区于 2021 年快速增长使得其与昌平区拉开差距，且超过城市副中心（图 5-19）。四是生态涵养区中平谷区经济密度远高于其他区，于 2021 年达到 0.38 亿元/公里^2，但与北京市其他区相比仍有很大差距，延庆区经济密度在北京市各区中始终处于最低的位置（图 5-20）。

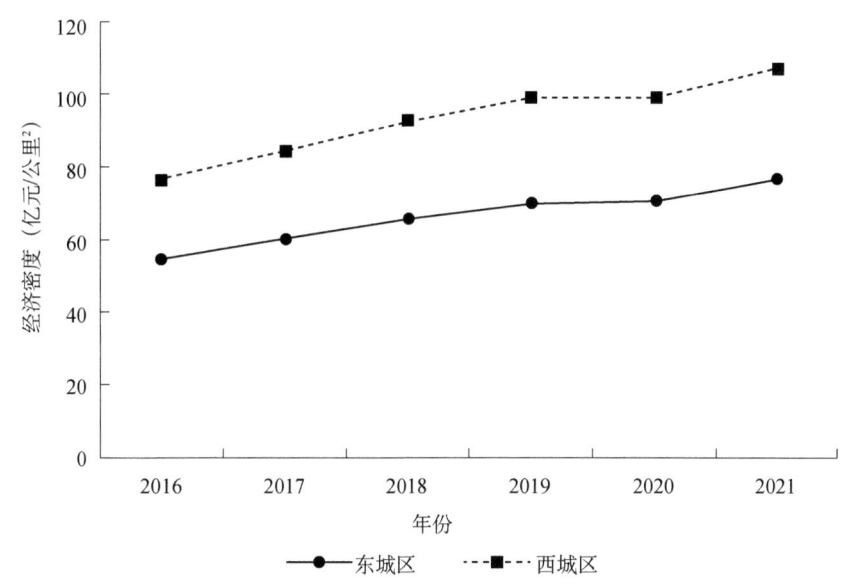

第五章 北京市经济发展规模、结构及其布局 | 117

图 5-17 2016—2021 年北京市首都功能核心区经济密度变化

资料来源：根据历年《北京统计年鉴》整理计算得出。

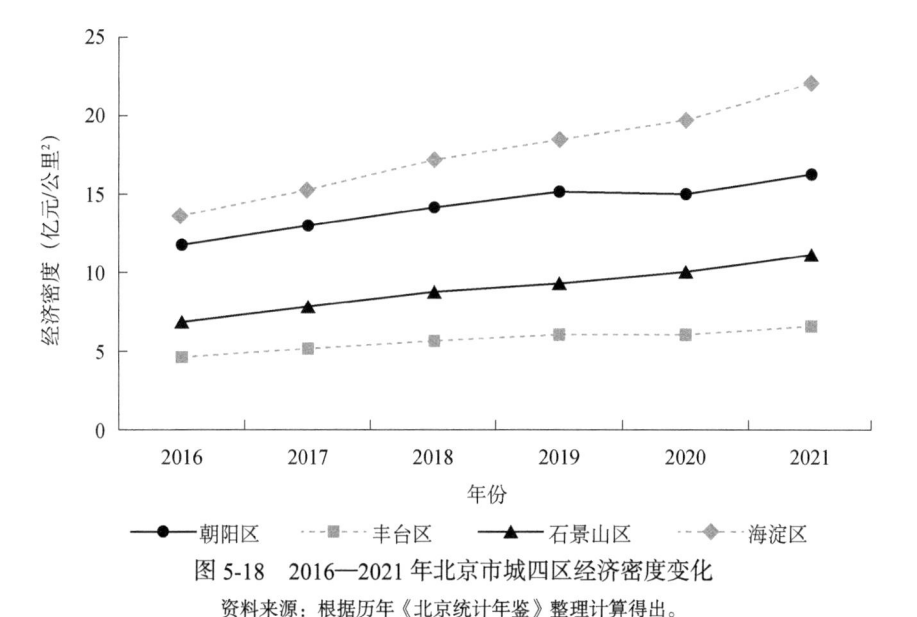

图 5-18 2016—2021 年北京市城四区经济密度变化

资料来源：根据历年《北京统计年鉴》整理计算得出。

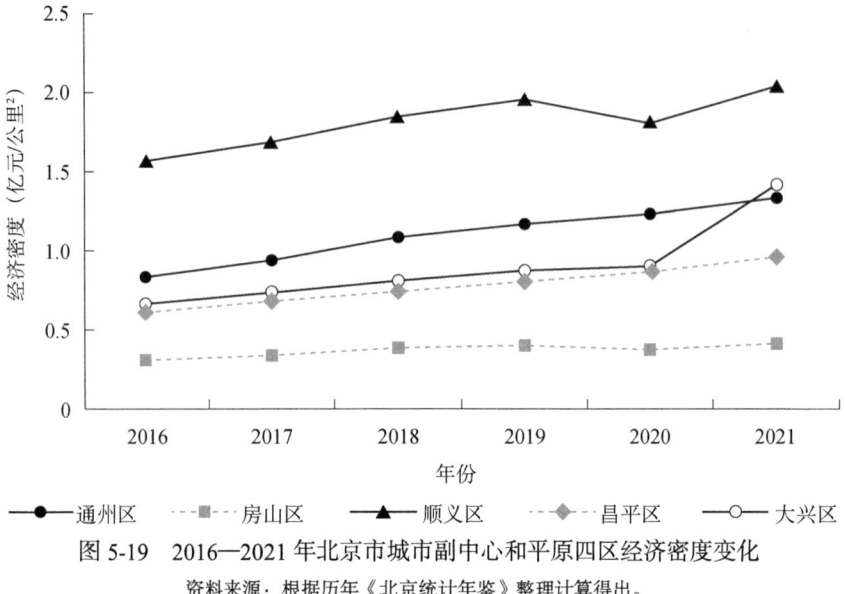

图 5-19　2016—2021 年北京市城市副中心和平原四区经济密度变化

资料来源：根据历年《北京统计年鉴》整理计算得出。

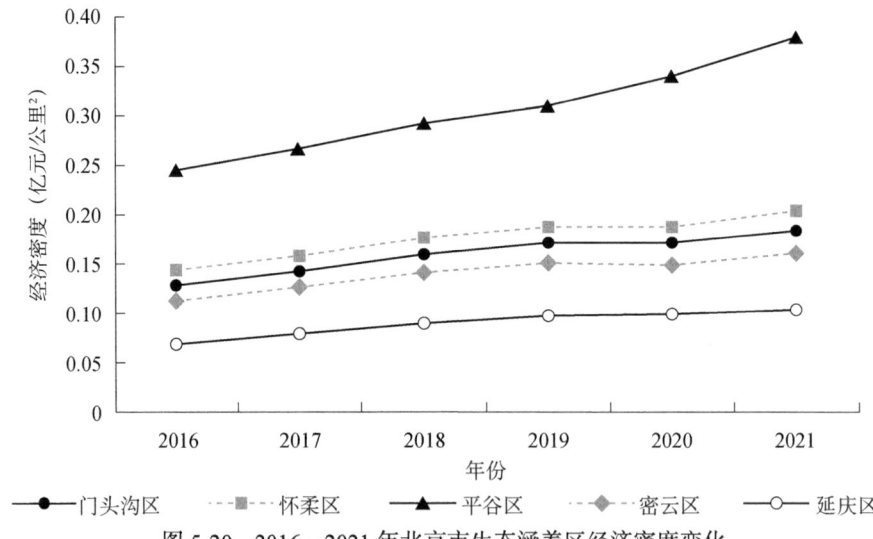

图 5-20　2016—2021 年北京市生态涵养区经济密度变化

资料来源：根据历年《北京统计年鉴》整理计算得出。

二、北京市产业总体密度及密度梯度的变化特征

从国际大都市的发展经验来看，城市内部的产业转移和郊区化往往呈现出行业差异，在不同阶段，不同行业会呈现差异化的转移和疏解空间特征。

本部分将基于就业密度函数，分别测算北京市各行业从业人员空间分布的密度梯度，通过2013—2018年各行业从业人员分布密度梯度的变化，分析不同行业在北京市市域内的转移和疏解特征。由于北京市不同空间范围的产业分布情况存在较大差异，如果仅计算全市域的从业人员密度梯度，可能会无法有效反映不同产业集聚和扩散差异化的特征。因此，本部分还测算了距城市中心（天安门）40公里以内和60公里以内两个范围的密度梯度变化，综合考量不同空间尺度下各产业的转移和疏解特征。

从2013年和2018年北京市市域内总体产业从业人员密度梯度来看，北京市总体产业空间布局呈现出市域内疏解和郊区化的发展趋势。密度梯度由2013年的0.09下降至2018年的0.077，这表明北京市产业布局整体上有向外围郊区扩散的趋势，中心城区产业和功能过度集中的问题得到了一定程度的缓解。

从分行业来看，2013—2018年北京市金融业、教育业、卫生和社会工作的从业人员密度梯度值有所上升，住宿和餐饮业的密度梯度值保持不变（表5-8）。除此以外，其他行业的从业人员密度梯度值均有所下降，其中信息传输、软件和信息技术服务业，居民服务、修理和其他服务业的下降趋势最为明显。北京市产业在市域内疏解呈现以下特征。

首先，金融业向心集中布局趋势明显。2013—2018年，金融业从业人员密度梯度提高了0.005，在距城市中心60公里范围内，密度梯度更是提高了0.012。这表明金融业呈现出明显的向心集中布局趋势，高附加值的产业更加集约地布局在城市中心区域，符合城市产业空间布局的基本规律。

其次，教育、医疗等公共服务功能在市域内的疏解相对缓慢。2013—2018年，教育从业人员密度梯度在全市域和距城市中心60公里的范围内不降反升，说明教育功能仍高度集中在中心城区，亟待向外围地区加快疏解，促进北京市教育资源的均衡布局。同样，2013—2018年卫生和社会工作从业人员密度梯度在全市域范围内也有所升高，体现出向心集聚而非疏解趋势。但在距城市中心40公里和60公里范围内，密度梯度有所下降，分别降低了0.005和0.004。这说明医疗服务功能有一定的疏解，但空间范围比较有限，需要推动优质医疗资源向更外围的郊区转移和疏解，以增强外围地区的人口吸引力，打造区域"反磁力"吸引体系。

最后，根据发达国家的大都市郊区化经验，郊区化进程可分为制造业、批发和零售业、商务办公业、高技术产业以及现代服务业郊区化多个阶段。

从2013—2018年北京市各行业从业人员密度梯度的变化情况来看，北京市的制造业功能郊区化特征显著，批发和零售业郊区化正在加速推进，行政办公、高技术产业也呈现郊区化趋势。具体如下。

（1）制造业表现出进一步向外围郊区转移和扩散的趋势。2013—2018年，在距城市中心60公里范围内制造业从业人员密度梯度下降了0.01，与总体产业密度梯度的下降幅度基本一致。这表明北京市的制造业仍在持续向外围郊区转移，这与国际大都市产业布局的发展经验一致，且为北京市中心城区的功能提升腾退空间，有利于北京市产业空间布局的整体优化。

（2）批发和零售业疏解特征尤为明显。2013—2018年，批发和零售业全市域从业人员密度梯度下降了0.014，在距城市中心40公里和60公里范围内，密度梯度下降得则更为明显。这表明批发和零售业呈现出很强的由中心城区向外围郊区转移和疏解的特征。这一方面与中心城区区域性批发市场的搬迁有关，反映出非首都功能疏解对北京市产业空间布局调整的影响。另一方面，批发和零售业的郊区化也是人口居住郊区化的直接结果。随着人口居住的郊区化，商场、超市、购物中心等需要更加接近消费者而布局。与此同时，人口的外迁也成为生活服务业郊区化的重要推动力。2013—2018年，居民服务、修理和其他服务业的全市域从业人员密度梯度下降了0.016，下降幅度显著大于其他产业，在距城市中心40公里和60公里范围内，密度梯度下降得则更为明显，这表明人口居住的郊区化导致生活服务业的郊区化进程明显加快。

（3）高技术产业、公共管理功能逐渐向外围地区疏解。随着中关村科学城、怀柔科学城、未来科学城和北京市经济技术开发区"三城一区"建设的加快推进，北京市的信息传输、软件和信息技术服务业等科技相关产业逐渐向亦庄、怀柔等外围地区转移。2013—2018年，该行业全市域从业人员密度梯度下降了0.016，下降幅度显著大于其他产业，这表明高技术产业的郊区化特征日益明显。同时，随着非首都功能的疏解，行政办公活动也逐渐郊区化。2013—2018年，水利、环境和公共设施管理业以及公共管理、社会保障和社会组织的从业人员密度梯度均显著下降，城市副中心建设和市级政府机构搬迁推动北京市行政办公布局呈现出向外围地区疏解的趋势。

表 5-8　2013 年和 2018 年北京市分行业从业人员密度梯度

行业	全市域 2018年	全市域 2013年	全市域 2013—2018年变动	40公里以内 2018年	40公里以内 2013年	40公里以内 2013—2018年变动	60公里以内 2018年	60公里以内 2013年	60公里以内 2013—2018年变动
总体产业	-0.077	-0.090	-0.013	-0.129	-0.139	-0.010	-0.106	-0.118	-0.012
制造业	-0.048	-0.049	-0.001	—	-0.027	—	-0.036	-0.046	-0.01
建筑业	-0.053	-0.068	-0.015	-0.076	-0.097	-0.021	-0.065	-0.088	-0.023
批发和零售业	-0.079	-0.093	-0.014	-0.129	-0.153	-0.024	-0.109	-0.130	-0.021
交通运输、仓储和邮政业	-0.068	-0.083	-0.015	-0.103	-0.123	-0.020	-0.086	-0.101	-0.015
住宿和餐饮业	-0.094	-0.094	0.000	-0.162	-0.180	-0.018	-0.137	-0.143	-0.006
信息传输、软件和信息技术服务业	-0.091	-0.107	-0.016	-0.167	-0.187	-0.020	-0.140	-0.154	-0.014
金融业	-0.100	-0.095	0.005	-0.166	-0.168	-0.002	-0.142	-0.130	0.012
房地产业	-0.086	-0.093	-0.007	-0.154	-0.159	-0.005	-0.123	-0.126	-0.003
租赁和商务服务业	-0.078	-0.083	-0.005	-0.140	-0.154	-0.014	-0.111	-0.122	-0.011
科学研究和技术服务业	-0.091	-0.101	-0.010	-0.152	-0.169	-0.017	-0.128	-0.141	-0.013
水利、环境和公共设施管理业	-0.053	-0.066	-0.013	-0.094	-0.119	-0.025	-0.077	-0.098	-0.021
居民服务、修理和其他服务业	-0.074	-0.090	-0.016	-0.122	-0.139	-0.017	-0.102	-0.120	-0.018
教育业	-0.077	-0.074	0.003	-0.128	-0.129	-0.001	-0.107	-0.103	0.004
卫生和社会工作	-0.088	-0.080	0.008	-0.146	-0.151	-0.005	-0.115	-0.119	-0.004
文化、体育和娱乐业	-0.091	-0.098	-0.007	-0.187	-0.194	-0.007	-0.139	-0.146	-0.007
公共管理、社会保障和社会组织	-0.068	-0.074	-0.006	-0.120	-0.124	-0.004	-0.097	-0.099	-0.002

三、北京市产业空间布局的变化特征

（一）北京市总体产业的圈层分布特征

城市产业空间布局一般具有圈层分布规律，本部分利用 2018 年第四次全国经济普查数据分析北京市产业空间布局的圈层模式，以揭示北京市产业布局和地域功能组织的总体特征。本部分使用北京市各街道、乡镇的分行业从业人员数据计算从业人员密度和各街道、乡镇到城市中心的距离，并分别估计北京市全市域、距城市中心 20 公里范围内两种空间尺度的 Lowess 曲线。

总体而言，北京市的产业空间布局符合阿隆索竞标地租曲线模型的基本规律，呈现出显著的圈层特征（图5-21和图5-22）。在竞争市场中，城市每块土地由愿意支付最高租金的产业获得使用权。各产业的支付能力、空间需求存在差异，由此形成了北京市不同产业占据不同空间的圈层分布格局。

北京市产业布局的圈层模式符合城市功能定位的总体要求。中心城区要素高度集聚，地租水平整体较高，主要布局金融业、租赁和商务服务业等高附加值产业，对附加值低的行业具有一定程度的挤出效应。外围地区则以制造业、建筑业等传统产业为主，产业集聚程度相对较低。还有一些产业广泛分布在各功能区，无明显的空间布局差异，比如教育、卫生等公共服务业。

北京市以天安门为中心的市域空间形成了产业空间布局圈层模式（图5-23）。距市中心3公里范围内主要为首都功能核心区，以金融、商务服务等高附加值产业为主体，同时配套完善的都市商业与高品质的公共服务，产业布局的集约化程度较高。目前，随着非首都功能疏解的稳步推进，这一区域的产业布局已经明显优化。然而，与东京、伦敦等国际大都市相比，北京市仍然存在医疗、行政功能有待进一步疏解，原有低附加值传统产业亟待整治提升等问题。

距市中心3—10公里范围内主要为中心城区，以金融商贸、信息技术产业为主体，生活服务与教育、文化配套健全。

距市中心10—20公里范围内主要布局信息技术产业，以及建筑业的部分环节。这一区域的都市商业相对缺乏，教育文化配套不充分，尤其缺乏医疗相关服务，因此宜居性与人口吸引力不足。亟待进一步完善相关产业布局，打造产业功能完备的近郊"新城"，构建"反磁力"吸引体系，从而缓解中心城区的人口、资源与服务压力。

距市中心20—40公里范围内主要布局建筑业、制造业，同时承接了部分行政功能疏解以及科学研究和技术服务业，其中城市副中心承接了较多公共管理相关功能。

距市中心40公里以外地区则以建筑业、制造业为主体。可以看出，北京市城市外围郊区在功能承接上有一定成效，现有的产业布局规律与国际大都市的发展经验较为一致。

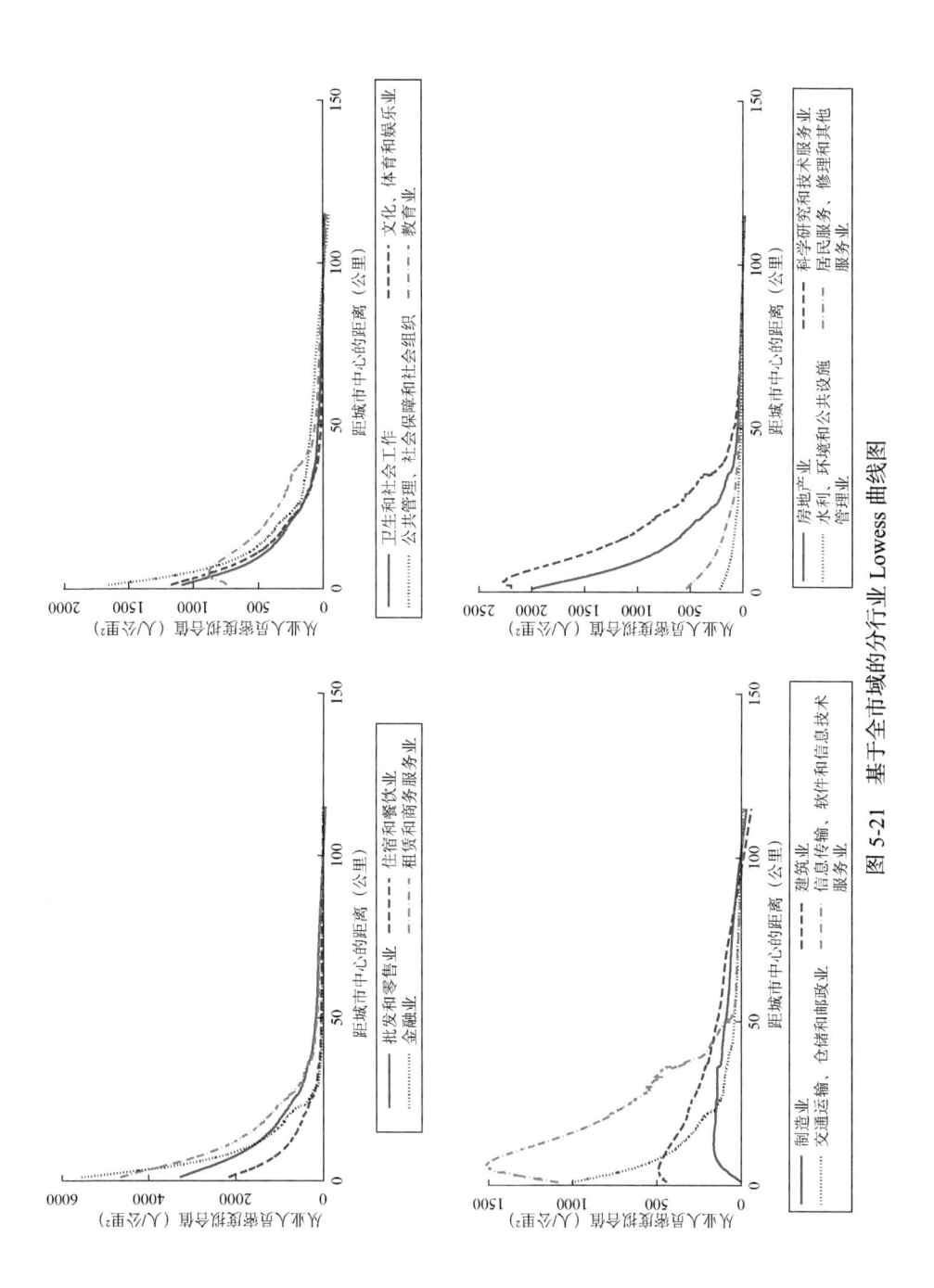

图 5-21 基于全市域的分行业 Lowess 曲线图

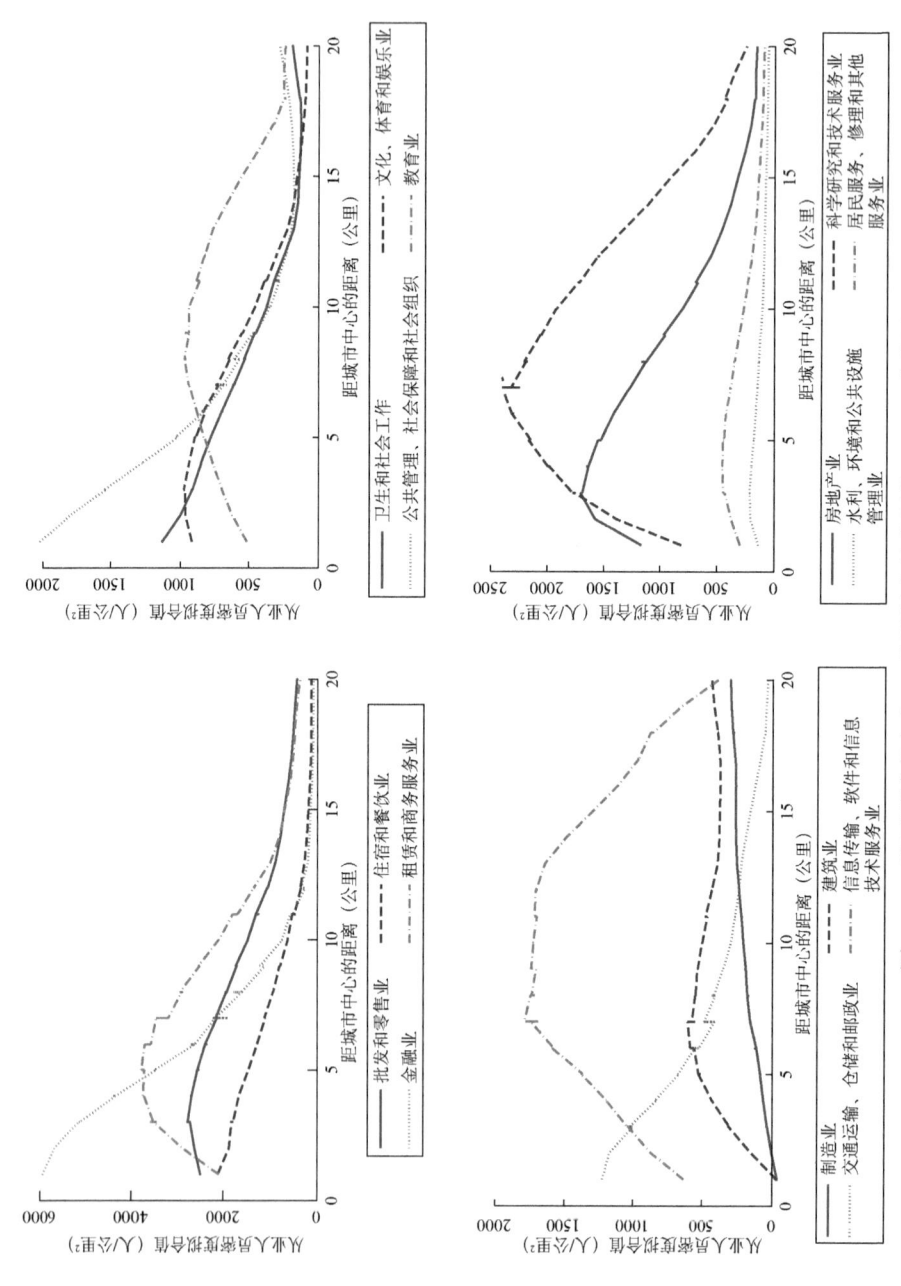

图 5-22 基于距城市中心 20 公里以内的分行业 Lowess 曲线图

公共服务（卫生和社会工作；文化、体育和娱乐业）	公共服务（教育业；卫生和社会工作；文化、体育和娱乐业；水利、环境和公共设施管理业）	公共服务（教育业；文化、体育和娱乐业；水利、环境和公共设施管理业）		
公共管理（公共管理、社会保障和社会组织）	都市生活（住宿和餐饮业；房地产业；居民服务、修理和其他服务业）	建筑业	公共管理（公共管理、社会保障和社会组织）	
都市生活（住宿和餐饮业）	信息技术（科学研究和技术服务业；信息传输、软件和信息技术服务业）	都市生活（房地产业；居民服务、修理和其他服务业）	信息技术（科学研究和技术服务业）	公共管理（公共管理、社会保障和社会组织）
金融商贸（金融业；租赁和商务服务业；批发和零售业）	金融商贸（租赁和商务服务业；金融业；批发和零售业）	信息技术（信息传输、软件和信息技术服务业；科学研究和技术服务业）	建筑业；制造业	建筑业；制造业
3公里	10公里	20公里	40公里	40公里以外

图 5-23　北京市产业空间布局的圈层模式示意图

（二）北京市产业圈层分布的变化趋势

北京市城市经济空间重构的根本在于北京市产业空间布局的变化，城市产业布局的郊区化是北京市产业空间布局变化的最突出特征。本部分将依据北京市各环路将北京市市域空间划分为各圈层，分析北京市产业空间布局的郊区化特征和趋势。

以各环路划分的空间圈层来看，北京市的产业活动仍主要集中在5环路以内的城市中心区（图 5-24）。5环路以内地区的从业人员和营业收入占全市的比重分别为57.8%和65.1%。在经济密度最高的3环路以内地区，从业人员和营业收入分别占全市的27.7%和39.4%。总体上，北京市的产业活动更多地集中在3—6环路之间的地区，集中了全市54.4%的从业人员和48.8%的营业收入。这体现出北京市的产业空间布局已开始脱离经济密度最高的城市核心区，呈现出一定的郊区化特征，但郊区化的空间范围十分有限。

分行业来看，制造业的空间布局呈现出显著的郊区化特征（图 5-24）。5环路以外地区制造业从业人员和营业收入占全市比重高达87.5%和92.2%，制造业布局已呈现在城市中心区"空心化"的特征。相比之下，6环路以外地区比5—6环路之间的地区集中了更多的制造业从业人员，但营业收入占全市比重显著低于5—6环路之间地区，说明5—6环路之间的地区布局的更多的是高附加值和高效率的制造业，这符合城市产业分布的圈层规律。

服务业的布局则和总体产业空间布局较为相似，因为北京市的经济构成主要以服务业为主（图 5-24）。但相较于总体产业布局，服务业的布局更加集中在 5 环路以内地区，郊区化水平更低。5 环路以内地区的服务业从业人员和营业收入占全市的比重分别为 63.1% 和 71.3%。因此，推动服务业尤其是优质的公共服务、居民服务向郊区转移，仍然是北京市产业布局优化和非首都功能疏解的重要任务。

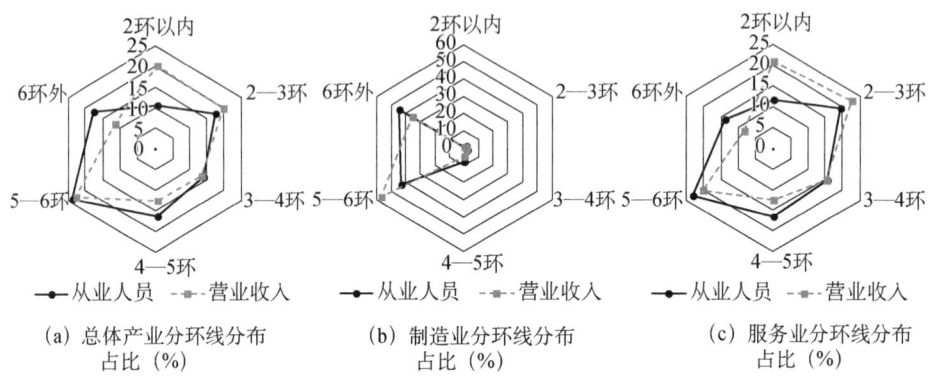

(a) 总体产业分环线分布占比（%）　(b) 制造业分环线分布占比（%）　(c) 服务业分环线分布占比（%）

图 5-24　2018 年北京市分环路各圈层产业空间布局情况

从 2013—2018 年的变动趋势来看，在分环路各圈层中，从业人员增长最多的是 5—6 环路之间的地区，该区域已成为承接北京市城市中心区产业转移和向外疏解的主要地区，也是目前承载北京市新的产业集聚的主要地域空间（图 5-25）。总体上，北京市的产业空间布局变动显示出明显的郊区化发展趋势，符合国际大都市发展的一般规律和实践经验。

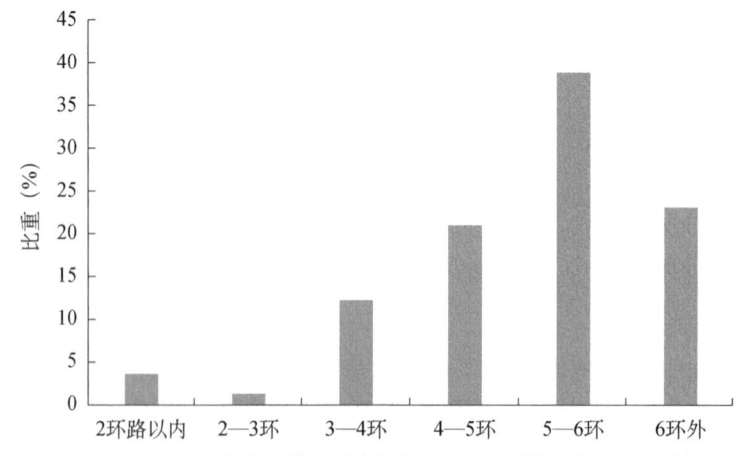

图 5-25　2013—2018 年北京市分环路各圈层从业人员增量占全市总增量的比重

（三）北京市各行业空间动能的变化趋势

从2016—2021年各行业的空间动能来看，信息传输、软件和信息技术服务业，金融业，租赁和商务服务业以及科学研究和技术服务业等现代服务业的空间动能仍分布在中心城区，平原四区则是交通运输、仓储和邮政业以及工业发展的重要增长极。城市副中心的建筑业和文化、体育和娱乐业为全市这两个行业增加值增长提供了约1/5的动能，在其余行业的贡献则相对较弱（表5-9）。

表5-9　2016—2021年各功能区各行业对全市该行业增加值增长的贡献率

（单位：%）

行业	首都功能核心区	城四区	城市副中心	平原四区	生态涵养区
农、林、牧、渔业	0.0	-9.1	19.0	46.4	43.7
工业	-3.0	11.9	1.3	93.9	-4.2
建筑业	5.4	34.2	20.7	27.2	12.6
批发和零售业	21.6	53.8	4.2	13.6	6.8
交通运输、仓储和邮政业	-210.5	-218.2	6.0	549.3	-26.7
住宿和餐饮业	-6.9	1.5	14.0	31.4	59.9
信息传输、软件和信息技术服务业	5.5	84.5	0.2	6.9	2.9
金融业	44.6	41.4	2.0	10.6	1.4
房地产业	23.3	34.6	5.4	26.2	10.6
租赁和商务服务业	6.6	55.3	5.2	25.6	7.2
科学研究和技术服务业	24.2	59.8	1.5	9.7	4.8
水利、环境和公共设施管理业	12.6	45.5	4.5	19.3	18.0
居民服务、修理和其他服务业	-0.8	22.1	14.1	33.6	31.1
教育业	13.3	59.8	2.5	19.9	5.0
卫生和社会工作	24.3	44.7	3.1	18.9	9.0
文化、体育和娱乐业	28.5	39.9	19.6	8.1	3.9
公共管理、社会保障和社会组织	24.6	32.5	11.2	20.2	11.4

资料来源：根据历年《北京区域统计年鉴》整理计算得出。

从2016—2021年各功能区各行业对本区经济增长的贡献率来看，首都功能核心区的经济增长高度依赖金融业，提供了一半以上的动能；中心城区经济增长动能则主要来源于信息传输、软件和信息技术服务业以及金融业，这两个行业对中心城区经济增长的贡献率合计60.6%，其中海淀区经济增长对信息传输、软件和信息技术服务业的依赖度偏高，丰台区房地产业对经济增长的贡献率达到了15.5%，亟须寻找更具可持续性的行业增长极。2016—2021年，城市副中心建筑业，公共管理、社会保障和社会组织以及房地产业对经济增长的贡献率分别为23.3%、18.0%和9.4%，合计提供了一半以上的动能，而现代服务业对城市副中心经济增长的贡献偏弱（表5-10）。

随着一般制造业的逐步退出，平原四区正处于新旧动能的转换期，但由于科技、金融等现代服务业的发展环境尚未成熟，现阶段面临旧动能退出，但新动能尚未发挥功效的问题。从2016—2021年各功能区各行业经济增长贡献率的分解结果来看，平原四区经济增长的动能仍主要来源于工业，贡献率高达44.4%。信息传输、软件和信息技术服务业，金融业，租赁和商务服务业，科学研究和技术服务业等现代服务业对平原四区经济增长的贡献仍不大，而房地产业的贡献率偏高，但可持续性和抗风险性偏弱。生态涵养区经济增长的来源相对比较多样化，信息传输、软件和信息技术服务业，房地产业以及公共管理、社会保障和社会组织三个行业合计贡献了约一半的动能。

表5-10 2016—2021年各功能区各行业对本区经济增长的贡献率 （单位：%）

行业	首都功能核心区	城四区	城市副中心	平原四区	生态涵养区
农、林、牧、渔业	0.0	0.0	-0.7	-0.2	-1.3
工业	-1.7	2.6	4.2	44.4	-11.4
建筑业	1.1	2.6	23.3	4.6	12.2
批发和零售业	5.7	5.4	6.2	3.0	8.6
交通运输、仓储和邮政业	-1.4	-0.6	0.2	3.1	-0.9
住宿和餐饮业	-0.1	0.0	0.6	0.2	2.2
信息传输、软件和信息技术服务业	6.9	40.6	1.7	7.2	17.3
金融业	56.6	20.0	14.1	11.1	8.3
房地产业	7.4	4.2	9.4	6.9	16.2
租赁和商务服务业	1.4	4.3	5.9	4.3	7.0
科学研究和技术服务业	7.4	7.0	2.5	2.5	7.0
水利、环境和公共设施管理业	0.4	0.6	0.9	0.6	3.0
居民服务、修理和其他服务业	0.0	0.1	0.9	0.3	1.8
教育业	3.7	6.2	3.8	4.5	6.5
卫生和社会工作	3.7	2.6	2.6	2.4	6.5
文化、体育和娱乐业	1.7	0.9	6.4	0.4	1.1
公共管理、社会保障和社会组织	7.2	3.6	18.0	4.9	15.9

资料来源：根据历年《北京区域统计年鉴》整理计算得出。

参考文献

北京大学首都发展研究院. 2019. 大国首都方略[M]. 北京：科学出版社.

北京市社会科学院课题组，陈孟萍，景体华，等. 2007. 北京经济发展及其在京津冀区域的地位、作用[J]. 城市，（6）：3-8.

冯梅，郭红霞. 2021. 基于新发展理念的北京经济高质量发展评价[J]. 城市问题，（7）：4-11.

李国平，等. 2013. 面向2030年的首都水战略研究报告[R]. 北京：北京大学首都发展研究院，北京市委研究室城市处.

李涛. 2013. 创新驱动北京经济发展方式转变[J]. 前线，（12）：179-181.

邱竞. 2008. 北京经济增长方式转变研究：基于增长约束的分析[D]. 北京：中国人民大学.

汪先永，刘冬，胡雪峰. 2006. 北京经济发展阶段与未来选择[J]. 经济理论与经济管理，（1）：63-65.

王吉霞. 2009. 产业结构优化升级与经济发展阶段的关系分析[J]. 经济纵横，（11）：71-73.

王文举，姚益家. 2021. 北京经济高质量发展指标体系及测度研究[J]. 经济与管理研究，42（6）：15-25.

王文举，祝凌瑶. 2021. 北京经济高质量发展研究[J]. 北京工商大学学报（社会科学版），36（3）：102-111.

吴良镛. 2018. 特大城市地区如何引领实现百年目标[J]. 城市规划，（3）：88.

杨德才. 2020. 新中国经济发展各阶段典型性特征分析[J]. 江苏行政学院学报，（6）：32-37.

杨仁发，李娜娜. 2019. 产业结构变迁与中国经济增长——基于马克思主义政治经济学视角的分析[J]. 经济学家，（8）：27-38.

杨治宇. 2013. 北京经济发展的特征研究[J]. 今日中国论坛，（21）：79，81.

张辉，王晓霞. 2009. 北京市产业结构变迁对经济增长贡献的实证研究[J]. 经济科学，（4）：53-61.

张震，覃成林. 2021. 新时期京津冀城市群经济高质量发展分析[J]. 城市问题，（9）：38-48.

第六章
北京市居民收入、社会发展与公共服务

第一节 北京市社会发展总体概况

自新中国成立以来，北京市社会发展已取得了巨大的成就，居民的收入、教育、医疗、文化、体育等民生社会事业取得了长足的进步，城乡居民生活水平从温饱不足到实现小康，发生了翻天覆地的变化。

一、北京市居民生活与消费水平不断提升

北京市城乡居民收入、消费水平稳步提升，从收入群体结构形态上看，按国家统计局以居民家庭人均可支配收入 10.2 万元至 51.2 万元为主要划分依据，北京中等收入群体规模比重已达到 68.5%，基本形成橄榄形收入结构（刘苏雅，2022）。2022 年，北京市实现社会消费品零售总额 1.38 万亿元，全

市居民人均消费支出达 4.26 万元，分别是 2012 年的 1.46 倍、1.60 倍。伴随居民生活水平和消费能力的提升，北京市居民的公共文化消费表现出结构升级、消费内容变化等新特征（湛东升等，2021）。同时，居民年龄结构、文化背景、价值取向、经济收入等方面的差异也导致了居民对公共服务设施需求的分化（张鑫颖等，2022）。2022 年，从北京市全市居民消费支出上看，位列第一的是人均居住支出（17 170 元），其后依次是人均食品烟酒支出（9223 元）、人均交通通信支出（4129 元）、人均医疗保健支出（3982 元）、人均教育文化娱乐支出（3008 元）、人均生活用品及服务支出（2193 元）、人均衣着支出（1861 元）、人均其他用品及服务支出（1117 元）。

北京城市社会经济快速发展，使得居民对于公共服务设施需求的多样化和高品质要求日益明显，如何有效地提高城市公共服务设施建设成效与居民满意度，已成为亟待解决的政策课题。

二、北京市公共服务供给水平不断提升

党的十九大以来，北京市以"七有""五性"作为民生工作的重要抓手，不断提升公共服务供给水平已经成为首都高质量发展的重要内容。2017 年 9 月，《新总规》获得党中央、国务院的正式批复，提出了"全面落实居住公共服务设施配置指标"的要求，以补短板、提品质为原则，要求加强落实居住区公共服务配套设施的建设（张晨，2021）。2023 年 1 月 1 日，北京市开始实施《北京市公共文化服务保障条例》，该条例对公共文化设施建设与管理、服务提供、保障措施等作了详细规定，将对进一步提高北京市公共文化服务水平、完善公共文化服务体系发挥重要作用。

当前，北京市公共服务供给持续优化，教育、医疗、养老、体育等公共服务水平全国领先。根据《新时代中国城市社会发展指数暨百强榜（2022）》，中国城市社会发展指数综合排名前十强城市分别为北京市、上海市、深圳市、广州市、杭州市、重庆市、南京市、武汉市、成都市、天津市。北京在多个一级指标排行榜中表现优异，其中"经济发展与民生建设"、"社会治理与社会服务"、"教育文化与科技创新"、"公共医疗与居民健康"和"社会保障与社会救助"五个一级指标得分均位列第一。

第二节　北京市居民收入分析

自 2019 年新冠疫情暴发以来，北京市居民收入增速有所波动，但波动期短，整体仍保持增长，且维持在全国较高水平。北京市居民收入结构长期保持稳定，转移净收入、财产净收入快速增长，居民收入渠道不断拓宽。然而，目前北京市各功能区居民收入差距依然较大，首都功能核心区与生态涵养区居民可支配的收入比超过 2。

一、居民收入持续增加，在全国居于较高水平

（一）全市居民人均可支配收入长期增长

2015—2022 年，北京市全市居民人均可支配收入持续增长，从 48 458 元增长到 77 415 元，年均增长率达到 6.92%。受新冠疫情等因素影响，2020—2022 年居民人均可支配收入的增速出现波动，2020 年、2021 年及 2022 年全市居民人均可支配收入增速分别为 2.5%、8.0%和 3.2%，明显低于其他年份增长水平。

在居民人均可支配收入中，工资性收入作为主要收入来源，2015—2021 年呈增长态势。全市居民人均工资性收入从 2015 年的 30 241 元增长到 2021 年的 45 675 元，年均增长 7.11%。其中城镇居民人均工资性收入年均增速为 7.09%，农村居民人均工资性收入年均增速为 7.14%，农村与城镇居民人均工资性收入增长水平相当。2020 年城镇、农村居民的工资性收入增速均有明显下降，农村居民收入出现负增长情况（表 6-1）。

表 6-1　2015—2021 年北京市居民收入及其增速情况

指标名称	2015 年	2016 年	2017 年	2018 年	2019 年	2020 年	2021 年
全市居民人均可支配收入（元）	48 458	52 530	57 230	62 361	67 756	69 434	75 002
全市居民人均工资性收入（元）	30 241	33 114	35 217	37 687	41 214	41 439	45 675
城镇居民人均工资性收入（元）	32 568	35 701	37 883	40 489	44 327	44 620	49 150
农村居民人均工资性收入（元）	15 491	16 637	18 223	19 827	21 376	21 174	23 434
城镇与农村居民人均工资性收入比	2.10	2.15	2.08	2.04	2.07	2.11	2.10
全市居民人均可支配收入增速（%）	8.9	8.4	8.9	8.9	8.7	2.5	8.0
全市居民人均工资性收入增速（%）	9.8	9.5	6.4	7.0	9.4	0.5	10.2

续表

指标名称	2015年	2016年	2017年	2018年	2019年	2020年	2021年
城镇居民人均工资性收入增速（%）	9.8	9.6	6.1	6.9	9.5	0.7	10.2
农村居民人均工资性收入增速（%）	8.6	7.4	9.5	8.8	7.8	-0.9	10.7

资料来源：《北京统计年鉴2022》。

（二）全市居民人均可支配收入在全国处于较高水平

2022年，北京人均GDP达到19.03万元，全市居民可支配收入为77 415元，居全国第二位。从收入群体结构形态上看，按国家统计局以居民家庭人均可支配收入10.2万元至51.2万元为划分中等收入群体的标准，北京中等收入群体规模比重已达到68.5%（表6-2）。

表6-2 2022年中国人均可支配收入10强城市

城市	人均可支配收入（元）	增速（%）
上海市	79 610	2.03
北京市	77 415	3.22
深圳市	72 718	2.64
广州市	71 357	3.70
苏州市	70 819	3.85
杭州市	70 281	3.80
南京市	69 039	4.05
宁波市	68 348	4.45
厦门市	67 999	5.65
无锡市	65 823	4.46

资料来源：相关城市2022年统计年鉴。

二、居民收入结构稳定，转移净收入快速增长

（一）全市居民收入结构保持稳定

首先是居民工资性收入，其长期占据主体地位。2015—2022年，居民人均工资性收入年均增长6.8%，对居民收入增长的贡献率稳定在60%左右。其次是转移净收入，自2018年起，居民转移净收入占居民可支配收入的比重开始达到20%以上，收入贡献率仅次于工资性收入。再次是财产净收入，其占

居民可支配收入的比重稳定在16%左右。最后是经营净收入，其是居民可支配收入的重要补充（图6-1）。

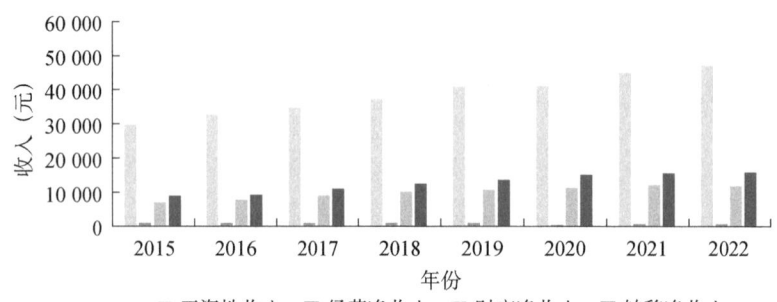

图 6-1 2015—2022 年北京市居民收入结构及其规模

资料来源：《北京统计年鉴2022》《北京市2022年国民经济和社会发展统计公报》。

（二）转移净收入、财产净收入快速增长

居民转移净收入、财产净收入快速增长，2016—2022年，北京市全市居民人均转移净收入年均增长8.5%，全市居民人均财产净收入年均增长7.6%（表6-3）。转移净收入增长较快的主要原因包括：全市城乡居民离退休人员数量增加以及待遇提升，城乡居民基本医疗保障水平提升，劳动者的失业保障提升等。财产净收入增长较快的主要原因为伴随金融、房地产等生产要素市场的发展，农村土地资源管理不断完善，多渠道增加了居民的财产净收入（陈雪柠，2022）。

表 6-3 2016—2022 年北京市各类收入增长情况　　（单位：%）

指标名称	2016年	2017年	2018年	2019年	2020年	2021年	2022年
工资性收入	9.50	6.35	7.01	9.36	0.55	10.22	4.56
经营净收入	-1.76	0.86	-14.70	0.00	-32.39	15.76	-3.94
财产净收入	9.75	13.07	14.03	6.08	4.73	5.69	-0.34
转移净收入	5.30	15.41	13.82	9.51	9.30	3.46	2.57

资料来源：《北京统计年鉴2022》《北京市2022年国民经济和社会发展统计公报》。

三、居民收入区域差距较大，中心城区居民收入水平较高

2022年，东城区、西城区、海淀区人均可支配收入超过9万元，平原五区中昌平区人均可支配收入为5.8万元，而生态涵养区中的延庆区人均可支配收入仅为4.1万元。2015—2021年，城四区人均可支配收入增速最高，

2021—2022年，各区人均可支配收入增速均放缓，而平原五区与生态涵养区居民可支配收入增速高于城四区（表6-4）。

表6-4 北京市各区人均可支配收入水平及增速

地区	人均可支配收入（元）			年均增速（%）	
	2015年	2021年	2022年	2015—2021年	2021—2022年
全市	48 458	75 002	77 415	7.55	3.22
首都功能核心区	64 628	93 377	95 657	6.33	2.44
东城区	61 764	89 804	92 040	6.44	2.49
西城区	67 492	96 949	99 274	6.22	2.40
城四区	50 302	83 771	86 123	8.87	2.81
朝阳区	55 450	84 770	86 981	7.33	2.61
丰台区	27 127	72 170	74 365	17.71	3.04
石景山区	56 304	84 666	86 994	7.04	2.75
海淀区	62 325	93 478	96 153	6.99	2.86
平原五区	31 893	50 473	52 558	7.95	4.13
房山区	30 656	47 594	49 294	7.61	3.57
通州区	31 397	49 695	51 618	7.95	3.87
顺义区	28 257	45 548	47 590	8.28	4.48
昌平区	35 306	56 075	58 483	8.02	4.29
大兴区	33 849	53 454	55 804	7.91	4.40
生态涵养区	30 047	46 202	47 874	7.43	3.62
门头沟区	39 037	59 336	61 323	7.23	3.35
怀柔区	28 596	45 292	47 150	7.97	4.10
平谷区	28 367	43 602	45 320	7.43	3.94
密云区	27 259	42 634	44 372	7.74	4.08
延庆区	26 975	40 148	41 206	6.85	2.64

资料来源：《北京区域统计年鉴2022》《2022年北京市国民经济和社会发展统计公报》、北京市各区2022年国民经济和社会发展统计公报。

第三节 北京市教育发展分析

北京市各层次教育供给水平不断提升，基础教育服务供给能力增强，职业教育专业调整，紧跟产业发展趋势，在全国处于领先地位的高等教育持续向周边地区疏解。从优质资源的布局上看，近几年平原五区中小学学校数量快速增加，但优质高中仍在中心城区高度集聚。

一、基础教育服务供给能力增强，优质教育资源覆盖面扩大

北京市基础教育服务供给能力持续增强。2011—2021 年，北京各类学校数量和专任教师人数逐年增加。普通中学平均每一专任教师负担学生数由 2011 年的 9.8 人下降为 2021 年的 8.6 人。小学平均每一专任教师负担学生数先升后降，近年来基本保持在 14 人左右的水平，2021 年为 13.9 人。幼儿园数、班数、在园人数和专任教师数持续增长，2020 年、2021 年平均每一专任教师负担学生数稳定在 11.8 人的水平（表 6-5、表 6-6）。

表 6-5　2011—2021 年北京市基础教育教师基本情况

指标名称		2011 年	2012 年	2013 年	2014 年	2015 年	2016 年	2017 年	2018 年	2019 年	2020 年	2021 年
每一专任教师负担学生数（人）	中学	9.8	9.7	9.5	9.0	8.4	7.9	7.7	7.9	8.2	8.3	8.6
	小学	13.4	13.7	14.4	14.4	14.3	14.0	13.6	13.9	13.8	14.0	13.9
	幼儿园	12.9	12.6	12.1	11.5	11.6	11.6	11.8	11.6	11.4	11.8	11.8
专任教师数（万人）	中小学	20.0	20.5	21.6	22.5	22.6	23.1	23.6	24.2	24.8	25.7	26.6
	幼儿园	2.4	2.6	2.9	3.2	3.4	3.6	3.8	3.9	4.11	4.47	4.79

资料来源：历年《北京统计年鉴》。

表 6-6　2011—2021 年北京市幼儿园基本情况

指标名称	2011 年	2012 年	2013 年	2014 年	2015 年	2016 年	2017 年	2018 年	2019 年	2020 年	2021 年
园数（所）	1305	1266	1384	1426	1487	1570	1604	1657	1733	1899	2000
班数（万个）	1.12	1.18	1.25	1.32	1.40	1.49	1.58	1.61	1.69	1.87	2.01
在园人数（万人）	31.14	33.15	34.86	36.49	39.41	41.69	44.55	45.06	46.75	52.58	56.67
专任教师数（万人）	2.41	2.63	2.88	3.16	3.40	3.60	3.79	3.88	4.11	4.47	4.79
园数增速（%）	4.8	−3.0	9.3	3.0	4.3	5.6	2.2	3.3	4.6	9.6	5.3
班数增速（%）	13.5	6.0	5.9	5.3	6.4	5.8	6.0	2.2	4.7	10.8	6.9
在园人数增速（%）	12.4	6.5	5.2	4.7	8.0	5.8	6.8	1.1	3.8	12.5	7.8
专任教师增速（%）	11.5	8.9	9.4	10	7.4	6.0	5.1	2.5	6.0	8.6	7.2

资料来源：历年《北京统计年鉴》。

优质教育资源覆盖面不断扩大。近年来,"义务教育优质均衡发展"始终是首都教育高质量发展的主线。2015年,北京市委、市政府印发《关于推进义务教育优质均衡发展的意见》,2019年印发《首都教育现代化2035》,2021年印发《北京市"十四五"时期教育改革和发展规划(2021—2025年)》。自2020年起,北京市义务教育就近入学比例超过99%。而在2016年,北京小学就近入学比例为94.50%,初中就近入学比例仅为90.68%。"十四五"期间,北京市将进一步提升学前教育质量,5年内将增加中小学学位16万个,继续为全市学生提供线上线下融合、优质资源共享的教学模式。以教育高地海淀区为例,海淀区集团化办学进入培优提质新阶段。截至2022年7月,海淀区共建立36个教育集团,涉及140余个校址,涵盖100余所成员校,19万余名中小学生在教育集团内就读。海淀北部地区规划的25个教育设施项目均已建成,将新增8640个中小学学位、6330个学前学位,让居民在家门口就能享受优质教育服务。

二、职业教育不断发展,专业调整紧跟产业发展趋势

职业技术培训机构数量不断减少,但2022年学生规模较2021年有所增加。2022年,北京市共有中等职业学校102所,较2021年减少7所。其中普通中等专业学校、成人中等专业学校、职业高中学校、附设中职班(不计校数)共计77所,数量呈现逐年减少的趋势(表6-7)。2022年,北京市中等职业学校招生3.07万人,较2021年增加4052人;在校生8.28万人,较2021年增加8668人,招生数量和在校生数量双增长。2022年,北京市中等职业学校毕业生就业率为98.22%,较2021年提高0.29%;对口就业率为88.56%,较2021年提高1.8%(赵新亮,2021a,2021b,2021c)。

表6-7 2018—2022年北京市中等职业学校(机构)数量

项目	2018年	2019年	2020年	2021年	2022年
总计	86	84	84	83	77
普通中等专业学校	29	29	29	29	28
成人中等专业学校	11	11	11	10	10
职业高中学校	46	44	44	44	39
附设中职班(不计校数)	29	29	29	30	30

资料来源:北京市教育委员会。
注:中等职业学校数中不包括技工学校数。

专业结构和布局不断优化。自教育部印发新版《职业教育专业目录（2021年）》以来，北京市各中等职业学校结合人才需求情况、自身办学定位和特色优势调整优化专业设置，明确优先发展专业，撤并淘汰3年以上未招生、就业率低、供给过剩等不符合首都产业发展方向的相关专业。按照《教育部办公厅关于印发〈中等职业学校专业设置管理办法（试行）〉的通知》（教职成厅〔2010〕9号）和2022年、2023年教育部职业教育与成人教育司《关于做好职业教育拟招生专业设置管理工作的通知》等文件精神，北京市每年对申报新增的中职专业开展评审论证，2022年对19所学校的35个新增专业予以备案，撤销5所学校20个专业。2023年，对23所学校的45个新增专业予以备案，撤销5所学校18个专业。新增专业名单中，电子与信息大类的大数据技术运用专业、微电子技术与器件制造专业等符合北京"高精尖"产业发展方向的专业成为热门专业。

三、高等教育水平全国领先，高校持续向周边地区疏解

高校、科研院所集聚水平全国领先。北京拥有34所"双一流"高校，占全国比重达23.1%。162个学科进入"双一流"建设名单，占全国的35%，A+类学科数量占全国的44%。在推进职业教育"高质量、有特色、国际化"发展方面，7所高职院校入选国家高职教育"双高计划"。

北京高校持续向周边地区疏解。一是北京市持续优化高校在京内的布局，加快推进中心城区高校向郊区疏解，中国人民大学、北京电影学院、北京信息科技大学、北京工商大学、北京城市学院等多所高校陆续在通州区、怀柔区、昌平区、房山区等地开辟全新的办学空间。二是在京中央高校向雄安新区疏解提速。2023年3月底，推动首批四所疏解高校协同创新座谈会在雄安新区召开。中国地质大学（北京）、北京交通大学、北京科技大学、北京林业大学成为首批从首都疏解到雄安新区的4所"双一流"高校，预计2025年秋季对外招生，2035年全部搬迁完毕（王红茹，2023）。

四、优质教育资源区域配置差异明显

在教育资源布局方面，中心城区优质教育资源更为集聚。近几年，北京幼儿园与小学加速了在平原五区的布局，2020年起幼儿园数量超过其他功能

区，较好地支撑了平原五区人口的快速增加。然而，对比幼儿园与小学在园/校人数的分布特征可以看到，到了小学阶段回到中心城区就读的学生比例仍有提高。这说明中心城区久经积淀的教育氛围与优质的教育基础仍具有极高的吸引力，周边新增快速扩张发展的学校下一步需进一步通过提升自身的教育质量与教学成绩来提高吸引力（图6-2）。

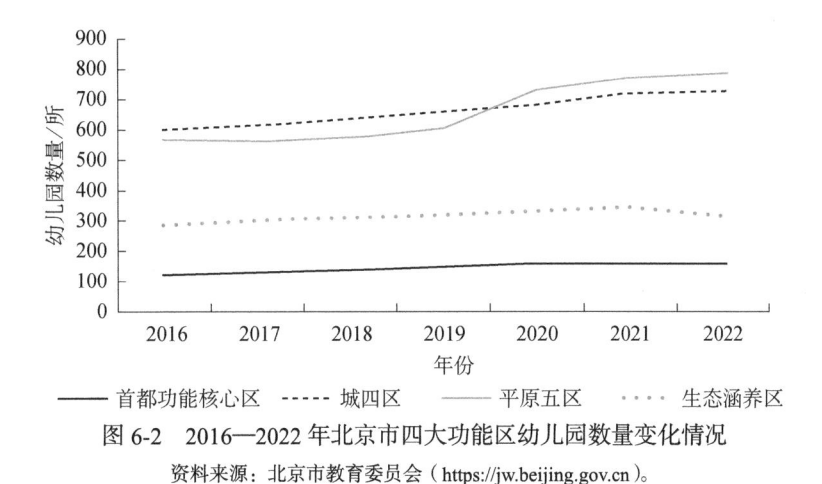

图6-2　2016—2022年北京市四大功能区幼儿园数量变化情况
资料来源：北京市教育委员会（https://jw.beijing.gov.cn）。

此外，北京市中心城区中学在办学规模、师资能力等方面不断提高。相比2016年，2022年首都功能核心区的中学数量占比降低，但平均每位老师负责学生人数明显提升。良好的中学教育基础以及自小学至高中更为明确的升学通道，也使得适龄儿童更倾向于小学阶段就选择在中心城区就读（表6-8）。

表6-8　北京市各区中小学发展情况（2016年、2022年）

地区	小学数量占比（%）2022年	小学数量占比（%）2016年	中学数量占比（%）2022年	中学数量占比（%）2016年	小学生师比 2022年	小学生师比 2016年	中学生师比 2022年	中学生师比 2016年
首都功能核心区	14.33	12.50	11.70	13.32	14.93	14.02	8.44	7.37
东城区	6.26	6.40	5.56	6.66	13.41	13.38	7.51	7.62
西城区	8.07	6.10	6.14	6.66	16.45	14.66	9.36	7.12
城四区	35.34	28.26	37.43	37.46	20.78	18.62	6.36	6.34
朝阳区	9.74	8.84	14.33	14.09	25.87	19.46	5.09	4.61
丰台区	9.74	7.83	7.16	7.43	15.54	16.06	6.32	5.97
石景山区	3.34	3.05	3.22	4.18	21.70	17.18	5.66	5.84
海淀区	12.52	8.54	12.72	11.76	20.02	21.77	8.35	8.92

续表

地区	小学数量占比（%）		中学数量占比（%）		小学生师比		中学生师比	
	2022年	2016年	2022年	2016年	2022年	2016年	2022年	2016年
平原五区	34.21	43.40	36.11	33.44	18.59	16.35	6.47	6.51
房山区	7.09	10.98	7.60	7.28	17.39	15.90	7.55	7.49
通州区	6.12	8.33	7.02	6.35	18.20	17.16	7.33	6.91
顺义区	7.09	4.88	5.85	4.95	17.66	16.04	6.71	7.36
昌平区	7.37	9.35	8.48	8.05	18.11	15.80	5.00	5.05
大兴区	6.54	9.86	7.16	6.81	21.59	16.86	5.77	5.73
生态涵养区	16.13	15.86	14.77	15.79	12.18	13.08	7.40	6.76
门头沟区	2.92	2.24	2.49	2.48	10.90	13.51	7.46	7.27
怀柔区	2.64	2.54	3.07	3.56	12.58	14.41	6.56	5.86
平谷区	4.03	4.37	2.92	2.94	11.14	11.90	7.77	6.59
密云区	3.62	3.86	3.51	3.56	13.87	14.60	8.08	7.85
延庆区	2.92	2.85	2.78	3.25	12.39	10.96	7.14	6.25

资料来源：北京市教育委员会（https://jw.beijing.gov.cn）。

第四节　北京市医疗卫生发展分析

北京市居民健康水平不断提升，医疗服务供给水平不断增强。随着老龄化时代的到来，老年健康服务体系建设加速，但"适老化"公共服务设施供给整体不足。从优质医疗资源的布局上看，高等级医疗资源仍高度集中在中心城区。

一、市民健康水平不断提升，医疗服务供给水平不断增强

（一）市民健康水平不断提升

全市居民健康情况持续向好。2021年，全市户籍居民平均期望寿命为82.47岁，全市常住居民孕产妇死亡率为2.22/10万，为2010年来的最低水平。2010—2021年，婴儿、新生儿死亡率总体降低，2021年全市常住居民婴儿死亡率为1.44‰。2010—2021年，全市甲、乙类传染病发病率大幅降低，其中2020年降幅最为明显（表6-9）。

表 6-9　2010—2021 年北京市主要健康指标情况

年份	婴儿死亡率（‰）	新生儿死亡率（‰）	孕产妇死亡率（1/10 万）	甲、乙类传染病发病率（1/10 万）
2010	3.29	2.06	12.14	268.99
2011	2.84	1.88	9.09	226.76
2012	2.87	1.91	6.05	174.45
2013	2.33	1.52	9.45	155.87
2014	2.33	1.46	7.19	165.49
2015	2.42	1.52	8.69	150.86
2016	2.21	1.48	10.83	138.00
2017	2.29	1.45	8.17	139.60
2018	2.15	1.26	10.64	131.50
2019	1.99	1.21	2.96	139.80
2020	1.98	1.06	4.98	80.80
2021	1.44	0.90	2.22	94.57

资料来源：历年《北京统计年鉴》。

（二）医疗服务供给水平不断增强

北京市医疗供给能力不断增强。2010—2021 年，医疗资源的总量及人均数量均呈不断上升趋势。2021 年，北京市共有医疗卫生机构 11 727 家，实有床位 130 259 张，分别较 2010 年增长 23%、40%。每千人执业（助理）医师数达 5.64 人，每千人医院床位数达 5.59 张，分别较 2010 年增长 67%、28%（表 6-10）。

表 6-10　2010—2021 年北京市卫生事业基本情况

年份	医疗卫生机构（家）	医疗机构实有床位数（张）	医院实有床位数（张）	每千人执业（助理）医师数（人）	每千人注册护士数（人）	每千人医院床位数（张）
2010	9 511	92 871	85 935	3.37	3.43	4.38
2011	9 699	94 735	87 596	3.46	3.61	4.34
2012	9 974	100 167	92 610	3.97	4.6	4.48
2013	10 141	104 034	96 558	4.06	4.76	4.57
2014	10 265	109 789	102 851	4.16	4.93	4.78
2015	10 425	111 555	104 644	4.44	5.27	4.82
2016	10 637	116 963	110 021	4.64	5.42	5.06
2017	10 986	120 557	113 576	4.87	5.67	5.23
2018	11 100	123 508	116 279	5.08	5.74	5.4
2019	11 340	127 111	119 574	5.38	6.1	5.55
2020	11 211	127 143	119 310	5.41	6.15	5.45
2021	11 727	130 259	122 287	5.64	6.47	5.59

资料来源：历年《北京统计年鉴》。

二、"适老化"公共服务设施功能供给不足，老年健康服务体系建设不断完善

（一）"适老化"公共服务设施功能供给不足

北京市人口老龄化率持续攀升，而北京市养老公共服务供给整体上存在供需不足问题。为满足老年人多层次、多样化的养老需要，落实国家关于构建"以居家养老为基础，社区服务为依托，机构养老为补充"的养老服务体系要求，北京市五部门于2008年联合下发了《关于加快养老服务机构发展的意见》，提出了"9064"养老新模式。目前，北京市的"9064"养老格局已发生了变化。2023年，北京市委社会工作委员会、北京市民政局通过调查发现，99%以上的老人选择居家养老，90%以上的重度失能失智老人选择居家养老，只有不到1%的老人选择机构养老。而北京在居家养老服务和普惠养老服务方面的供给严重短缺，对老年人的生活服务还不完善。比如，供老年人使用的室内文化场所、锻炼场所设施建设滞后，老年人居家养老的无障碍环境缺失，老旧社区普遍存在上下楼不便、住房面积小、设施老旧等问题，居家重度失能老年人的长期照护、供餐、助医、适老化改造等方面的突出需求仍未得到满足等（裴霞，2020）。

在社区养老方面，社区养老本质上还是居家养老，而目前建设的社区养老驿站大多存在资金来源渠道单一、经营不善等问题，依赖政府补贴的运营模式难以为继，与居家养老融合的可持续化运营模式有待进一步探索优化。

在机构养老方面，北京市现有养老机构与养老服务设施供给相对不足，现有养老机构密度不能满足大规模老年人口的养老需求。2021年底，北京收养性养老机构共计578个，其中包括9个社会福利院和569个养老公寓；提供床位共109 334张。2021年末在院人数共计46 070人，其中包括社会福利院2086人和其他养老机构43 984人。相比2020年的584所收养性养老机构数量有所下降。2021年北京市65岁及以上人口数量高达311.6万，只能满足1.4%的老年人口的养老需求。即便剔除了部分居家养老的老年人口，依然存在庞大的老年群体依赖养老机构。因此，北京市养老机构数量及为有养老需求的老年群体所提供的养老服务供给依然十分有限。尤其是朝阳区、海淀区和丰台区老龄化程度最为严重，西城区、通州区、昌平区等65岁及以上人口快速增加（图6-3）。

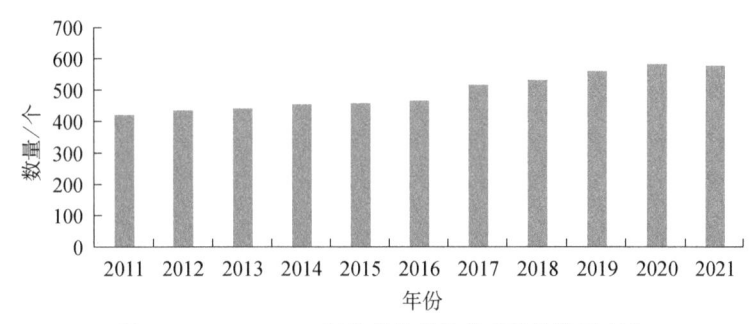

图 6-3　2011—2021 年北京收养性养老机构数量变化

资料来源:《2021 年北京市社会建设和民政事业发展统计公报》。

(二)老年健康服务体系建设不断完善

养老服务体系日趋完善,统筹推进居家、社区、机构养老服务"三位一体"协调发展,构建"三边四级"就近养老服务体系。北京市关注"三失一高一独"等重点老年群体,2021 年,累计向困难、失能、高龄老年人发放养老服务补贴津贴 27.39 亿元,月均发放 87.14 万人次。

老年友好型社会建设有序推进,主要解决老年人在居住、出行等方面存在的不友好问题。北京市结合"疏解整治促提升"专项行动,持续推进老旧小区综合整治工作,2021 年底,全市累计确认 1066 个小区列入改造项目,累计开工 665 个小区、完工 295 个小区(王琪鹏,2022)。

安宁疗护服务体系加快构建,安宁疗护服务供给增加。医院及社区相关科室与床位供给不断增加,截至 2022 年底,全市有 95 家医疗机构注册了临终关怀科(安宁疗护科),28 家医疗机构设置了安宁疗护床位,开放安宁疗护服务床位 650 张。相比 2020 年底在 12 家医疗机构设置 64 张安宁疗护床位,服务供给大幅提升(吴少杰和姚秀军,2023)。

三、优质医疗资源区域配置差距较大,区域均衡布局持续推进

(一)优质医疗资源高度集中在中心城区

在优质医疗资源布局方面,目前,北京市 80%的优质医疗资源集中在中心城区,其中西城区、海淀区、朝阳区的三甲医院数量位列前三。北京市优质的医疗资源不仅服务于北京市全域,还服务于京津冀区域乃至全国。优质医疗资源的高度集中吸引了优质的医疗技术、设备、人才在中心城区不断集聚,而外围各区尽管拥有较多的较低等级的医院、社区诊所以及民营

医疗机构，但其占有的优质医疗资源却非常有限，最终形成了优质医疗资源的两极分化、区域间分配不均衡的状况（图 6-4）。

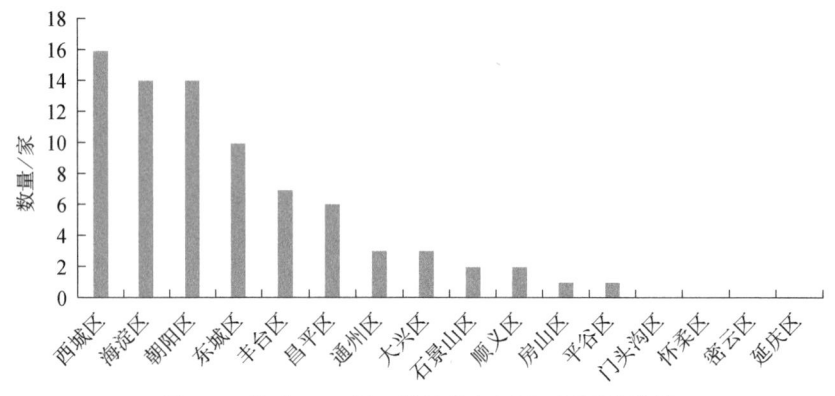

图 6-4　截至 2023 年 3 月北京市各区三甲医院数量
资料来源：北京市预约挂号统一平台。

从就医出行距离上看，北京市主要医院的就医出行平均距离为 9.43 公里，其中 5 公里以下出行比例为 45.5%，30 公里以上的就医出行仍接近 5%。城区就医出行距离较短，可就近就医，而郊区居民就医出行距离则相对较远。

（二）优质医疗资源均衡布局和京津冀医疗卫生协同发展持续推进

北京近几年持续推进优质医疗资源均衡布局。2018 年，天坛医院完成整体迁建，友谊医院通州院区开诊。2021 年，同仁医院亦庄院区二期建成运行，积水潭医院新街口院区新北楼拆除、新龙泽院区同步开诊运行，平原四区的优质医疗资源不断增加。

在京津冀医疗卫生协同发展方面，一是北京有序推动京津冀重点医疗卫生项目合作。中日友好医院、北京友谊医院、北京安贞医院等央、市属医院对口支持北三县医疗机构（孙乐琪，2022），重点支持消化内科、呼吸与重症医学科等科室，填补当地医疗资源短板，促进更多患者就近就医。二是全力支持雄安新区规划建设。"交钥匙"新建医院工程顺利推进，2023 年内交付雄安新区。持续组织北京宣武医院、北京妇产医院、北京中医医院等重点支持雄安新区容城县对口医疗机构，提升当地诊疗技术水平。三是持续实施京张、京承、京唐、京保等重点地区支持合作。其中，北京 11 家医院与张家口市 9 家医院对接合作，累计指导合作医院新设科室 29 个，培养学科带头人 57 名，开展新技术合作 54 项。例如，天坛医院帮扶张家口市第一医院，筹建了张家口地区第一家眩晕临床诊疗中心；积水潭医院协助张家口市第二医院承担多项大型国内、国际重大体育赛事的保障任务，建成医疗保障团队，圆满完成 2022 年北京冬奥会及冬残奥会应急保障任务。四是持续推进医疗卫生政策协同。根据北京市老龄工作委员会办公室、北京市老龄协会发布的《2022 年北京市老龄事业发展概况》，京津冀地区临床检验结果互认的医疗机构总数达到 485 家（北京 262 家、天津 67 家、河北 156 家），临床检验结果互认项目 43 项，覆盖了符合要求的二、三级医疗机构，独立医学检验实验室及民营医疗机构。医学影像检查资料共享的医疗机构达到 239 家（北京 59 家、天津 50 家、河北 130 家），共享医学影像检查资料 21 项。五是京津冀公共卫生领域全面合作有序推进，三地卫生健康部门累计签署 20 余项合作框架协议，持续推进疾病防控、卫生应急、妇幼健康、老年健康、精神卫生、综合监督、食品安全等方面的协同合作，通过业务交流、举办培训、组织演练、搭建共享平台等多种形式，带动和提升河北等地公共卫生服务水平。

第五节　北京市文化、旅游和体育发展分析

北京市文化、旅游、体育事业蓬勃发展，2022 年北京冬奥会成功举办发挥了重要的推动作用。北京城市副中心的建设不断推进，积极打造国际消费体验区，开启文化旅游区建设新征程。从文化、体育资源的布局上看，北京市在公共文化服务设施配置方面的区域差距过大，表现为公共博物馆、图书馆过于集中在中心城区。

一、文化、旅游、体育事业蓬勃发展，2022 年北京冬奥会成功举办

（一）文化和旅游公共服务品质不断提升

2023 年 1 月 1 日起，北京施行《北京市公共文化服务保障条例》，促进公共文化服务与旅游等相关领域融合发展。《北京市公共文化服务保障条例》明确提出，推动公共文化设施与旅游服务设施共建共享，实施公共文化场所宜游化改造升级；鼓励利用文化广场、公共服务大厅、商业综合体、产业园

区、教育机构、医疗机构、养老机构、遗址公园等场所提供公共文化服务。截至 2023 年 3 月,全市有四级公共文化设施 7110 个,图书馆/室 6135 个,室外文化广场 5616 个,基本实现公共文化服务全覆盖(李洋,2023)。各级公共文化设施向市民免费开放,且每周开放时间不少于 56 个小时。2010—2021年,公共图书馆的藏书数大幅度增加,从 4613 万册增加到 7548 万册;档案馆建筑面积大幅提升,从 9.8 万平方米增加到 21.0 万平方米(表 6-11)。

表 6-11　北京市公共图书馆,群众艺术馆、文化馆,档案馆情况

年份	公共图书馆 个数(个)	公共图书馆 总藏数(万册)	公共图书馆 建筑面积(万平方米)	群众艺术馆、文化馆 个数(个)	群众艺术馆、文化馆 组织文艺活动(次)	档案馆 个数(个)	档案馆 建筑面积(平方米)
2010	25	4 613	42.4	20	3 564	18	97 611
2011	25	5 049	42.1	20	3 401	18	97 976
2012	25	5 556	47.6	20	3 848	18	98 879
2013	25	5 316	48.4	20	4 769	18	101 896
2014	25	5 601	52.7	20	2 158	18	98 220
2015	25	5 943	52.4	20	2 587	18	96 256
2016	25	6 229	55.3	20	3 417	18	119 930
2017	24	6 528	57.8	20	3 431	18	123 401
2018	24	6 777	57.6	20	3 278	18	122 722
2019	24	7 048	57.6	20	3 182	18	212 864
2020	24	7 241	57.7	20	1 210	18	212 864
2021	21	7 548	62.1	19	2 942	18	210 076

资料来源:历年《北京统计年鉴》。

旅游公共服务设施不断完善。2022 年,北京市 A 级及以上旅游景区 213 个,旅游景区厕所 1623 座(其中,配备家庭卫生间旅游厕所 359 座),厕位数量 18 783 个,游客服务中心 202 座,标识标牌 66 249.08 平方米,人行步道 4 189 921.3 平方米,长廊(观景平台、休息亭)167 472.5 平方米,无障碍坡道 39 314.53 米,休息座椅 21 610 个(套、组),垃圾桶 22 309 个,轮椅 687 个。在旅游信息服务方面,北京智慧旅游地图信息化平台可以提供 214 家旅游景区、75 家红色旅游景区、34 家全国旅游重点村(镇)等单位的虚拟导游、语音讲解、设施查询等。

(二)全民公共体育服务体系日趋完善

北京市的体育场地设施数量增量较大。2022 年 9 月,北京市体育局公布的《2021 年北京市体育场地主要指标数据公报》显示,2021 年北京市体育场

地数量为 4.24 万个，人均体育场地面积为 2.69 平方米，相比 2018 年分别增长了 34.1%、15.9%。2022 年 2 月 28 日，北京市体育局、北京市发展和改革委员会、北京市规划和自然资源委员会、北京市住房和城乡建设委员会和北京市园林绿化局联合印发《北京市全民健身场地设施建设补短板五年行动计划（2021 年—2025 年）》，提出到 2025 年，全市人均体育场地面积达到 2.82 平方米以上。

全民健身赛事活动供给不断丰富。2022 年，全市开展全民健身赛事活动 6135 项次，参与人数达 1414 万人次，线上观看量达 2.7 亿人次。发挥"社区杯"足球赛、篮球联赛、公园半程马拉松等品牌引领作用，推动社会足球、街头篮球、羽毛球、气排球、广场舞、定向越野、自行车、轮滑等项目蓬勃开展。立足传统节庆假日，广泛开展登山、赛龙舟、拔河、舞龙舞狮等民族传统体育休闲活动。举办首届飞盘、露营、桨板新兴潮流项目赛事活动，继续举办健身瑜伽、冰球、儿童滑步车、射箭等小众精品赛事活动，发展时尚新兴体育项目，拉动体育消费。主动向城市副中心、回天地区倾斜，举办 43 场以亲子、青少年、冰雪运动等为重点的赛事活动和 8 场线上科学健身指导活动。

（三）2022 年北京冬奥会成功举办，冰雪活动由"小众"变"大众"

2022 年，北京成功举办冬奥会，成为世界上第一个"双奥之城"。北京冰雪运动竞技水平取得质的突破。在北京冬奥会上，北京市 34 名运动员、3 名教练员入选中国体育代表团，参加了 5 个大项、17 个小项的比赛，获得 2 枚金牌、1 枚银牌，创造了历史最好成绩。北京冬奥会带动冰雪场馆设施数量大幅增加。北京的冰雪场地已经从申办冬奥会前的 42 个冰场、44 个冰场、22 个雪场发展到 2021 年底的 82 个冰场、97 个冰场、32 个雪场。

北京冬奥会的成功举办，也促进了北京群众冰雪运动的快速发展。自 2015 年起，北京连续 9 年举办"北京市民欢乐冰雪季"。2022 年成功举办的第八届北京市民快乐冰雪季系列活动，开展了冰雪赛事、知识大讲堂、公益体验课、冬奥知识答题、发放冰雪体验券等各级各类、线上线下赛事活动 9075 场，参与人数达 1690 万人次，线上关注量达 12.3 亿（龙芙瑶，2021）。

此外，冰雪旅游快速发展。延庆区延续冬奥会品牌效应，接待游客量占全市乡村旅游接待游客总量的 57%，继续稳居乡村游客量首位。《2022 中国冰雪产业发展研究报告》显示，北京在全国冰雪运动中的参与率为55.24%，仅次于黑龙江，在全国各省（自治区、直辖市）中排名第二。同时，在2021—2022年雪季3.12亿冰雪游客中，北京贡献了12%，位居全国第一。

二、北京城市副中心推动文化旅游区建设，打造国际消费体验区

2023年，《北京城市副中心文化旅游区发展建设三年行动计划（2023—2025年）》正式印发，明确提出打造"环球影城×大运河"国际消费体验区。

北京环球度假区是亚洲第三座、全球第五座环球影城主题乐园。2001年，北京市政府与环球主题公园及度假区集团签署合作意向书。2021年9月，北京环球度假区一期正式开园。北京环球度假区带动了周边配套产业的发展，2022年，环球主题公园带动文体娱乐业收入同比增长185.2%（关一文和张丽，2022）。

2018年，通州区正式启动了北京（通州）大运河文化旅游景区创建国家5A级景区工作。景区北至源头岛，南至武窑桥，面积约7.23平方公里，其中水域面积2.56平方公里，河道长约12.1公里，沿途穿过千荷泻露桥等10座桥梁。景区提升后将辐射城市绿心森林公园、北京环球度假区、张家湾古镇等运河沿线文化和旅游资源，截至2022年底，景区基础设施建设基本完成（柴福娟，2022）。

三、文化和体育服务供给水平区域差异较大

北京市在公共文化服务设施配置方面的区域差距过大，具体表现为博物馆、公共图书馆分布过于集中。2021年，北京市有博物馆45个，其中东城区、西城区、海淀区共有22个，占全市博物馆总数的48.9%，文物藏品数占比超过全市的90%。2021年北京公共图书馆数量仅为21个，全市人均藏书3.45册。其中，海淀区人均藏书14.28册，丰台区、通州区等4个区人均藏书不足1册。《北京市第六次全国体育场地普查数据公报》显示，2013年北京市人均体育场地面积2.21平方米，东城区、西城区人均体育场地面积均不足1平方米，海淀区人均体育场地面积仅为0.24平方米；而延庆区人均体育场地面积则达6.40平方米（表6-12）。

表 6-12　北京市各区公共文化体育设施情况

地区	博物馆 个数（个）	博物馆 文物藏品数（件）	公共图书馆 个数（个）	公共图书馆 总藏数（万册）	公共图书馆 人均藏数（册）	体育场地 场地数量（个）	体育场地 场地面积（万平方米）	体育场地 人均体育场地面积（平方米）
全市	45	1 252 042	21	7 548	3.45	20 075	4 768.83	2.21
东城区	7	4 522	1	167	2.36	698	72.69	0.88
西城区	9	1 018 774	2	220	1.99	1 058	88.94	0.75
朝阳区	2	88 488	3	1 309	3.80	2 600	823.66	2.28
丰台区	2	1 616	1	106	0.53	1 275	514.73	2.45
石景山区	2	706	1	118	2.08	213	198.37	3.36
海淀区	6	105 804	2	4 471	14.28	2 399	81.80	0.24
门头沟区	1	3 686	1	132	3.33	464	34.27	1.04
房山区	2	7 723	2	166	1.26	1 545	581.11	4.89
通州区	1	3 695	1	89	0.48	950	204.37	1.30
顺义区	2	148	1	176	1.33	2 285	491.33	4.20
昌平区	4	2 831	1	85	0.37	2 143	663.64	3.15
大兴区	—	—	1	111	0.56	1 449	331.81	1.85
怀柔区	1	1 487	1	95	2.15	757	201.81	4.87
平谷区	2	9 246	1	133	2.91	794	71.76	1.57
密云区	1	814	1	107	2.03	770	90.26	1.82
延庆区	3	2 502	1	63	1.82	675	222.89	6.40

资料来源：博物馆、公共图书馆数据来源于《北京区域统计年鉴2022》，体育场地数据来源于《北京市第六次全国体育场地普查数据公报》。

注：博物馆、公共图书馆为2021年数据，体育场地为2013年数据。

参 考 文 献

包路芳，李晓壮，赵小平. 2022. 北京蓝皮书：北京社会发展报告（2021~2022）[M]. 北京：社会科学文献出版社.

北京市第十五届人民代表大会常务委员会. 2022. 北京市公共文化服务保障条例[J]. 北京市人民代表大会常务委员会公报，（5）：23-31.

北京市教育委员会. 2023. 北京市中等职业教育质量年度报告（2023）[EB/OL]. http://jw.beijing.gov.cn/bjzj/gdzyreport/zdreport/202304/t20230404_2974360.Htm[2023-05-30].

北京市民政局. 2021. 关于《市十五届人大常委会第二十六次会议对市人民政府关于加快长

期护理保障制度建设工作暨"加强养老服务队伍建设，健全长期护理保障体系"议案办理情况报告的审议意见》研究处理情况的报告[J]. 北京市人大常委会公报，（7）：98-106.

北京市体育局. 2023. 北京市体育局关于印发北京市 2022 年群众体育工作总结和 2023 年重点工作安排的通知[EB/OL]. https://tyj.Beijing.gov.cn/bjsports/zfxxgk_/tzgg40/326052210/index.Html[2023-05-30].

北京市卫生健康委员会. 2023. 2021 年北京市卫生健康工作概况[EB/OL]. http://wjw.beijing.gov.cn/wjwh/szzl/202304/t20230406_2989987.html[2023-05-30].

北京市文化和旅游局. 2022. 2022 年旅游公共服务设施情况[EB/OL]. https://whlyj.beijing.gov.cn/ggfw/| ly/202212/t20221213_2878441.html[2023-05-30].

蔡春霞，孙春花. 2022. 供需耦合视角下北京公共文化服务的有效供给探讨[J]. 北京印刷学院学报，30（4）：74-78.

柴福娟. 2022-08-09. 北京大运河博物馆预计 2023 年底开放[N]. 北京城市副中心报，第 4 版.

陈雪柠. 2022-09-29. 居民收入先后突破四道万元大关[N]. 北京日报，第 2 版.

关一文，张丽. 2022-09-15. 畅享环球度假区[N]. 北京城市副中心报，第 4 版.

沪社. 2018. "新时代中国城市社会发展指数暨百强城市排名"发布[J]. 社会与公益，（2）：41-42.

李素芳，胡修府. 2022. 因时乘势谋发展 砥砺奋进绘蓝图——2017—2021 年北京经济社会发展综述[J]. 前线，（6）：55-58.

李洋. 2023-04-24. 本市文化和旅游公共服务品质不断提升[N]. 北京日报，第 1 版.

刘苏雅. 2022-09-09. 北京在多个排行榜中居全球城市前列[N]. 北京日报，第 5 版.

龙芙瑶. 2021. 北京 2022 年冬奥会对举办城市体育事业以及社会发展的影响[J]. 冰雪体育创新研究，（10）：5-6.

裴霞. 2020. 北京市社区居家养老服务的现状、问题及对策研究[J]. 时代金融，（8）：143-144.

孙乐琪. 2022-11-08. 本市医疗卫生资源布局持续优化[N]. 北京日报，第 3 版.

王红茹. 2023. 京津冀将成为中国式现代化建设的先行区、示范区[J]. 中国经济周刊，（11）：34-38.

王琪鹏. 2022-10-04. 100 余项惠老政策为老人"护驾"[N]. 北京日报，第 1 版.

吴少杰，姚秀军. 2023-04-07. 北京安宁疗护服务供给大增[N]. 中国人口报，第 1 版.

湛东升，章倩芸，曾春水. 2021. 北京城市居民公共服务设施满意度与影响因素探测[J]. 北京联合大学学报，35（1）：1-9.

湛东升，张文忠，张娟锋，等. 2020. 北京市公共服务设施集聚中心识别分析[J]. 地理研究，39（3）：554-569.

张晨. 2021. 北京居住公共服务配套设施配置标准发展历程回溯与研究[C]//中国城市规划学会，成都市人民政府. 面向高质量发展的空间治理——2020中国城市规划年会论文集（19住房与社区规划）. 北京：中国建筑工业出版社：661-667.

张鑫颖，王卉，王雷. 2022. 居住空间分异背景下的基层公共服务设施规划策略研究——以北京市为例[J]. 华中建筑，40（5）：84-88.

赵新亮. 2021a. "十三五"回顾系列——北京高等职业教育学生概况[J]. 北京教育（高教），（12）：4-5.

赵新亮. 2021b. "十三五"回顾系列——北京高等职业教育师资队伍[J]. 北京教育（高教），（11）：4-5.

赵新亮. 2021c. "十三五"回顾系列——北京高等职业教育办学条件[J]. 北京教育（高教），（10）：4-5.

第七章
北京市能源资源利用、生态建设与环境保护

第一节 阶段性特征分析

改革开放40多年来，北京市经济社会发展取得了举世瞩目的成就，在能源、资源、环境等领域同样成效显著。特别是在党的十八大将生态文明建设纳入到国家建设"五位一体"总体布局以来，北京市始终坚持绿色发展理念，统筹推进供给侧结构性改革，能源利用集约高效，能源消费结构更加合理，能源消费品种逐步清洁，发展更加绿色，环境持续改善。

一、改革开放后北京市能源、资源、环境特征分析

新中国成立之初，北京市各行各业百废待兴，能源供应更是极度短缺。1949年，北京市全市能源生产总量仅为90.3万吨标准煤，加上外省（自治

区、直辖市）调入，可供北京市消费的能源仅有100万吨标准煤左右（国家统计局北京调查总队，2019）。改革开放之后，北京市的能源生产不能满足国民经济需要。1993年春天，华北电力集团提出并实施了"9511工程"，即到1995年11月，通过加快建设华北地区骨干电厂和增加陕西、内蒙古等地东送等多重手段，基本解决北京市和华北地区严重缺电的问题。随着"9511工程"的电力保障工程完成，陕京一线等输气工程通气投产，北京市能源生产及保障设施水平不断提高，基本能够满足首都经济社会健康稳定发展的需要。改革开放后到20世纪末，受经济发展方式、整体环境及自然禀赋的影响，北京市逐步形成以煤炭和石油为主的能源消费结构。1980年，北京市煤炭和石油占能源消费总量的比重分别为65.3%和33.5%；而到1999年，北京市煤炭消费量占比进一步提升，石油消费量有所下降，两者所占能源消费总量的比重分别为71.6%和25.2%。

受能源消费结构、产业结构、地理条件等多重影响，北京市在改革开放后的生态环境污染较为严重。特别是以燃煤为主要能源的地区，工业与民用煤的排放物中有大量颗粒物进入大气，这对环境和人体健康危害较大（汪安璞等，1983）。有学者研究发现，北京市每年煤雾日从20世纪50年代的60天上升到80年代的150天左右；在规划市区范围内，总悬浮微粒和飘尘常年超标1—3倍；在市区建成区一氧化碳和氮氧化物常年超标1—3倍（王丹妮，1996）。另外，叠加机动车污染、山区生态环境失衡等问题，导致改革开放后的一段时期北京市生态环境持续恶化。针对改革开放后北京市的环境状况和发展趋势，1982年的《北京城市建设总体规划方案》提出，通过积极调整产业结构和用地布局，建设完善的城市绿化系统，严格保护并尽快实施规划市区组团间的绿化隔离地区等措施，形成合理的城市框架和发展格局。

二、21世纪以来北京市能源、资源、环境特征分析

21世纪以来，北京市不断调整产业结构和能源结构。一方面，加快淘汰资源能源消耗高、污染重的生产工艺和企业，发展高新技术产业、现代服务业等高端产业。2012年，北京市第三产业比重已经高达76.4%，占比在全国排名第一。另一方面，有计划、有步骤地压减焦炭、油品等的生产规模，逐步推行"煤改电"，加大压煤、减碳工作力度。2008年后，焦炭和煤气生产

彻底退出北京市。

北京市加快转变经济发展方式，能源利用效率持续提升。北京市万元地区生产总值能源消费总量由 1980 年的 13.715 万吨标准煤降低到 2005 年的 0.81 万吨标准煤。2006 年以来，北京市是全国唯一一个连续 12 年超额完成节能任务的省级行政区，"十一五"和"十二五"期间万元地区生产总值能源消费总量分别累计下降 26.59% 和 25.05%，分别超过节能目标 6.59 个和 8.05 个百分点。自 2005 年开始，北京市煤炭消费的绝对量开始持续下降；与此同时，陕京二、三、四线输气工程先后建成投产，四大燃气热电中心建设持续推进，北京市外调电力不断增加，天然气、电力消费量快速上升（杨敏等，2020）。能源消费结构的优化，推动北京市生态环境持续向好，到 2012 年，全市空气中二氧化硫、二氧化氮和可吸入颗粒物年均浓度值分别为 0.028 毫克/米^3、0.052 毫克/米^3 和 0.109 毫克/米^3，分别同比下降 1.5%、5.5% 和 4.4%。北京市的能源结构和产业结构调整，也改变了污染来源。以细颗粒物为例，主要污染源已经由燃煤、工业污染源排放变为柴油车、汽油车排放（朱逢豪等，2012）。

三、党的十八大以来北京市能源、资源、环境特征分析

党的十八大以来，北京市深入贯彻习近平生态文明思想和习近平总书记对北京市系列重要讲话精神，坚决落实高质量发展要求，推动能源结构调整和产业绿色低碳转型，圆满完成能源消费、碳排放总量和强度"双控"目标，为扎实推进绿色低碳发展奠定了坚实基础。

为贯彻落实国家《大气污染防治行动计划》，2013 年 9 月 11 日，北京市正式发布《北京市 2013—2017 年清洁空气行动计划》，旨在通过实施压减燃煤、控车减油、治污减排、清洁降尘等八大污染减排工程，全力改善城市空气质量。经过 5 年的努力，北京市能源结构实现历史性调整，全市空气质量明显改善，重污染天数较大幅度减少。截止到 2021 年，北京市清洁能源比重为 69.9%，比 2012 年提高 26.7 个百分点；煤炭消费量由 2012 年的 2179.6 万吨大幅压减到 2021 年的 130.8 万吨，占全市能源消费总量的比重由 25.2% 下降到 1.4%。2021 年全市万元地区生产总值能源消费总量为 0.18 吨标准煤，万元地区生产总值能源消费总量和碳排放强度保持全国省级地区最优水平（北京市统计局，2022），成为全国能源清洁低碳转型典范城市。

2018年9月15日，北京市正式颁布《北京市打赢蓝天保卫战三年行动计划》，该计划更加关注全过程控制和污染控制，通过运输结构、产业结构、能源结构和用地结构的调整，进一步有效改善北京市空气质量。2021年，北京全市细颗粒物、二氧化硫、二氧化氮、可吸入颗粒物、一氧化碳、臭氧六项大气污染物浓度值首次全部达到国家空气质量二级标准。自2013年以来，北京市细颗粒物浓度逐年下降，由2013年的90微克/米^{3}下降到2021年的33微克/米^3，累计下降63.3%。

水环境质量持续向好，城市绿色空间大幅拓展。北京市深化水资源、水环境、水生态"三水统筹"，持续推进河湖生态治理，水生态环境治理取得显著成效。近年来，北京市地表水水质持续改善，主要污染指标年均浓度值继续降低，市控考核断面劣Ⅴ类水体全面消除。2021年，北京全市森林覆盖率达44.6%，比2012年提高6个百分点；城市绿化覆盖率由2012年的46.2%提高到2021年的49.3%；公园绿地面积36 397公顷，人均公园绿地面积由2012年的15.5平方米增加到2021年的16.6平方米。

第二节　北京市能源利用分析

党的十八大以后，北京市通过实施《北京市2013—2017年清洁空气行动计划》，将改革开放之初以煤炭消费为主转变为以电力为主的能源清洁低碳转型典范城市。分产业来看，北京市第二产业能源消费呈现先上升后下降的倒"U"形趋势，第三产业能源消费呈现稳步增加的趋势。从能源利用效率来看，北京市万元地区生产总值能源消费总量下降明显，截止到2021年，北京市万元地区生产总值能源消费总量为0.18吨标准煤，能源利用更加集约高效。

一、能源消费总量先增后减

改革开放以来，随着经济社会的快速发展，北京市能源消费总量持续增加（图7-1）。1980年，北京市能源消费总量为1907.7万吨标准煤，到1999年，北京市能源消费总量为3906.6万吨标准煤，20年间增长了1.05倍。21世纪以来，北京市能源消费总量仍然保持较快的增长速度，到2009年达到6570.3万吨标准煤。党的十八大以来，随着产业结构转型步伐加快，能源消费总量增速放缓。2019年，北京市能源消费总量达到7360.3万吨标准煤，为改革开放以来的最高值。2021年，北京市能源消费总量为7103.6万吨标准煤，比2020年增加了341.5万吨标准煤。

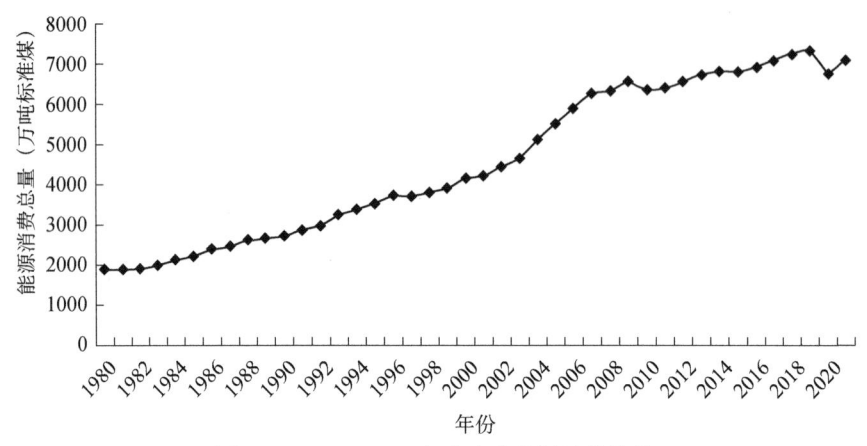

图7-1　1980—2021年北京市能源消费总量

资料来源：《新中国六十年统计资料汇编（1949—2008）》和历年《北京统计年鉴》。

二、能源消费结构持续优化

从结构上看，改革开放到20世纪末，北京市能源消费主要依靠煤炭（图7-2）。1980年，北京市煤炭消费占整个能源消费总量的比重为65.3%；1990年，煤炭消费占比首次超过70%，达70.7%。此后10年，煤炭消费占比始终保持在70%以上，峰值是在1994年，煤炭消费占整个能源消费总量比重为75.6%。北京市石油消费占能源总消费量比重由1980年的33.5%下降至1999年的25.2%，20年间下降了8.3个百分点，整体呈现波动下降的趋势。从1986年开始，北京市天然气消费开始增加，占能源消费总量开始稳步提升。1998年，天然气消费占比首次突破1%；到1999年，天然气消费已经占能源消费总量比重的2.5%。除1980年之外，北京市水电占能源消费总量的比重始终低于1%。

分产业来看，改革开放后北京市第一产业能源消费总量呈现先缓慢增加后逐渐降低的趋势（图7-3）。1980年，北京市第一产业能源消费总量为66.8万吨标准煤，此后开始波动上升。1988年首次突破100万吨标准煤，1994年，第一产业能源消费总量达143.6万吨标准煤，为改革开放后的峰值，随后开始缓慢下降。在1980—1985年，北京市第二产业能源消费总量相对比较稳定；从 1986 年开始，第二产业能源消费总量开始大幅增加，从当年的 1612 万吨标准煤增长至 1996 年的 2477 万吨标准煤，10 年间增长了 0.54 倍。在 1997—1999 年，第二产业能源消费总量缓慢下降，维持在 2400 万吨标准煤左右。在 1980—1989 年，北京市第三产业能源消费总量逐渐增加，但增幅缓慢。从 1990 年开始，第三产业能源消费总量增幅明显，由 1990 年的 515.3 万吨标准煤增加至 1999 年的 971.8 万吨标准煤，20 世纪的最后 5 年，第三产业能源消费总量增幅进一步扩大。

图 7-2　1980—1999 年北京市能源消费总量及各能源消费占比

资料来源：《新中国六十年统计资料汇编（1949—2008）》。

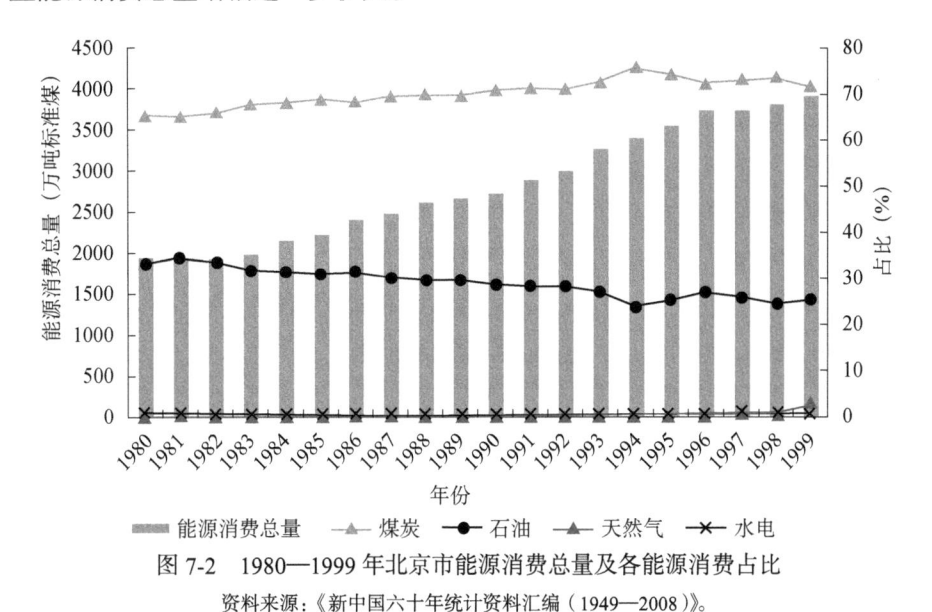

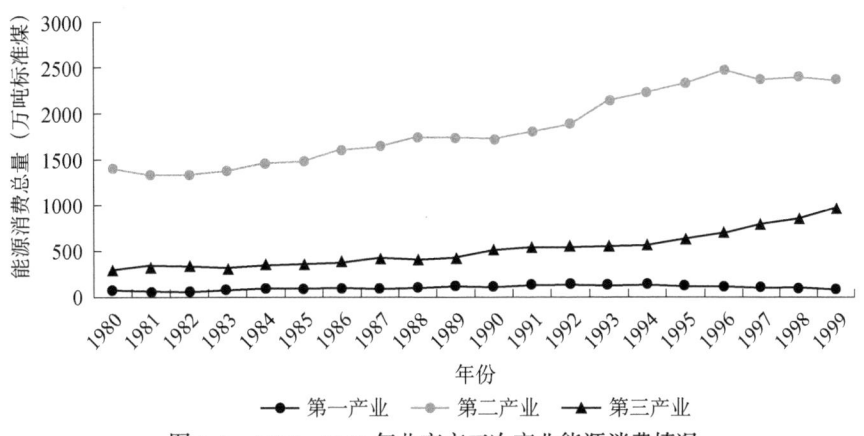

图 7-3　1980—1999 年北京市三次产业能源消费情况

资料来源：《新中国六十年统计资料汇编（1949—2008）》。

21世纪以来，北京市第一产业能源消费总量变化不明显，虽然有微小波动，但始终保持在100万吨标准煤左右（图7-4）。在2001—2007年，北京市第二产业能源消费总量主要呈现上升的趋势，到2007年，第二产业能源消费总量达2793.8万吨标准煤，为2000—2012年的峰值。在"十五"期间，北京市钢铁产量大幅增长，在钢铁工业上下游产业部门需求的带动下，能源消费总量始终保持着旺盛增长（朱守先和张雷，2007）。从2008年开始，第二产业能源消费总量开始下降，虽然有波动，但整体呈降低趋势，至2012年，第二产业能源消费总量为2426.1万吨标准煤。北京市第二产业能源消费总量的变化主要受工业能源消费总量的影响，2000年，工业能源消费总量占第二产业能源消费总量的97.18%；而到了2012年，这一比重降低到93.80%。与第一和第二产业不同，21世纪以来，特别是2003年以来，北京市第三产业能源消费总量开始快速增加，由当年的1391万吨标准煤，增长至2012年的3252.1万吨标准煤，10年间增长了1.34倍。2008年，北京市第三产业能源消费总量首次超过第二产业，此后两者差距呈扩大趋势，这反映出北京市在逐渐转向以第三产业为主的工业化后期发展阶段。

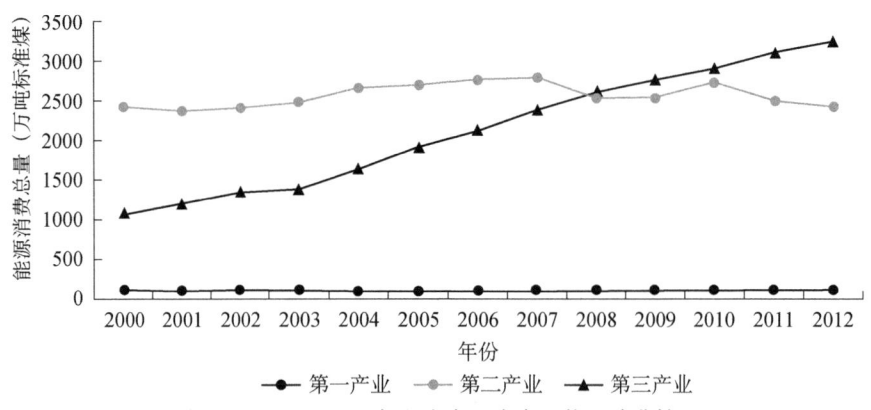

图7-4 2000—2012年北京市三次产业能源消费情况

资料来源：历年《北京统计年鉴》。

党的十八大以来，北京市积极融入新发展格局，推动产业转型升级。尤其是通过疏解北京市非首都功能，优化产业空间布局，进而对城市三次产业能源消费总量产生重要影响。整体来看，第一产业能源消费总量持续降低，由2013年的97.3万吨标准煤下降至2021年的50.3万吨标准煤，降幅达48.30%。北京市第二产业能源消费总量呈现缓慢减少趋势，2014年第二产业能源消费总量首次低于 2000 万吨标准煤，为 1998.4 万吨标准煤，到 2021 年，第二产业能源消费总量降至 1690.1 万吨标准煤，与 2013 年相比降幅达 18.71%。与第一和第二产业形成鲜明对比，北京市第三产业能源消费总量快速增加，由 2013 年的 3109.1 万吨标准煤增长至 2019 年的 3762.5 万吨标准煤，6 年间增长了 21.02%（图 7-5）。虽然受不利因素影响，2020 年第三产业能源消费总量有所下降，但 2021 年明显反弹。整体来看，北京市在保持经济稳定增长的同时，不断加快第三产业发展；而第三产业的发展有利于提高电力以及其他能源的利用效率，通过产业结构调整优化能源消费结构（王风云和苏烨琴，2018）。

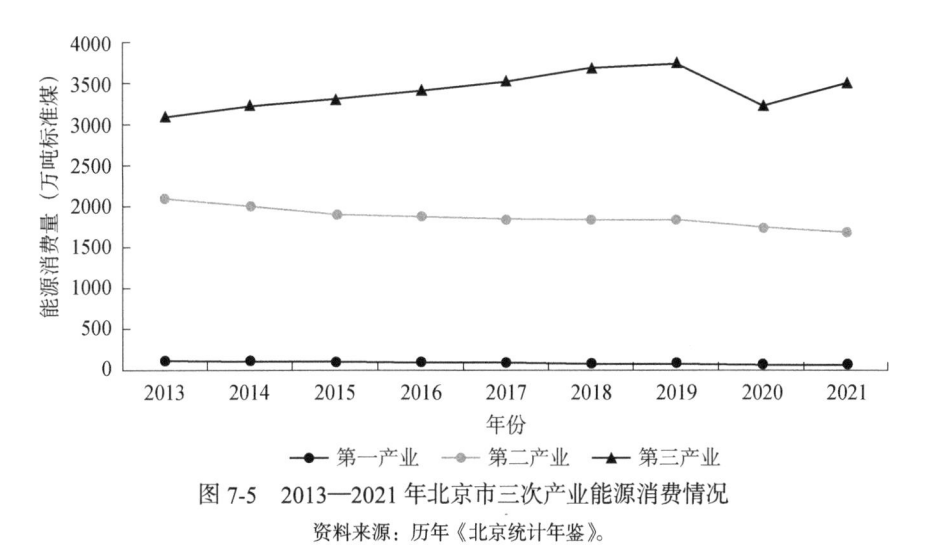

图 7-5 2013—2021 年北京市三次产业能源消费情况
资料来源：历年《北京统计年鉴》。

三、能源利用效率稳步提升

改革开放以来，北京市万元地区生产总值能源消费总量呈下降趋势（图 7-6）。1980 年，北京市万元地区生产总值能源消费总量为 13.72 吨标准煤；1984 年，该值首次低于 10 吨标准煤，降至 9.89 吨标准煤；1991 年，首次低于 5 吨标准煤，降至 4.80 吨标准煤；到 1999 年，降至 1.46 吨标准煤。改革开放后的 21 年间，北京市万元地区生产总值能源消费总量下降了 89.36 个百分点。从万元地区生产总值能源消费总量下降率来看，虽然从 1986 年开始下降率波动变化明显，但整体呈现上升趋势，这说明北京市万元地区生产总值能源消费总量下降速度开始加快。

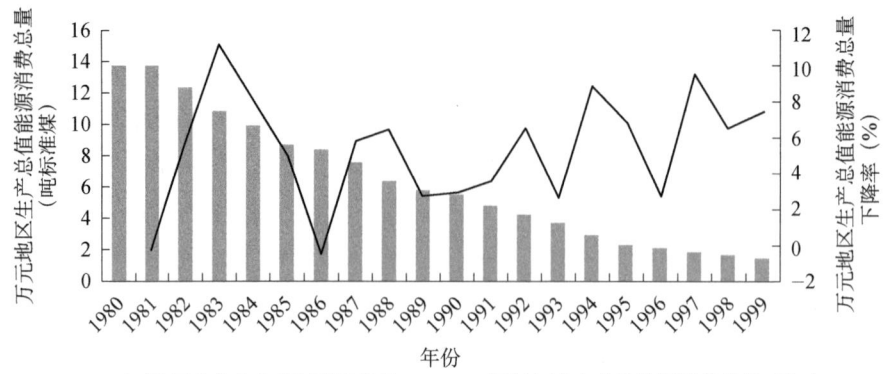

图 7-6　1980—1999 年北京市万元地区生产总值能源消费总量及其下降率
资料来源：《新中国六十年统计资料汇编（1949—2008）》。

21 世纪以来，北京市万元地区生产总值能源消费总量下降趋势明显（图 7-7）。2000 年，北京市万元地区生产总值能源消费总量为 1.31 吨标准煤；2005 年，该值首次低于 1 吨标准煤，降至 0.99 吨标准煤；2011 年，万元地区生产总值能源消费总量首次低于 0.5 吨标准煤，降至 0.46 吨标准煤；到 2012 年，北京市万元地区生产总值能源消费总量降至 0.44 吨标准煤。21 世纪的前 13 年，北京市万元地区生产总值能源消费总量下降了 66.41 个百分点。从万元地区生产总值能源消费总量下降率来看，虽然波动比较明显，但下降率除 2004 年（3.09%）低于 4% 外，2000—2012 年的其余年份均高于 4%。实际上，除了产业结构之外，技术进步、人口密度、城市空间布局等也会对能源消耗产生重要影响（姚永玲，2011）。21 世纪以来，北京市更加重视节能减排工作，通过调整产业结构、加快科技创新、加强监管等多种措施，提高能源利用效率，降低万元地区生产总值能源消费总量。

党的十八大以来，北京市加快推动全市经济转型升级，新产业、新业态、新模式不断涌现，经济发展质量稳步提升，万元地区生产总值能源消费总量持续下降（图 7-8）。2013 年，北京市万元地区生产总值能源消费总量为 0.36 吨标准煤，到 2021 年，降低至 0.18 吨标准煤。党的十八大以来，北京市万元地区生产总值能源消费总量累计下降 49.16 个百分点。从万元地区生产总值能源消费总量下降率来看，虽然波动较大，但下降率均值仍高于 5%，即使是下降幅度最小的 2021 年，万元地区生产总值能源消费总量仍下降了 3.14%。

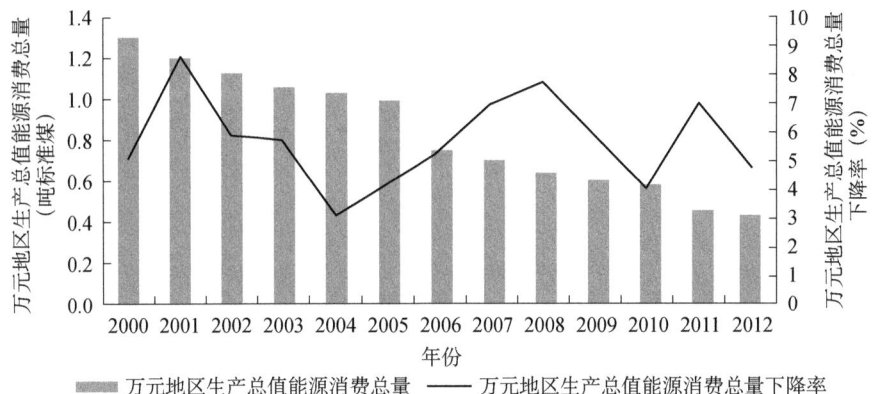

图 7-7　2000—2012 年北京市万元地区生产总值能耗及其下降率

资料来源：历年《北京统计年鉴》。

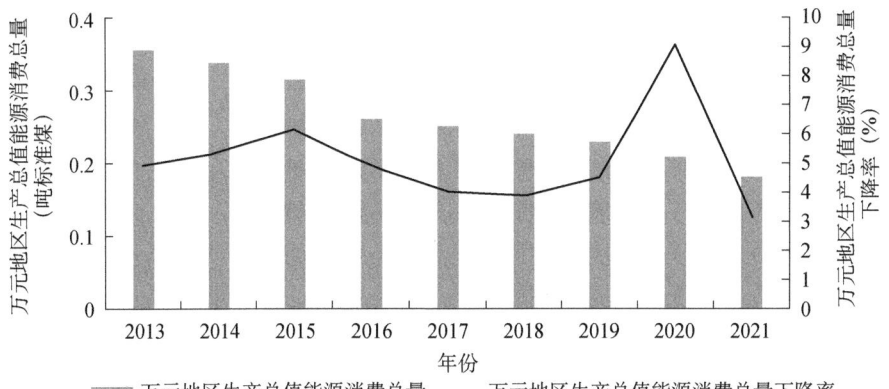

图 7-8　2013—2021 年北京市万元地区生产总值能源消费总量及其下降率

资料来源：历年《北京统计年鉴》。

四、绿色生活能源保障能力不断增强

改革开放以来，北京市生活消费能源总量增长较快，除少数年份外，整体呈现快速增长态势（图 7-9）。1980 年，北京市生活消费能源总量为 143.0 万吨标准煤；到 1999 年，生活消费能源总量达 477.2 万吨标准煤，20 年间，北京市生活消费能源增长了 2.34 倍。随着能源基础设施的不断完善，北京市能源供应保障能力不断提升，居民生活消费能源需求不断被满足，而居民生活能源消费总量增加背后反映的是居民消费产品的多样性不断提升。

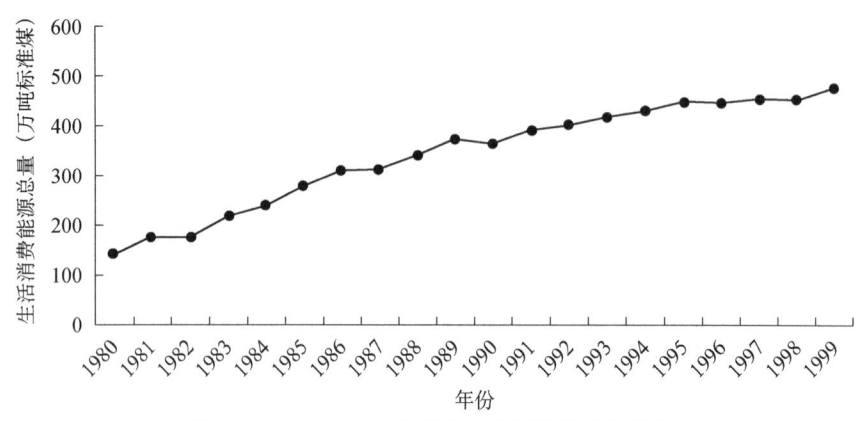

图 7-9　1980—1999 年北京市生活消费能源总量

资料来源：《新中国六十年统计资料汇编（1949—2008）》。

　　进入 21 世纪，虽然能源基础设施不断完善，但煤炭依旧是能源的主力军，当时煤炭不仅是工业的"粮食"，还为交通运输、居民生活等提供动力，典型的是当年汽车上背着"煤气包"。随着电力、天然气、液化石油气等能源供应保障能力的提升，北京市生活用能源逐渐走向多元化（图 7-10）。2000 年，煤炭、电力、液化石油气、天然气和汽油消费量分别为 223.6 千克、363.6 千瓦时、13.7 千克、16.4 立方米和 31.4 升；到 2012 年，这些能源消费总量分别为 133.2 千克、791.8 千瓦时、9.3 千克、56.5 立方米和 174.4 升。整体来看，煤炭和液化石油气消费量呈下降趋势，在 2000—2012 年，两者降幅分别达 40.43% 和 32.12%；而同期的电力、天然气和汽油分别增长了 1.18 倍、2.45 倍和 4.55 倍。北京市生活用能源中电力、天然气等清洁能源消费总量的增加，反映了北京市生活用能结构优化。

　　2014 年北京市农村煤炭实物消费 248 万吨，折合标准煤为 176.5 万吨，占农村能源消费总量的 60.4%；薪柴实物消费 92 万吨，折合标准煤为 52.76 万吨，占农村能源消费总量的 17.9%。二者累计占农村能源消费总量的 78.3%（苗向荣，2017）。随着《北京市 2013—2017 年清洁空气行动计划》等系列政策的实施，北京市生活消费能源结构发生了巨大变化。2021 年，北京市煤炭、电力、液化石油气、天然气和汽油的消费量分别为 8.7 千克、1308.4 千瓦时、4.8 千克、80.2 立方米和 237.3 升（图 7-11）。其中，煤炭和液化石油气分别比 2013 年下降 94.09 个和 51.37 个百分点，电力、天然气和汽油分别提高 75.09 个、41.17 个和 31.91 个百分点。

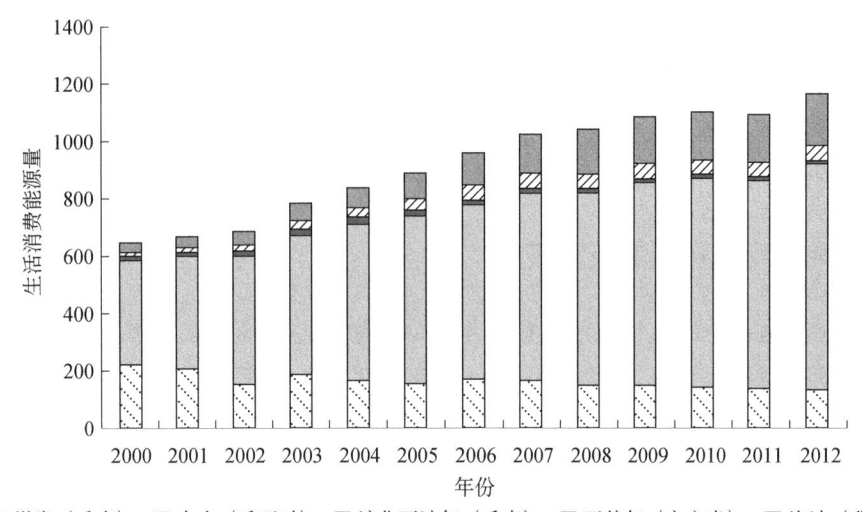

图 7-10　2000—2012 年北京市生活消费能源结构

资料来源：历年《北京统计年鉴》。

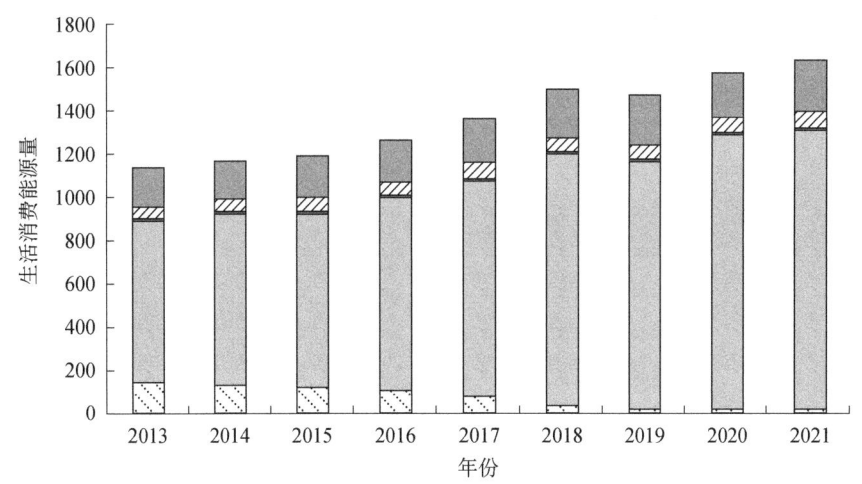

图 7-11　2013—2021 年北京市生活消费能源结构

资料来源：历年《北京统计年鉴》。

第三节　北京市水资源利用分析

近年来，北京市全面深入推进节水型社会建设，以水资源承载能力为刚性约束，严控水资源消耗总量和强度，优化供用水结构，多措并举提高水资源利用效率，着力保障首都水安全。尤其是党的十八大以来，北京市坚持不懈地推动以水定需、量水发展融入城市规划建设管理全过程，促进水与经济社会发展相协调。北京市不断加大疏解非首都功能力度，成为全国首个减量发展的超大城市，这也对北京市用水结构产生了深刻影响。

一、北京市水资源量波动较大

北京是一个严重缺水的城市，年际降雨量的差异导致北京市可用水资源数量动态变化（黄晶等，2010）。2001年，北京市水资源总量为19.2亿立方米，其中地表水资源量为7.8亿立方米，地下水资源量为15.7亿立方米；到了2012年，水资源总量为39.5亿立方米，地表水和地下水资源量分别为17.95亿立方米和21.55亿立方米（图7-12）。2008年，北京市水资源总量达到峰值，为34.2亿立方米，其中地表水和地下水资源量分别为12.8亿立方米和21.4亿立方米。2009年开始，北京市地下水资源量开始稳步提高，由当年的15.1亿立方米增长至2012年的21.6亿立方米，增幅达43.05%。

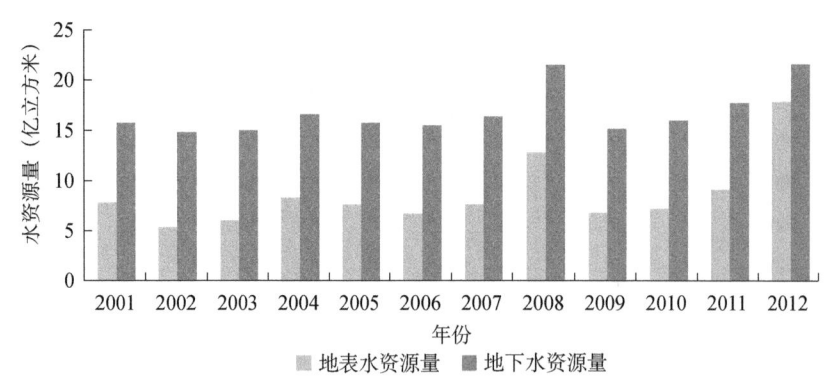

图 7-12　2001—2012 年北京市地表水和地下水资源量

资料来源：历年《北京统计年鉴》。

受水资源总量变化影响，21世纪以来，北京市人均水资源量波动明显。在2001—2007年，北京市人均水资源量相对比较稳定，多数年份人均水资源量在145立方米上下浮动（图7-13）。2008年，受全年水资源总量大幅提升影响，当年人均水资源总量达到198.5立方米，为2001—2012年的最高值。2009—2012年，北京市人均水资源量上升趋势明显，由2009年的120.3立方米增长至2012年的192.6立方米，增幅达60.10%。

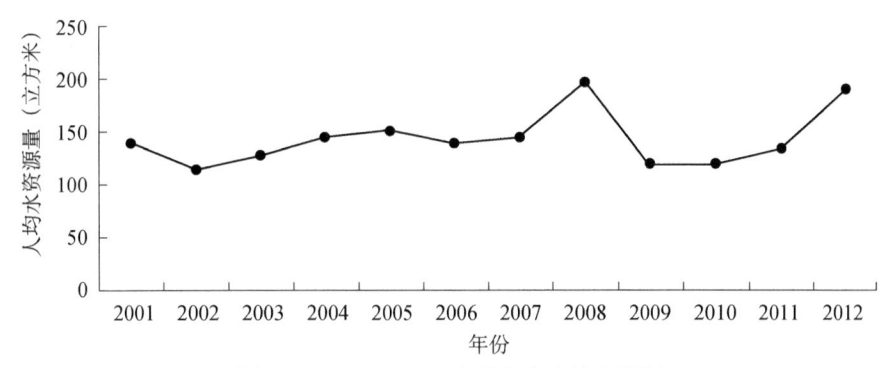

图 7-13　2001—2012 年北京市人均水资源

资料来源：历年《北京统计年鉴》。

党的十八大以来，北京市通过生态补水、水源置换、海绵城市建设这些措施来涵养地下水水源，地下水资源总量在 2001—2012 年均值为 16.7 亿立方米，而 2013—2021 年均值为 18.9 亿立方米，增幅达 13.17%（图 7-14）。2021 年，水资源总量为 61.3 亿立方米，地表水和地下水资源量分别为 31.6 亿立方米和 29.7 亿立方米。从人均水资源量来看，在 2013—2020 年，北京市人均水资源量相对比较稳定，多数年份人均水资源量在 120 立方米上下浮动（图 7-15）。2021 年，受全年水资源总量大幅提升影响，当年人均水资源总量达到 280.1 立方米，同比增长了 1.38 倍，为 2001 年以来最高值。

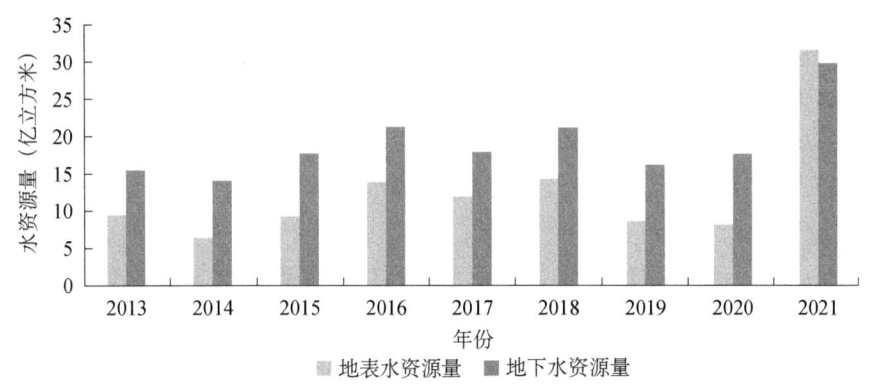

图 7-14　2013—2021 年北京市地表水和地下水资源量

资料来源：历年《北京统计年鉴》。

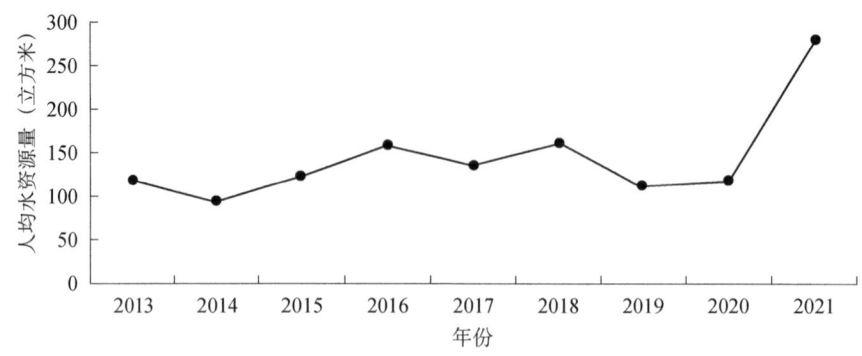

图 7-15　2013—2021 年北京市人均水资源

资料来源：历年《北京统计年鉴》。

二、水资源配置结构不断优化

21 世纪以来，北京市水资源配置发生了明显变化。2001 年，北京市地表水和地下水配置量分别为 11.7 亿立方米和 27.2 立方米，占配置总量的百分比分别为 30.08%和 69.92%（图 7-16）。2003 年，北京市开始引入再生水，地表水、地下水和再生水配置量分别为 8.3 亿立方米、25.4 亿立方米和 2.1 亿立方米，占水资源配置总量的比重分别为 23.18%、70.95%和 5.87%；2008 年，北京市开始引入南水北调水，地表水、地下水、再生水和南水北调水配置量分别为 5.5 亿立方米、22.9 亿立方米、6.0 亿立方米和 0.7 亿立方米，占比分别为 15.67%、65.24%、17.09%和 1.99%；到 2012 年，地表水、地下水、再生水和南水北调水配置量分别为 5.2 亿立方米、20.4 亿立方米、7.5 亿立方米和 2.8 亿立方米。与 2008 年相比，2012 年，地表水和地下水配置量分别降低 0.3 亿立方米和 2.5 亿立方米；再生水和南水北调水分别增长 1.5 亿立方米和 2.1 亿立方米。

2013 年，北京市地表水、地下水、再生水和南水北调水配置量分别为 4.8 亿立方米、20.1 亿立方米、8 亿立方米和 3.5 亿立方米；到 2021 年，地表水、地下水、再生水和南水北调水配置量分别为 12.0 亿立方米、13.9 亿立方米、5.5 亿立方米和 9.6 亿立方米（图 7-17）。与 2013 年相比，2021 年北京市南水北调水增加了 6.1 亿立方米，增长了 1.74 倍。2014 年 12 月，南水北调中线工程正式通水，通过明渠、渡槽、暗涵、管涵、隧洞等方式为北京市年均输水 10 亿立方米，使北京市整体需水满足度和可持续性有一定提升，对缓解北京市缺水问题具有积极作用（苏心玥等，2019）。此后，自 2015 年起，北京市地下水资源进入"止跌回升期"。截至2022年11月末，北京市地下水平均埋深为16.04米，接近2001年的埋深水平；与2015年同期相比，平均回升9.71米，地下水储量增加了49.7亿立方米。

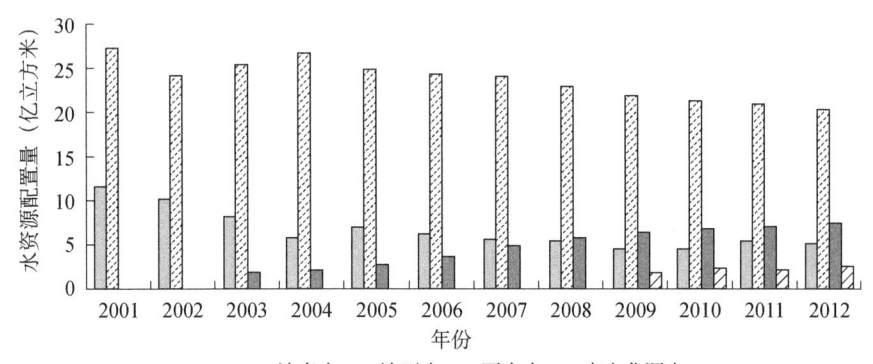

图 7-16 2001—2012 年北京市水资源配置量

资料来源：历年《北京统计年鉴》。

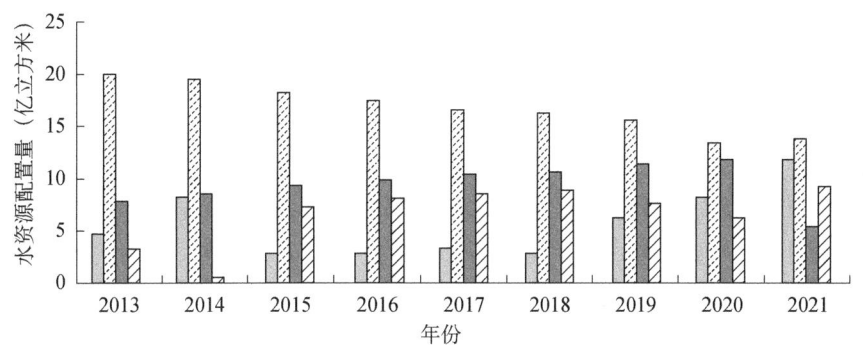

图 7-17 2013—2021 年北京市水资源配置量

资料来源：历年《北京统计年鉴》。

三、用水结构变化明显

整体来看，21世纪以来，农业用水量和工业用水量总体下降，生活用水量和生态环境用水量总体逐渐增加（图7-18）。2001年，北京市农业用水量、工业用水量、生活用水量和生态环境用水量分别为17.4亿立方米、9.2亿立方米、12.0亿立方米和0.3亿立方米，占全年用水总量的比重分别为44.73%、23.65%、30.85%和0.77%；到2012年，北京市农业用水量、工业用水量、生活用水量和生态环境用水量分别为 9.3 亿立方米、4.9 亿立方米、16.0 亿立方米和 5.7 亿立方米，占全年用水总量的比重分别为 25.91%、13.65%、44.57%和 15.88%。与 2001 年相比，2012 年北京市农业用水量和工业用水量分别下降 8.1 亿立方米和 4.3 亿立方米；而生活用水量和生态环境用水量分别增加 4.0 亿立方米和 5.4 亿立方米。

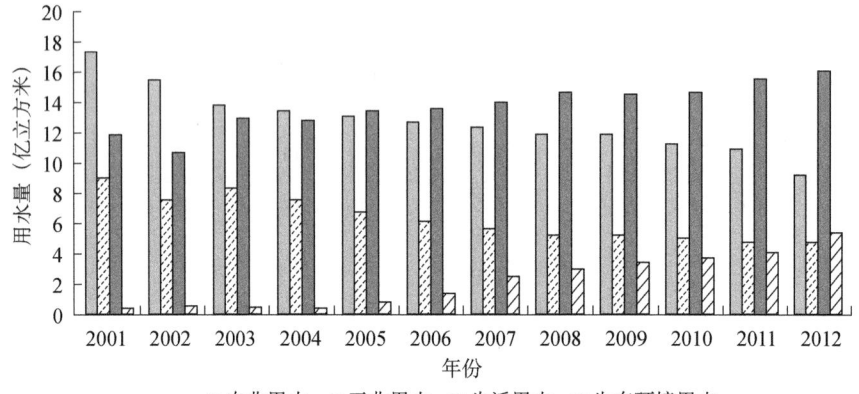

图 7-18　2001—2012 年北京市用水结构

资料来源：历年《北京统计年鉴》。

2001 年，《北京市区污水处理再生水回用总体规划纲要》正式出台，为再生水发展提供了重要依据。此后 10 年间，北京市在中心城区陆续建成了清河、北小河、方庄等一批再生水厂。到"十一五"末期，城市的北部、东部、东南部和西南部已形成了四大再生水生产供水区域，年生产能力达到 4 亿立方米，再生水主要用于工业冷却、河道景观、农业灌溉、园林绿化等方面。另外，21 世纪以来，北京市农业和工业产业结构调整步伐不断加快，一方面，北京市农业总产值中畜牧业产值比重持续上升，而种植业比重明显下降，在种植业内部，耗水型农作物种植面积大幅下降，农业灌溉面积的减少是农业用水下降的原因；另一方面，北京市节水减污政策的制定标准高、监管措施严、落实力度大，有效激励北京市工业企业加速节水型技术进步，提升北京市工业用水强度（吴丹等，2021）。人口增长和居民生活水平的提高造成了居民生活用水量迅速增长，城市建设、环境质量的提高以及服务业的蓬勃发展造成了公共用水量增加，这共同推动了北京市生活用水量迅速增长（刘宝勤等，2003）。

2013 年，北京市农业用水量、工业用水量、生活用水量和生态环境用水量分别为 9.1 亿立方米、5.1 亿立方米、16.3 亿立方米和 5.9 亿立方米，占全年用水总量的比重分别为 25.00%、14.01%、44.78%和 16.21%；到 2021 年，北京市农业用水量、工业用水量、生活用水量和生态环境用水量分别为 2.8 亿立方米、2.9 亿立方米、18.4 亿立方米和 16.9 亿立方米，占全年用水总量的比重分别为 6.83%、7.07%、44.88%和 41.22%（图 7-19）。与 2013 年相比，2021 年北京市农业用水量和工业用水量分别下降 6.3 亿立方米和 2.2 亿立方米；而生活用水量和生态环境用水量分别增加 2.1 亿立方米和 11.0 亿立方米。党的十八大以来，北京市着力提高水资源管理精细化水平，深入推动产业转型升级和节水型城市创建，实现了生活用水控制增长、工业用新水和农业用新水负增长、生态用水适度增长的目标。

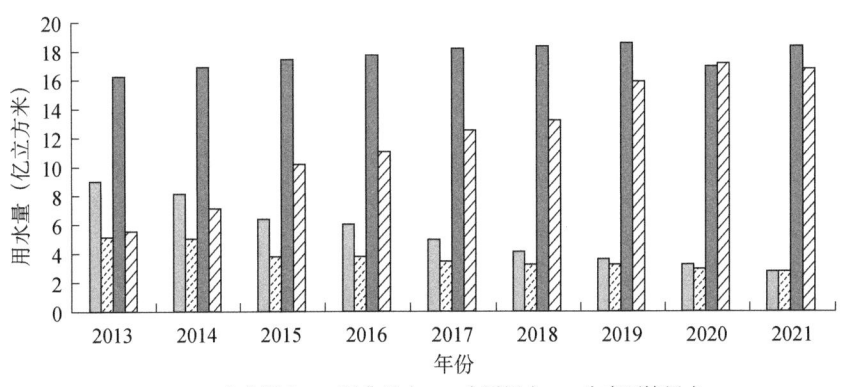

图 7-19　2013—2021 年北京市用水结构

资料来源：历年《北京统计年鉴》。

四、万元地区生产总值水耗不断下降

2001 年，北京市万元地区生产总值水耗为 100.81 立方米；2005 年，万元地区生产总值水耗低于 50 立方米，下降至 48.25 立方米；2012 年，万元地区生产总值水耗下降至 18.86 立方米（图 7-20）。2001—2012 年，北京市万元地区生产总值水耗累计减少 81.95 立方米，降幅达 81.29%。从万元地区生产总值水耗下降率来看，2002 年下降率最大，达 20.46%；2011 年下降率最小，但仍然超过 5%，2001—2012 年，年均降幅达 10.74%。

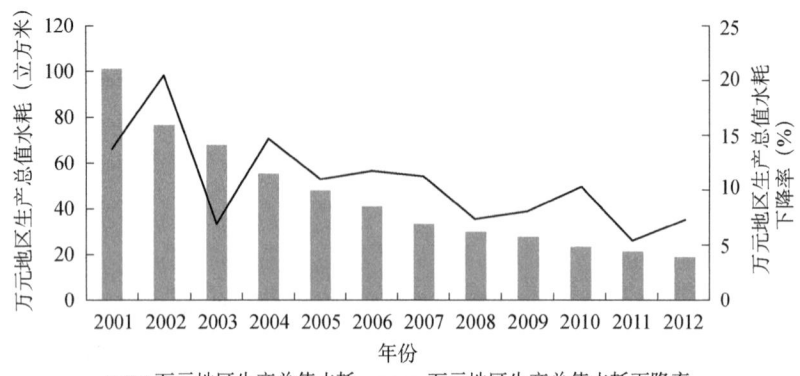

图 7-20　2001—2012 年北京市万元地区生产总值水耗及其下降率

资料来源：历年《北京统计年鉴》。

党的十八大以来，在首都经济保持持续平稳发展的前提下，北京市新水使用量始终保持"零增长"，万元地区生产总值水耗持续下降。2013 年，北京市万元地区生产总值水耗为 17.21 立方米；2016 年，该值首次低于 15 立方米，降至 14.35 立方米；2022 年，万元地区生产总值水耗首次低于 10 立方米，降至 9.61 立方米（图 7-21）。党的十八大以来，北京市万元地区生产总值水耗下降了 44.17 个百分点。从万元地区生产总值水耗下降率来看，虽然波动比较明显，但年均降幅达 4.47%。自 2014 年 2 月京津冀协同发展上升到国家战略以来，北京市紧紧围绕首都城市战略定位，加快构建"高精尖"经济结构，产业结构不断优化，水资源利用效率不断提升，万元地区生产总值水耗不断下降，减量发展成效显著。

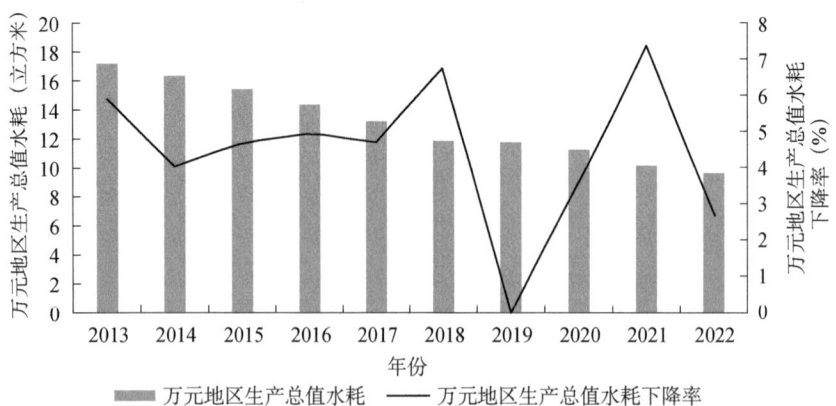

图 7-21　2013—2022 年北京市万元地区生产总值水耗及其下降率

资料来源：历年《北京统计年鉴》和《北京市 2022 年国民经济和社会发展统计公报》。

第四节　北京市生态建设分析

改革开放以来，北京市高度重视生态建设，不管是森林覆盖率还是城市绿化覆盖率均显著提高。党的十八大以来，北京市委、市政府深入贯彻落实习近平总书记对北京市一系列重要讲话精神，大力推进生态文明建设，接续实施了以两轮百万亩造林绿化工程为代表的一批重大生态工程，市域绿色空间结构不断完善，城乡生态环境明显改善，人民群众绿色获得感显著增强。

一、植树造林步伐加快

1980年，中央书记处关于首都建设方针提出四项指示，其中，要求把北京市建设成为优美、清洁、具有第一流水平的现代化城市。从1984年起，北京市开始组织全市绿化和植树造林活动。从1986年开始，党和国家领导人每年春季都会到北京市参加义务植树活动。中央领导集体率先垂范，北京市的绿化美化建设进入快车道。"三北"防护林工程、太行山绿化工程、防沙治沙造林工程、水源保护林建设工程、一道绿化隔离地区建设和绿色通道建设等，在这期间相继启动。截止到1995年，北京全市造林面积达到4.7万公顷。

2003年完成的《北京城市空间发展战略研究》中，提出了生态优先思想，将绿色生态空间资源、水资源等作为城市空间发展和人口规模的判断依据，以及严格控制浅山区、结合山水格局实施国家公园战略的初步设想。这是北京市总体规划编制历程中，首次将生态环境保护要求作为城市发展的前置性条件。此后，北京市森林面积开始大幅增加。2006年，北京市城市森林面积达62.60万公顷，森林覆盖率为35.9%；2012年，北京市森林面积达69.13万公顷，森林覆盖率为38.6%。在2006—2012年，北京市森林面积增加了6.53万公顷，森林覆盖率提高了2.70个百分点（图7-22）。

2013年，北京市森林面积达到71.65万公顷，森林覆盖率超过40%。到2021年，森林面积达到85.27万公顷，森林覆盖率为44.6%；其中，平原地区森林覆盖率达到31.4%，山区森林覆盖率达到67%（图7-23）。北京市经过持续的植树造林，不仅生态环境和城市人居环境有了显著改善，林地的涵养水源功能也得到了更好的发挥（毛军等，2021）。党的十八大以来，北京市持续优化生态空间布局，生态环境质量显著提升，国际一流和谐宜居之都绿色生态基底不断夯实。

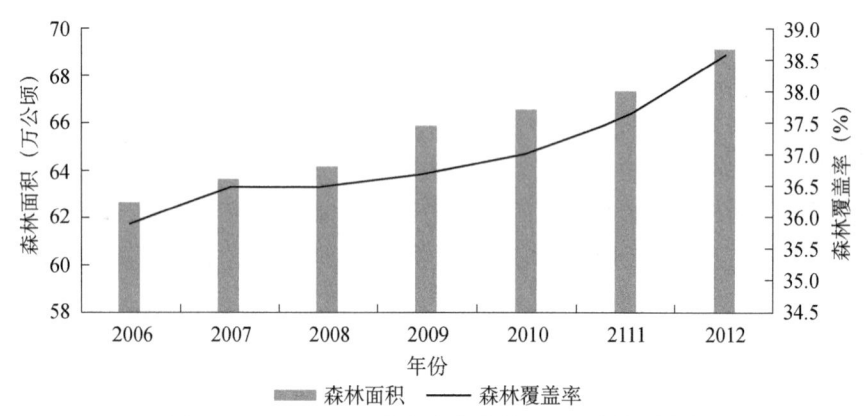

图 7-22 2006—2012 年北京市森林面积及森林覆盖率
资料来源：历年《北京统计年鉴》。

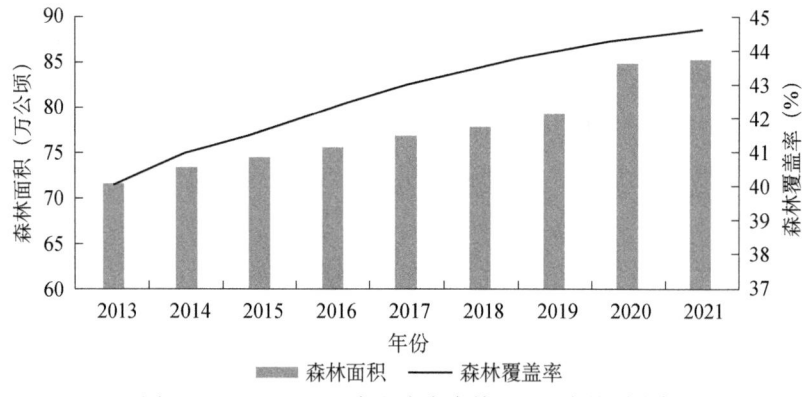

图 7-23 2013—2021 年北京市森林面积及森林覆盖率
资料来源：历年《北京统计年鉴》。

二、城市绿化水平持续提高

改革开放以来，北京市加快推进城市园林绿化，通过实施一批绿化工程，城市绿化水平持续提高。在人口规模不断增加的情况下，北京市人均公园绿地面积由 1980 年的 5.14 平方米增长到 1999 年的 9.10 平方米；在城市建成区面积快速增长的情况下，城市绿化覆盖率由 1980 年的 20.08% 提高到 1999 年的 36.30%（图 7-24）。在 1980—1999 年，北京市通过实施一系列绿化工程，使得城市绿地系统不断完善、绿色空间大幅拓展。

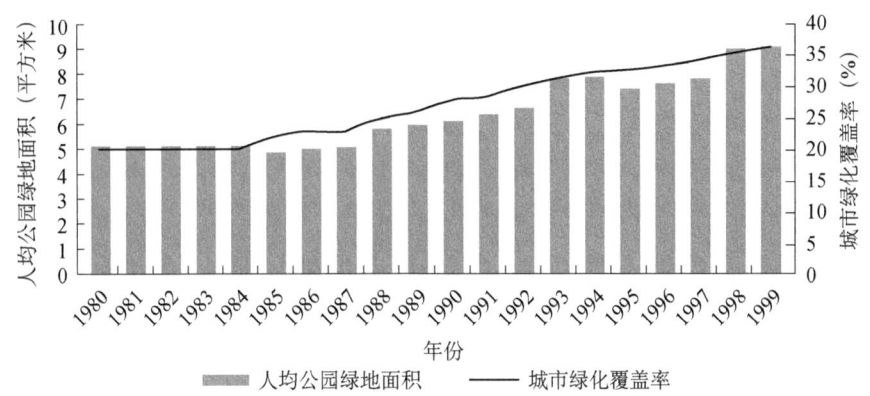

图 7-24　1980—1999 年北京市人均公园绿地面积及城市绿化覆盖率
资料来源：《新中国六十年统计资料汇编（1949—2008）》。

21 世纪以来，北京市接连举办庆祝中华人民共和国成立五十周年、2008 年北京奥运会、中国国际园林博览会、庆祝中华人民共和国成立六十周年等一系列重大活动，有效地促进了城市绿化水平的全面提升。北京市人均公园绿地面积由 2000 年的 9.7 平方米，提高到 2012 年的 15.5 平方米；城市绿化覆盖率由 2000 年的 36.5%提高到 2012 年的 46.2%（图 7-25）。除了人均公园绿地面积和城市绿化覆盖率的增加，北京市创新城市绿化方式，道路绿化由过去"一条路、两行树"的简单种植方式，逐步发展到以行道树为骨架，常绿、落叶，乔、灌、草、花相结合的多层次、多形式的绿化美化格局。

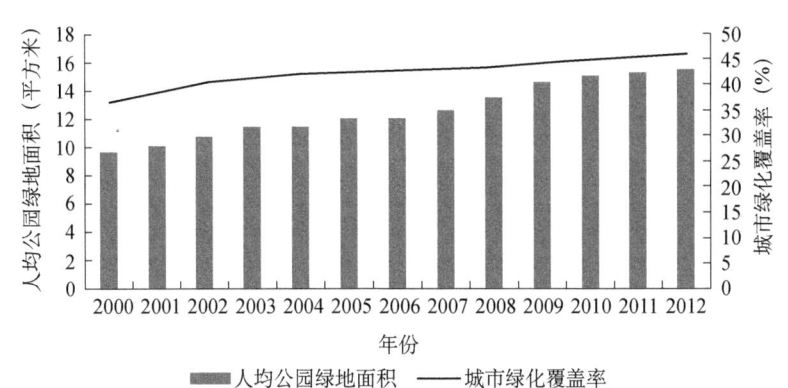

图 7-25　2000—2012 年北京市人均公园绿地面积及城市绿化覆盖率
资料来源：历年《北京统计年鉴》。

党的十八大以来，北京市绿化更加注重挖潜、关注品质，通过拆除违建、留白增绿，生态环境实现从"绿起来""美起来"到"活起来"的转变。

2013年，北京市人均公园绿地面积为15.7平方米，城市绿化覆盖率达到46.8%；2021年，人均公园绿地面积提高到16.6平方米，城市绿化覆盖率提高到49.3%（图7-26）。"十三五"期间，北京市实施了以新一轮百万亩造林绿化为代表的一批重大生态工程，建成城市休闲公园190处，小微绿地和口袋公园460处，北京市的公园绿地500米服务半径覆盖率从67.2%提升到了87.0%。北京市绿化水平的不断提升不仅改善了城市景观，也使得北京市城市变暖趋势减缓了43.25%，特别是对首都功能核心区而言，这种冷却效应更为明显（王宇白等，2023）。

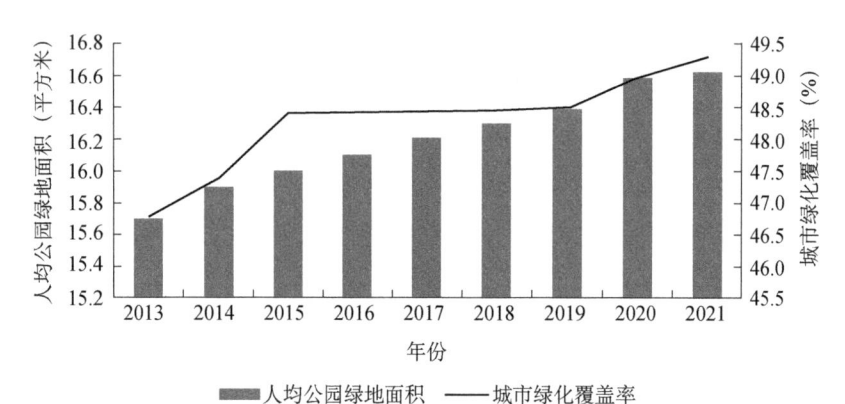

图7-26 2013—2021年北京市人均公园绿地面积及城市绿化覆盖率

资料来源：历年《北京统计年鉴》。

三、城市污水和垃圾处理能力显著提升

改革开放以来，为切实改善城市水环境质量和缓解用水困难，北京市污水处理能力稳步增加[①]。1992年，北京市污水处理能力为4.5万立方米/日，而到1999年，提高到58.5万立方米/日，8年增长了12.00倍。城市污水无害化处理率1992年仅为1.2%；而到了1999年，城市污水无害化处理率提高至25.0%，8年间增长了19.83倍（图7-27）。

随着城市人口的逐渐增多和居民生活水平的不断提升，北京市生活垃圾清运量逐年增加，由1980年的147万吨增长至1999年的505万吨，20年间增长了2.44倍（图7-28）。然而，在改革开放初期，北京市生活垃圾处理基本采用简易堆放的形式。直到1991年，随着世界银行贷款建设的大屯垃圾转

---

① 污水处理能力等指标自1992年起为污水无害化处理情况，1992年以前为污水简易处理情况。

运站和阿苏卫垃圾填埋场投入使用，北京市的垃圾处理才正式进入无害化处理阶段。

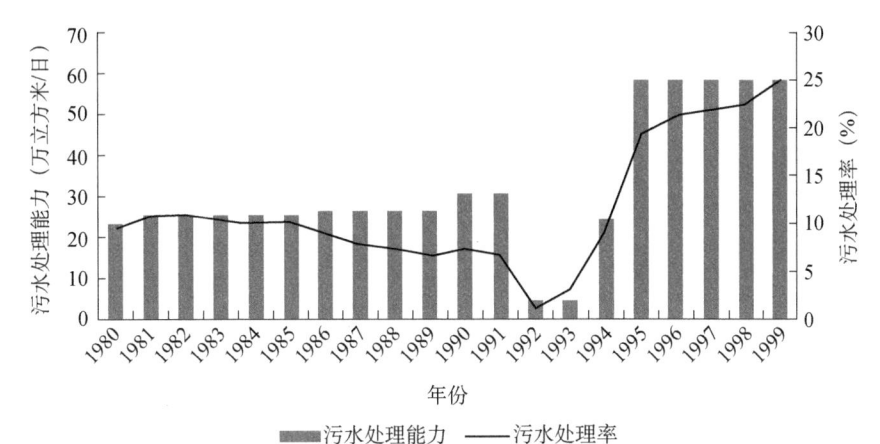

图 7-27　1980—1999 年北京市污水处理能力及污水处理率

资料来源：《新中国六十年统计资料汇编（1949—2008）》。

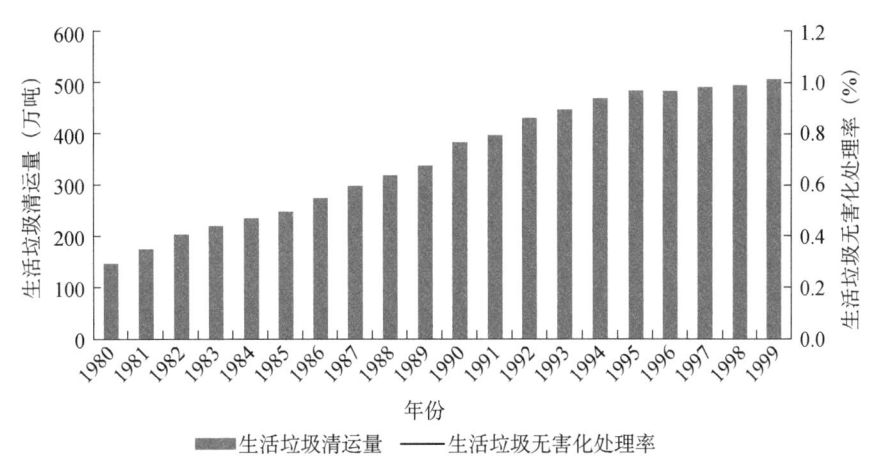

图 7-28　1980—1999 年北京市生活垃圾清运量及生活垃圾无害化处理率

资料来源：《新中国六十年统计资料汇编（1949—2008）》。

"十五"期间，北京市建成了清河二期、肖家河、吴家村、卢沟桥和小红门 5 座污水处理厂，市区污水处理能力提高到 248 万立方米/日，污水管网达到 3807 公里，污水处理率由 43% 提高到 70%；建成肖家河、酒仙桥中水厂，中水生产能力提高到 25.5 万立方米/日。此后，随着北苑、垡头等污水处理厂的相继建成并投入使用，北京市污水处理能力大幅提升。截止到 2012 年，北京市污水处理能力达到 388.5 万立方米/日，较 2000 年，单日污水处理能力增加 260 万立方米，增长了 2.02 倍（图 7-29）。

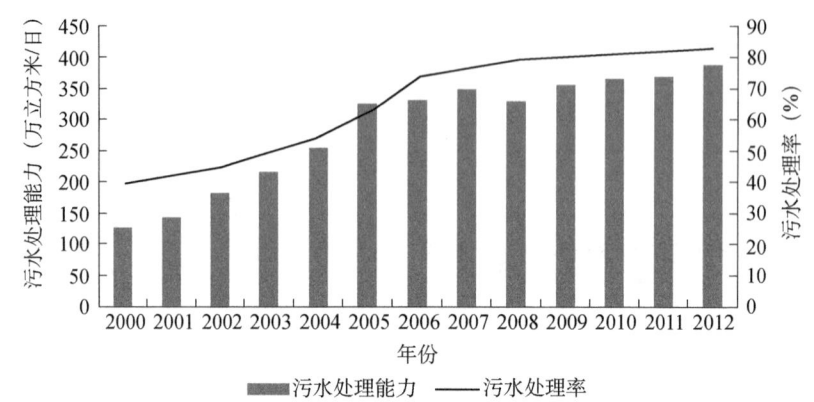

图 7-29　2000—2012 年北京市污水处理能力及污水处理率
资料来源：历年《北京统计年鉴》。

21 世纪以来，随着小武基转运站、马家楼转运站、五路居转运站、北神树镇填埋场、安定镇填埋场、六里屯填埋场、高安屯填埋场、北天堂填埋场等垃圾处理设施的相继建成，北京市生活垃圾无害化处理率逐渐提高。2000 年，北京市生活垃圾清运量为 295.56 万吨，无害化处理率为 56.5%；2012 年，生活垃圾清运量提高到 648.31 万吨，生活垃圾无害化处理率迅速增长到 99.12%，增加了 42.62 个百分点（图 7-30）。

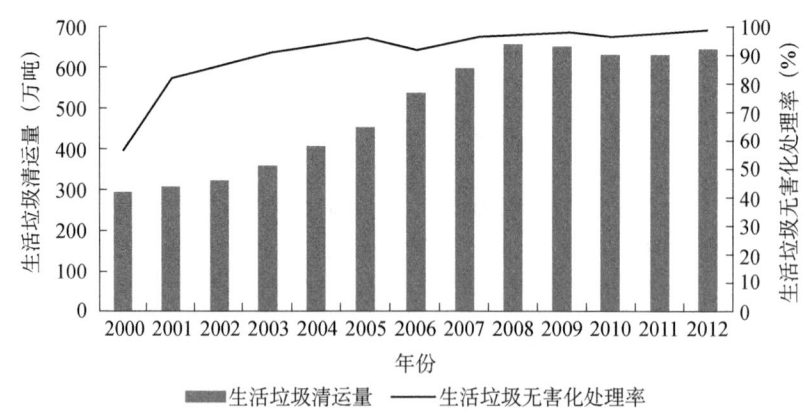

图 7-30　2000—2012 年北京市生活垃圾清运量及生活垃圾无害化处理率
资料来源：历年《北京统计年鉴》。

党的十八大以来，北京市委、市政府深入贯彻习近平生态文明思想，把水环境治理作为战略性任务来抓，接续实施了三个城乡水环境治理三年行动方案，坚持不懈地推进溯源治污、系统治污、精准治污，全市污水收集处理能力大幅提升，夯实了首都发展的绿色底色和水环境质量成色。尤其是农村地区，污水处理设施数量和污水得到治理的村庄数量显著增加，北京市农村污水治理成效显著（张慧智等，2021）。"十三五"末，北京市新建改造再生水厂40座，建设改造污水收集管线超过2000公里，解决超过1000个村庄污水收集处理问题，污水处理率达到95%，再生水利用率超过60%，基本实现污泥无害化处置。截止到2021年，北京市单日污水处理能力提高到707.9万立方米，比2013年单日污水处理能力增加314.9万立方米；污水处理率达到95.8%，比2013年提高了11.2个百分点（图7-31）。

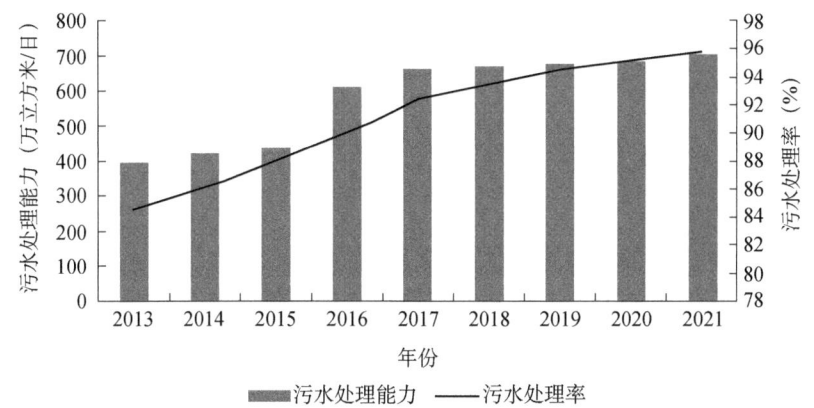

图 7-31 2013—2021 年北京市污水处理能力及污水处理率

资料来源：历年《北京统计年鉴》。

党的十八大以来，北京市高度重视生活垃圾处理和分类工作。随着城市减量发展和垃圾分类的有效实施，在2013—2021年，北京市城市生活垃圾清运量呈现先增加后减少的趋势，2019年生活垃圾清运量达到峰值，为1011.16万吨，此后开始下降。截止到2021年，城市生活垃圾清运量达到784.22万吨，较2013年增加了112.53万吨（图7-32）。2020年，北京市生活垃圾已经实现100%无害化处理。"十四五"以来，在"双碳"背景下北京市生活垃圾处置利用模式进一步优化，整合优化垃圾焚烧发电，实现垃圾的低碳利用和原生垃圾"零填埋"（陈佳蕊等，2022）。

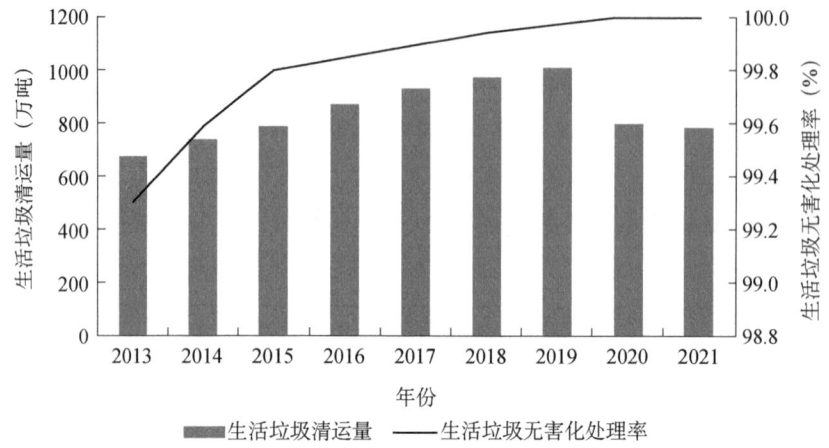

图 7-32　2013—2021 年北京市生活垃圾清运量及生活垃圾无害化处理率

资料来源：历年《北京统计年鉴》。

第五节　北京市环境保护分析

受产业结构和能源结构影响，20 世纪末至 21 世纪初，北京市环境质量整体较差。从"十一五"开始，北京市逐步推进城市空气质量改善。党的十八大以来，北京市大力推进生态文明建设，从全过程角度多举措系统推进环境治理，北京市生态环境质量实现根本性改善。

一、环境质量由差变好

1982 年的《北京城市建设总体规划方案》首次纳入了环境保护的专题内容，明确提出了"要治山治水、绿化造林、防治污染、兴利除弊、提高环境质量"的建设方针。1983 年，中共中央、国务院对《北京城市建设总体规划方案》作出十条批复，其中第七条"大力加强城市的环境建设"，明确要求把北京市建设成为清洁、优美、生态健全的文明城市。然而，受产业结构和能源结构的影响，北京市污染较为严重。1981—1992 年，北京市总悬浮微粒年均浓度值为 385—509 微克/米^3；二氧化硫年均浓度值为 87—112 微克/米^3，这两项指标都远高于世界卫生组织（WHO）的健康标准值（宋瑞金和崔九思，1996）。

21 世纪以来，尤其是"十一五"期间，北京市坚持实施污染减排措施，重点从治理燃煤、机动车、工业、扬尘等方面入手，全面推进21世纪城市空气质量改善。2000年，北京市可吸入颗粒物、二氧化硫和二氧化氮年浓度值分别为162微克/米³、71微克/米³和71微克/米³；而到2012年，这三项指标分别变为109微克/米³、28微克/米³和52微克/米³，降幅分别为32.72%、60.56%和26.76%（图7-33）。

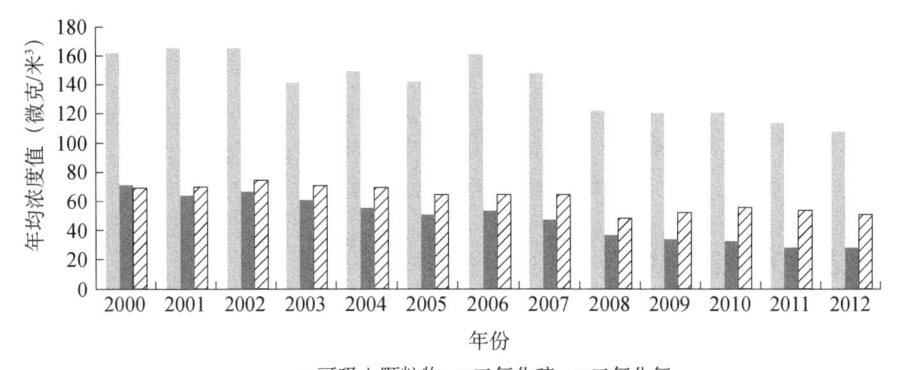

图7-33　2000—2012年北京市环境质量情况

资料来源：历年《北京统计年鉴》。

党的十八大以来，北京市多措并举，持续优化生态环境。2021年，北京市细颗粒物、二氧化硫、二氧化氮、可吸入颗粒物、一氧化碳、臭氧六项大气污染物浓度值首次全部达到《环境空气质量标准》二级标准。其中，二氧化硫年均浓度值为3微克/米³，比2012年下降89.3%；二氧化氮年均浓度值为26微克/米³，比2012年下降50%；可吸入颗粒物年均浓度值为55微克/米³，比2012年下降49.5%（图7-34）。自2013年建立监测以来，北京市细颗粒物年均浓度值逐年下降，由2013年的90微克/米³下降到2021年的33微克/米³，累计下降63.3%。此外，空间分布上，从"南高北低"变为"各区均匀趋同"，南北浓度差距由2013年的63微克/米³下降为2021年的16微克/米³，在全市各区域浓度整体性下降的同时，南四区改善效果更为明显（刘保献等，2023）。经过系统治理，北京市主要污染物浓度实现大幅下降，生态环境质量实现根本性改善。

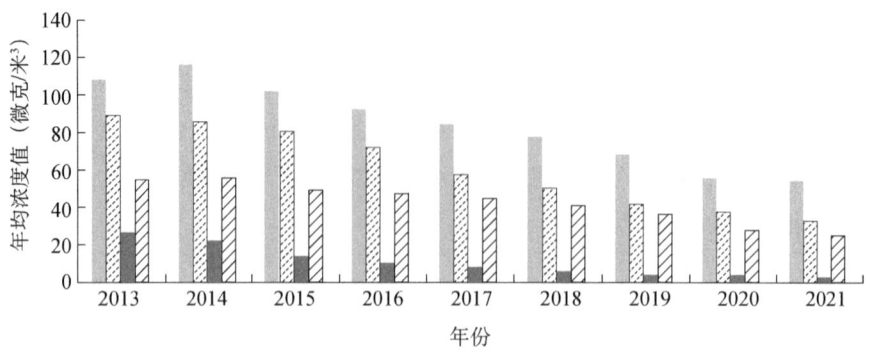

图 7-34　2013—2021 年北京市环境质量情况

资料来源：历年《北京统计年鉴》。

二、减排力度持续增强

21 世纪以来，北京市通过调整经济结构、转变发展方式、推动技术进步、加强监督管理等举措，推动节能减排。整体来看，2000—2012 年，北京市二氧化硫排放呈现波动下降的趋势，由 2000 年的 22.4 万吨，下降到 2012 年的 9.4 万吨，累计降幅达 58.04%。2000 年，化学需氧量（COD）排放量为 17.9 万吨，此后开始逐年下降，到 2010 年降至最低值（9.2 万吨），降幅达到 48.60%[1]。

在统计口径调整后，2011 年，北京市化学需氧量排放量达 19.3 万吨，2012 年为 18.7 万吨，减少了 0.6 万吨（图 7-35）。

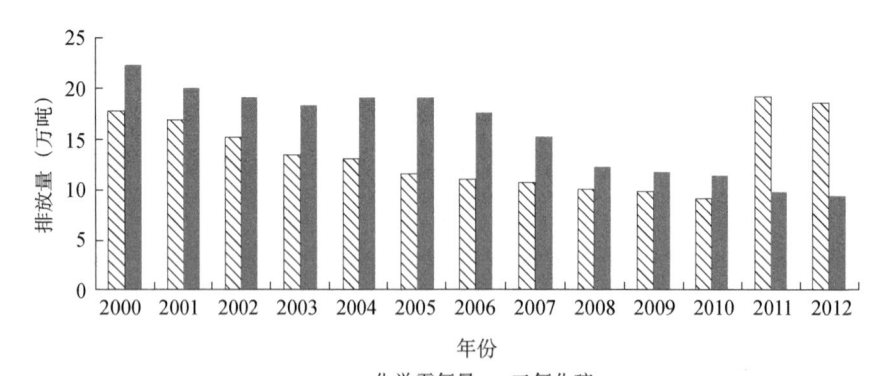

图 7-35　2000—2012 年北京市化学需氧量和二氧化硫排放量

资料来源：历年《北京统计年鉴》。

---

[1] 化学需氧量排放量和二氧化硫排放量指标自 2011 年起调整统计口径和核算方法。

党的十八大以来，北京市通过调整产业结构、能源结构等多种举措，持续降低污染物排放水平。2013年，北京市化学需氧量和二氧化硫排放量分别为17.8万吨和8.7万吨，而到2021年，这两项指标分别降为4.9万吨和0.1万吨；化学需氧量降幅达72.47%，二氧化硫降幅达98.85%（图7-36）。可见，北京市环境污染防治力度不断加大，防治成效日益显现。

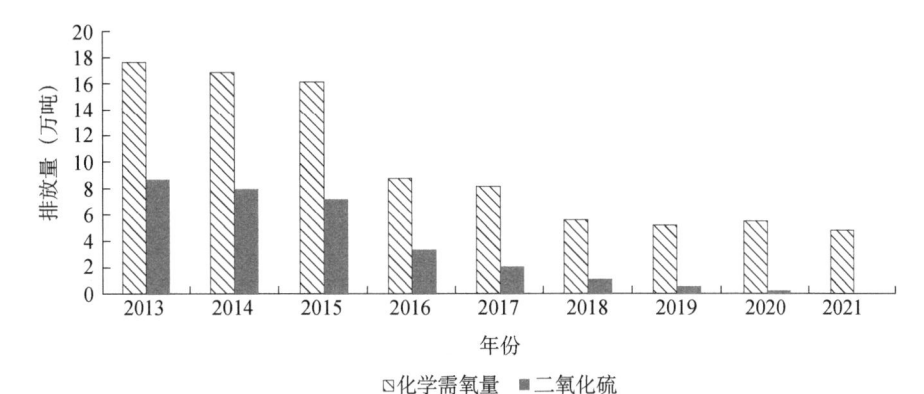

图7-36　2013—2021年北京市化学需氧量和二氧化硫排放量

资料来源：历年《北京统计年鉴》。

三、环境治理政策不断完善

1990年7月15日，北京市正式颁布《北京市执行环境保护法规行政处罚程序若干规定》，旨在保证环境保护机关及其工作人员依法行使职权，促进执法工作的规范化、制度化和科学化。此后，北京市开始逐步出台有关环境保护的法律法规，通过这些文件的制定，增强对环境的保护和治理（表7-1）。

表7-1　20世纪北京市出台的主要环境保护政策文件

时间	文件名称	重点内容
1997年	《北京市实施环境保护行政处罚程序规定》（京环保法字〔1997〕452号）	明确了北京市环境保护局依法对本市辖区内环境保护行政处罚实施统一监督管理；区县环境保护局（含北京经济技术开发区）在各自辖区内行使环境保护行政处罚办法
1998年	《关于贯彻执行北京市〈轻型汽车排放污染物排放标准〉的通知》（京环保气字〔1998〕353号）	北京市环境保护局负责对销往北京市各类车型污染排放情况进行审核，凡符合《轻型汽车排放污染物排放标准》的车型，北京市环境保护局核发机动车污染排放合格证，并分批公布排放达标车型目录。对于违反本通知规定，逾期仍销售使用不符合《轻型汽车排放污染物排放标准》汽车的单位，由相关部门依据有关法律、法规予以行政处罚

进入21世纪，北京市更加注重经济发展与环境保护之间的关系，出台的政策文件越来越细化，针对性也越来越强（表7-2）。

表7-2　21世纪初北京市出台的主要环境保护政策文件

时间	文件名称	重点内容
2000年	《北京市实施〈中华人民共和国大气污染防治法〉办法》	重点从防治燃煤产生的大气污染，防治机动车船排气污染，防治废气、尘和恶臭污染等几方面开展环境保护工作，并对相关政府机关的责任进行明确
2005年	《关于北京市实施国家部分第三、四阶段机动车污染物排放标准的公告》[①]	自2005年12月30日起，对除轻型柴油车以外的轻型汽车和重型汽车用发动机，实施《轻型汽车污染物排放限值及测量方法（中国Ⅲ、Ⅳ阶段）》（GB 18352.3—2005）、《车用压燃式、气体燃料点燃式发动机与汽车排气污染物排放限值及测量方法（中国Ⅲ、Ⅳ、Ⅴ阶段）》（GB 17691—2005）中的第三阶段排放控制要求；自2007年1月1日起，对轻型柴油车实施GB 18352.3—2005中的第四阶段排放控制要求
2009年	《北京市鼓励黄标车提前淘汰补助资金管理办法》	参照国家经济贸易委员会等部委发布的《汽车报废标准》（国经委经〔1997〕456号）的规定，提前一年及以上转出或报废的黄标车可以享受鼓励政策。黄标车具体是指国Ⅰ（不含）标准以下的汽油车，国Ⅲ（不含）标准以下的轻、重型柴油车

党的十八大以来，北京市更加注重经济发展与生态保护协调发展，通过建立健全绿色低碳循环发展政策体系，促进经济社会发展全面绿色转型（表7-3）。

表7-3　党的十八大以来北京市出台的主要环境保护政策文件

时间	文件名称	重点内容
2014年	《北京市大气污染防治条例》	该条例主要对重点污染物排放总量控制、固定污染源污染防治、机动车和非道路移动机械排放污染防治、扬尘污染防治等方面进行明确，不仅细化了大气污染违法行为，也加大了行政处罚力度，如果造成"严重污染、构成犯罪"，依法追究刑事责任
2018年	《北京市水污染防治条例》	该条例从一般规定、工业水污染防治、城镇水污染防治、农村和农业水污染防治、水污染事故处置等五个方面细化了具体防治措施。北京市、区、乡镇（街道）建立河长制，分级分段组织领导本行政区内河流、湖泊的水资源保护、水域岸线管理、水污染防治、水环境治理等工作
2020年	《北京市危险废物污染环境防治条例》	该条例重点针对危险废物道路运输、医疗废物处置、生活垃圾焚烧飞灰和有害垃圾收集实施监督管理，防治危险废物污染环境
2022年	《北京市土壤污染防治条例》	该条例对土地环境监测、监测数据库建立、土壤风险管控标准、农产品种植等进行了规定，并对违反相关规定所应当承担的法律责任进行了明确

---

① 北京市执行国家部分第三、四阶段机动车排放标准. https://sthjj.beijing.gov.cn/bjhrb/index/xxgk69/zfxxgk43/fdzdgknr2/ywdt28/xwfb/607890/index.html[2023-05-30].

除了命令-控制型政策之外，北京市还通过完善生态收费政策、排污权交易、碳排放交易、举报奖励等经济激励型政策和环境信息公开、节能环保宣传等公众参与型政策对环境进行综合治理（王红梅和王振杰，2016）。

此外，北京市积极与津冀等周边区域开展区域协同，通过签订跨行政区的合作协议，加强区域交界处污染源监管（表7-4）。

表7-4 党的十八大以来京津冀联合签署的主要协议文件

时间	文件名称	重点内容
2015年	《京津冀区域环境保护率先突破合作框架协议》	该协议以大气、水、土壤污染防治为重点，以统一立法、统一规划、统一标准、统一监测、协同治污等为突破口，联防联控，共同改善区域生态环境质量
2022年	《"十四五"时期京津冀生态环境联建联防联治合作框架协议》	该协议围绕大气污染联防联控、水环境联保联治、危险废物处置区域合作、绿色低碳协同发展、生态环境执法和应急联动、完善组织协调机制等六大方面，进一步深化三地协同内容，通过减污降碳协同增效推动区域绿色低碳创新
2022年	《密云水库上游潮白河流域水源涵养区横向生态保护补偿协议（二期）》	北京市和河北省将按照水量核心、水质底线的原则，进一步建立健全符合北方少水地区生态补偿机制，在原有潮河、白河、清水河3条跨界河流基础上，增加监测黑河、汤河，实现5条主要河流水量、水文、水质数据定期监测
2023年	《引滦入津上下游横向生态保护补偿协议（第三期）》	根据协议，每年天津市安排1亿元左右、河北省安排1亿元用于引滦入津生态环境保护，包括引滦入津上游地区水环境治理、水生态修复、水资源保护等保障协议履行工作

京津冀区域内各城市通过协同实施"散乱污"企业清理整治、化解过剩产能、工业源污染治理、煤炭消费总量控制、清洁取暖等措施，优化调整了城市自身的产业结构与能源结构，继而达成区域大气污染联防联控的政策目标，实现了区域空气质量的整体改善（李建呈和王洛忠，2023）。

整体而言，党的十八大以来，北京市通过出台《北京市大气污染防治条例》《北京市水污染防治条例》等多部生态环境保护地方性法规，持续完善保护生态环境的法治力量。此外，北京市积极强化与天津市、河北省等周边省（直辖市）协作，推动形成覆盖大气、水、土等主要环境要素的区域污染防治法规体系，为区域生态环境的持续改善提供制度保障。

参 考 文 献

北京市统计局. 2022. 数说十年丨能源结构转型实现突破 生态环境质量显著改善[EB/OL].
    http://www.beijing.gov.cn/ywdt/zwzt/xyesd/ssjc/202210/t20221008_2830148.html[2023-06-10].
陈佳蕊，许泽胜，张毅，等. 2022. 北京市生活垃圾处理模式发展历程的研究[J]. 应用化工, 51（11）: 3323-3326, 3332.

国家统计局北京调查总队. 2019. 能源发展稳步推进 生态城市建设初现成效——新中国成立 70 年北京能源资源环境发展综述[EB/OL]. http://tjj.beijing.gov.cn/zt/xzgclqsn/cyyfz/201909/t20190920_1378435.html[2023-06-01].

黄晶, 宋振伟, 陈阜. 2010. 北京市水足迹及农业用水结构变化特征[J]. 生态学报, 30（23）: 6546-6554.

李建呈, 王洛忠. 2023. 区域大气污染联防联控的政策效果评估——基于京津冀及周边地区"2+26"城市的准自然实验[J]. 中国行政管理, 451（1）: 75-83.

刘宝勤, 姚治君, 高迎春. 2003. 北京市用水结构变化趋势及驱动力分析[J]. 资源科学,（2）: 38-43.

刘保献, 李倩, 孙瑞雯, 等. 2023. 2018～2020 年北京市大气 $PM_{2.5}$ 污染特征及改善原因[J]. 环境科学, 44（5）: 2409-2420.

毛军, 田赟, 谢军平, 等. 2021. 北京市 4 种城市功能区森林植被涵养水源功能评价及价值估算[J]. 生态学报, 41（22）: 9020-9028.

苗向荣. 2017. 城镇化背景下农村能源消费现状及调整对策研究——基于北京市农村生活用能的分析[J]. 人民论坛·学术前沿, 122（10）: 92-95.

宋瑞金, 崔九思. 1996. 我国五城市大气污染动态观察的研究[J]. 卫生研究,（6）: 19-23.

苏心玥, 于洋, 赵建世, 等. 2019. 南水北调中线通水后北京市辖区间水资源配置的博弈均衡[J]. 应用基础与工程科学学报, 27（2）: 239-251.

汪安璞, 黄衍初, 马慈光, 等. 1983. 北京大气颗粒物与地面土中元素的污染及来源初探[J]. 环境化学,（6）: 25-31.

王丹妮. 1996. 北京经济发展的自然环境问题[J]. 北京社会科学,（1）: 76-77.

王风云, 苏烨琴. 2018. 京津冀能源消费结构变化及其影响因素[J]. 城市问题, 277（8）: 59-67.

王红梅, 王振杰. 2016. 环境治理政策工具比较和选择——以北京 $PM_{2.5}$ 治理为例[J]. 中国行政管理, 374（8）: 126-131.

王宇白, 白婷婷, 徐栋, 等. 2023. 基于系统时间序列的城市绿化冷却效应评估研究[J]. 中国环境科学, 43（9）: 4859-4867.

吴丹, 李昂, 张陈俊. 2021. 双控行动下京津冀经济发展与水资源利用脱钩评价[J]. 中国人口·资源与环境, 31（3）: 150-160.

杨敏, 张鹏鹏, 张力小, 等. 2020. 北京城市去煤炭化过程及其驱动因素解析[J]. 自然资源学报, 35（11）: 2783-2792.

姚永玲. 2011. 北京城市发展中的能源消耗影响因素分析[J]. 中国人口·资源与环境, 21（7）: 40-45.

张慧智，周中仁，庞文，等. 2021. 北京市农村污水处理现状、问题及发展建议[J]. 环境保护，49（11）：43-46.

朱逢豪，李成，柳树成，等. 2012. 北京市 $PM_{2.5}$ 的研究进展[J]. 环境科学与技术，35（S2）：152-155.

朱守先，张雷. 2007. 北京市产业结构的节能潜力分析[J]. 资源科学，（6）：194-198.

第八章 北京市空间发展形态、结构及其格局

第一节 城市建设用地规模变化

从历史角度来看，北京城市建设用地规模经历了先增加后减少的过程。新中国成立后，在中央的指导与历版城市总体规划的引领下，为适应社会经济的发展，城市建设用地规模总体上是增长的。新时代，沿着习近平总书记为新时期首都发展指明的方向，北京市编制并实施新版城市总体规划，严格控制城市规模，实现城乡建设用地规模减量。

一、城市建设用地规模增量（1949—2017年）

（一）新中国成立后六版城市总体规划对城市规模的规划目标

1.《改建与扩建北京市规划草案要点》

1949年9月，中国人民政治协商会议第一届全体会议在北平召开，会议

决定中华人民共和国的国都定于北平，将北平改为北京。北京作为新中国的首都，开始积极谋划发展。1953年6月，北京市委成立了一个规划工作组，史称"畅观楼小组"。根据中央有关要求，工作组提出《改建与扩建北京市规划草案要点》，并上报中央，这是新中国首都第一版城市总体规划（石晓冬和和朝东，2021）。

具体内容方面，首都建设总方针明确为"为生产服务，为中央服务，归根到底是为劳动人民服务"，城市性质为"政治、经济、文化的中心""强大的工业基地和科学技术的中心"（董光器，2010）。城市规模方面，规划提出"在二十年左右，首都人口估计可能发展到五百万人左右，北京市的面积必须相应地扩大至六万公顷左右"（李浩，2021）。

2.《北京城市建设总体规划初步方案（草案）》

1956年，社会主义改造基本完成，中国进入全面建设社会主义时期。为落实中央的有关要求，进一步搞好首都规划，北京市聘请苏联专家帮助编制规划，并于1957年提出《北京城市建设总体规划初步方案（草案）》，这是新中国首都第二版城市总体规划（石晓冬和和朝东，2021）。围绕国家工业化战略，此版规划侧重工业发展，提出"要迅速地把它建设成为现代化的工业基地和科学技术中心"。在这一目标的指导下，规划提出"首都的发展规模不可能很小"。

随着"一五"计划的顺利完成，社会主义制度也基本建立。按照中央的有关指示要求，北京对《北京城市建设总体规划初步方案（草案）》进行了修改。市域范围扩大至16 800平方公里，空间布局采用"分散集团式"的方案，把市区600平方公里用地布局成几十个集团。

3.《北京城市建设总体规划方案》

20世纪70年代，国民经济逐渐恢复发展，北京市提出《北京城市建设总体规划方案》，这是新中国首都第三版城市总体规划（石晓冬和和朝东，2021）。在"治乱治散"的目标导向下，针对市区内工业过度集中导致用地紧张等问题，规划提出控制市区规模，大力发展郊区，明确新建工厂布局在远郊，并在远郊逐步建立起一批小城镇。

4.《北京城市建设总体规划方案》

1980年4月，中央书记处分析了首都的特点，总结历史经验，作出了关于首都建设方针的重要指示，史称"四项指示"。"四项指示"明确了新时期首都建设的方向。依据中央指示要求，北京编制了《北京城市建设总体规划方案》，这是新中国首都第四版城市总体规划（石晓冬和和朝东，2021）。针对不同圈层的特点，规划提出"旧城逐步改建，近郊调整配套，远郊积极发展"的建设方针，明确中心城"中心大团+边缘集团"的空间布局模式。

5.《北京城市总体规划（1991年—2010年）》

随着以市场经济为主导的改革方向的确立，北京的发展建设速度也逐步加快。为贯彻"南方谈话"及十四大精神，北京对总体规划进行修编。规划于1993年10月6日得到国务院批复，这是新中国首都第五版城市总体规划（石晓冬和和朝东，2021）。规划提出，市区中心地区的范围大体在四环路内外，面积近300平方公里。市区和环绕其周围的10个边缘集团，城市建设规划用地610平方公里。到2010年，卫星城城市建设用地250平方公里（北京市城市规划设计研究院，1994）。

6.《北京城市总体规划（2004年—2020年）》

2003年，为全面贯彻落实科学发展观，并充分利用举办2008年北京奥运会的发展机遇，进一步推进城市的发展建设，北京开展了新一轮总体规划的修编。规划于2005年1月27日得到国务院批复，这是新中国首都第六版城市总体规划（石晓冬和和朝东，2021）。

规划提出，2020年，北京市建设用地规模控制在1650平方公里，人均建设用地控制在105平方米。其中中心城城镇建设用地规模约778平方公里，人均建设用地控制在92平方米；新城城镇建设用地规模约640平方公里，人均建设用地控制在112平方米；镇及城镇组团城镇建设用地规模约212平方公里，人均建设用地控制在120平方米以内（北京市规划和自然资源委员会，2022）。

（二）城市建设用地规模变化情况（1949—2017年）

1949—2017年，在新中国成立后首都六版城市总体规划的引领下，北京的城市规模总体上呈现出不断扩张的趋势，这与城市发展的阶段相契合。总的来看，1985—2014年，北京市建设用地规模由476平方公里逐年增长至3163平方公里，增长幅度达到564%，年均增幅约为6.8%（图8-1）。与此同时，北京地区生产总值实现增长幅度达到1619%，年均增幅约为10.3%[①]。

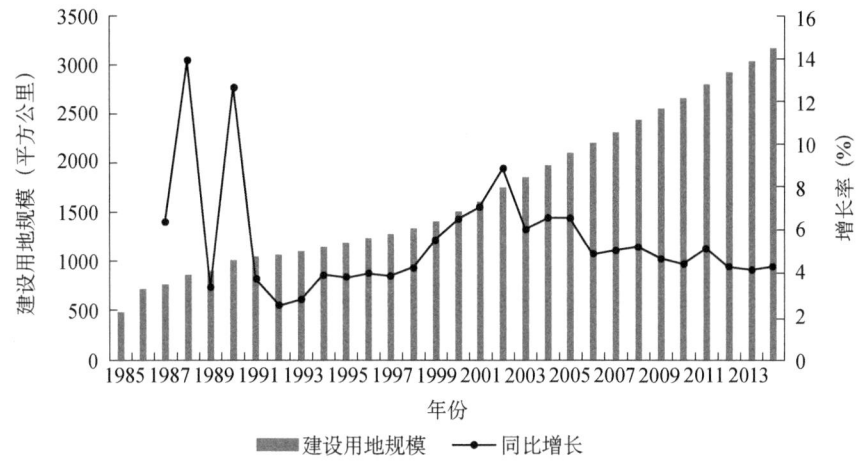

图 8-1 1985—2014 年北京市建设用地规模变化示意图
资料来源：Gong 等（2020）。

具体来看，北京城市建设用地规模扩张速度可以用2002年作为分水岭，2002年以前建设用地规模增长速度逐步提升，在2002年前后到达增速的拐点，随后增速逐步放缓。1985—2002年，北京市建设用地规模由476平方公里逐年增长至1746平方公里，增长幅度达到267%，年均增幅约为7.9%，与此同时北京地区生产总值实现增长幅度达到429%，年均增幅约为10.3%。2003—2014年，北京市建设用地规模由1851平方公里逐年增长至3163平方公里，增长幅度约为71%，年均增幅约为5%，与此同时北京地区生产总值实现增长幅度达到193%，年均增幅约为10.3%。从建设用地规模年度变化绝对量来看，2000年及以前的年度增量基本保持在30—50平方公里，2000年之后则均保持在100平方公里以上（图8-2）。

---

① 按不变价格计算，下同。

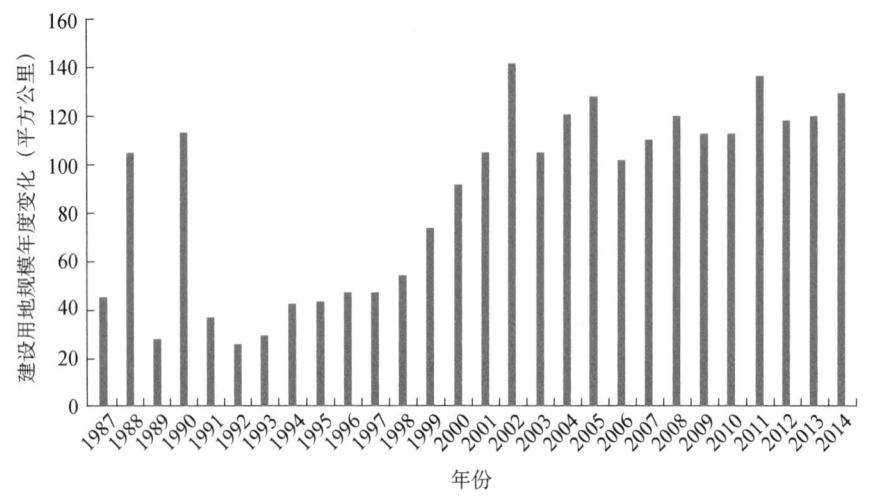

图 8-2　1987—2014 年北京市建设用地规模年度变化量示意图

资料来源：Gong 等（2020）。

二、城市建设用地规模减量（2017 年至今）

（一）第七版城市总体规划（《新总规》）对建设规模的要求

1.《新总规》编制背景

党的十八大以来，习近平总书记十分关心首都规划工作，多次视察北京，并发表重要讲话，为做好新时代首都工作提供了根本遵循。2014 年 2 月 26 日，习近平总书记在北京考察工作时指出，城市规划在城市发展中起着重要引领作用，考察一个城市首先看规划，规划科学是最大的效益，规划失误是最大的浪费，规划折腾是最大的忌讳；首都规划务必坚持以人为本，坚持可持续发展，坚持一切从实际出发，贯通历史现状未来，统筹人口资源环境，让历史文化与自然生态永续利用、与现代化建设交相辉映。[1]2017 年 2 月 24 日，习近平总书记在北京考察工作时指出，"城市规划在城市发展中起着重要引领作用。北京城市规划要深入思考'建设一个什么样的首都，怎样建设首都'这个问题，把握好战略定位、空间格局、要素配置，坚持城乡统筹，落实'多规合一'，形成一本规划、一张蓝图，着力提升首都核心功能，做到服务保障能力同城市战略定位相适应，人口资源环境同城市战略定位相

---

[1] 习近平在北京考察　就建设首善之区提五点要求[EB/OL]. http://www.xinhuanet.com//politics/2014-02-26/c_119519301.htm[2014-02-26].

协调，城市布局同城市战略定位相一致，不断朝着建设国际一流的和谐宜居之都的目标前进。总体规划经法定程序批准后就具有法定效力，要坚决维护规划的严肃性和权威性"（新华社，2017）。

为深入贯彻落实习近平总书记视察北京重要讲话精神，紧紧扣住迈向"两个一百年"奋斗目标和中华民族伟大复兴的时代使命，围绕"建设一个什么样的首都，怎样建设首都"这一重大问题，谋划首都未来可持续发展的新蓝图，北京市编制了新一版城市总体规划。本次城市总体规划编制工作坚持以资源环境承载能力为刚性约束条件，确定人口总量上限、生态控制线、城市开发边界，实现由扩张性规划转向优化空间结构的规划（北京市人民政府，2017）。

2.《新总规》对建设规模的要求

《新总规》提出，"坚持集约发展，框定总量、限定容量、盘活存量、做优增量、提高质量，以资源环境承载能力为硬约束，确定人口规模、用地规模和平原地区开发强度，切实减重、减负，实施人口规模、建设规模双控，倒逼发展方式转变、产业结构转型升级、城市功能优化调整，实现各项城市发展目标之间协调统一"。

《新总规》明确要求"实现城乡建设用地规模减量"。"坚守建设用地规模底线，严格落实土地用途管制制度。到2020年全市建设用地总规模（包括城乡建设用地、特殊用地、对外交通用地及部分水利设施用地）控制在3720平方公里以内，到2035年控制在3670平方公里左右。促进城乡建设用地减量提质和集约高效利用，到2020年城乡建设用地规模由现状2921平方公里减到2860平方公里左右，到2035年减到2760平方公里左右。"

《新总规》明确提出"降低平原地区开发强度"。"减少平原地区城乡建设用地规模，调整用地结构，合理保障区域交通市政基础设施、公共服务设施用地，拓展生态空间，到2020年平原地区开发强度由现状46%下降到45%以内，到2035年力争下降到44%。"（北京市人民政府，2017）

（二）规划引领下城市建设用地及城乡建设用地规模变化情况（2017—2022年）

5年来，北京市奋力完成《新总规》实施第一阶段减量发展任务，"城乡建设用地减量120平方公里，严格管控132平方公里战略留白用地，生产、生活、生态空间更加协调有序"。"持续开展两轮疏解整治促提升专项行动，拆除违法建设2.4亿平方米，8个区及北京经济技术开发区率先实现基本无违法建设区创建目标，城市面貌发生了人民期盼的可喜变化。"（北京市人民政府，2023）

《新总规》实施第一阶段，城乡建设用地规模由2015年基期的2921平方公里降至2020年的2734平方公里①，平原地区开发强度由2015年基期的45.79%下降到2020年的44.46%，生态空间规模不断扩大。深入实施疏解整治促提升专项行动，以大规模拆除腾退各类违法建设为主要抓手，以集中建设区外的低效集体产业用地为重点，建立了多拆少建的挂钩实施机制，实际拆占比约为1:0.5。土地利用重点转向存量挖潜。开展城市更新行动，探索形成雨儿胡同"共生院模式"、老旧小区改造"劲松模式""首开经验"、以新首钢园区为代表的老旧厂房改造等城市更新路径。与此同时，经济增长方式向创新驱动转变。地均产出由2015年的6.94亿元/公里²提高到10.71亿元/公里²；单位建筑面积产出由2015年1474.17元/米²提高到2063.03元/米²（图8-3）。

(a) 地均地区生产总值

(b) 单位建筑面积地区生产总值

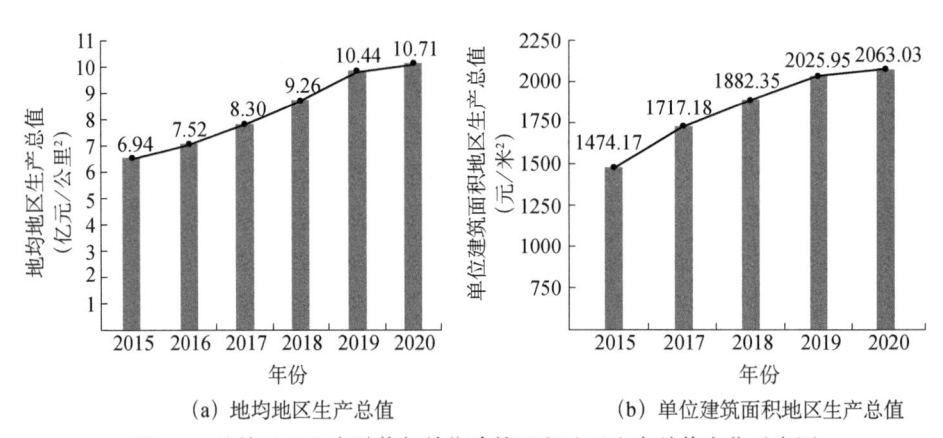

图8-3 地均地区生产总值与单位建筑面积地区生产总值变化示意图

资料来源：迈向中华民族伟大复兴的大国首都——《北京城市总体规划（2016年—2035年）》实施成果展（2021年版）．北京市规划展览馆．

第二节 历次城市规划结构与布局分析

空间结构与功能布局是城市规划的重中之重。北京作为首都城市，其城市规划也是首都规划，要把首都规划建设放在党和国家工作大局中来把握。历版

---

① 2020年值为第三次全国国土调查及2020年度全国国土变更调查的地类统计结果。

城市总体规划始终围绕党和国家决策部署谋划空间发展，始终围绕"集聚"与"疏解"调整空间结构，始终围绕"分散集团式布局"塑造空间形态。

一、围绕党和国家决策部署谋划空间发展

作为首都城市，北京城市的历版总体规划编制工作都是在中央的指导下开展的，最根本的是始终在实践中思考"建设一个什么样的首都，怎样建设首都"这一问题。随着时代的发展与形势的变化，首都城市的建设方针、战略定位以及与之相适应的空间发展战略和实施路径在不断优化修正，体现在城市空间发展的几次战略选择中。

（一）新中国成立初期："为中央服务，为生产服务，归根到底是为劳动人民服务"方针指导下的行政中心选址、工业区布局

新中国成立初期，中央对北京提出"变消费城市为生产城市"和"为生产服务，为中央服务，归根到底是为劳动人民服务"的城市发展指导方针与要求，北京以旧城为中心进行了城市的改建与扩建，中央及市级的主要领导机关主要集中在旧城，放弃了在西郊另建新城的方案。这一发展方针也体现在1953年编制的《改建与扩建北京市规划草案要点》中，规划确定北京的城市性质为：我们的首都，应该成为我国政治、经济和文化的中心，特别要把它建设成为我国强大的工业基地和技术科学的中心。在这一导向下，城市在空间布局上扩大了工业区用地，在东北郊、东郊、东南郊、南郊、西南郊、石景山等地分别设置了大片工业区（杨明等，2017）。

（二）改革开放初期："四项指示"方针指导下的"旧城逐步改建，近郊调整配套，远郊积极发展"

1980年4月，中央书记处对首都建设方针提出"四项指示"：①要把北京建设成全国、全世界社会秩序、社会治安、社会风气和道德风尚最好的城市；②要把北京变成全国环境最清洁、最卫生、最优美的第一流的城市，也是世界上比较好的城市；③要把北京建成全国科学、文化、技术最发达、教育程度最高的第一流的城市，并且在世界上也是文化最发达的城市之一；④要使北京经济不断繁荣，人民生活方便、安定。1982年《北京城市建设总体规划方案》明确北京是"全国的政治中心和文化中心"，"经济中心""工业基地"等战略定位弱化。规划提出，旧城要逐步改建，功能要进一步调整，

要体现政治中心和文化中心的需要，把一些非必须留在旧城的单位迁出去；近郊完善配套，各个片区要建设住宅以及各类服务设施，形成相对独立的多中心布局；远郊城镇沿主要交通干线布局发展（杨明等，2017）。

（三）市场经济确立初期："四个服务"方针指导下的"两个战略转移"

进入20世纪90年代以后，随着改革开放的深入和市场经济的发展，城市人口激增，随之而来的"大城市病"初现。这个时期，中央对首都在国家发展大局中的核心职责提出了新的要求，反映在后续提出的"四个服务"[①]要求里，为中央开展国际交往、为全国的科技教育服务成为新的工作重点。为了缓解市区过度集聚，并通过腾挪空间服务新的职能，《北京城市总体规划（1991年—2010年）》提出改变人口和产业过于集中在市区的状况，从现在起城市建设重点要逐步从市区向远郊区作战略转移，市区建设要从外延扩展向调整改造转移。"两个战略转移"概括出了城市空间发展的总方针，影响了之后两版总体规划的空间布局（杨明等，2017）。

（四）新时代：习近平新时代中国特色社会主义思想指引下的"一核一主一副、两轴多点一区"

《新总规》以疏解非首都功能为"牛鼻子"，统筹考虑疏解与整治、疏解与提升、疏解与发展、疏解与协同的关系，推进内部功能重组，优化城市空间布局，提出了"一核一主一副、两轴多点一区"的城市空间结构。相比以往，《新总规》确定的城市空间结构更加突出了首都功能、疏解导向和生态建设。

"一核"指由东城区、西城区组成的首都功能核心区，"一主"指中心城区（即城六区），"一副"指北京城市副中心，是北京新两翼中的一翼，"两轴"指中轴线及其延长线、长安街及其延长线，"多点"是位于平原地区的顺义、大兴、亦庄、昌平、房山5个新城，"一区"是生态涵养区，包括门头沟、平谷、怀柔、密云、延庆5个区，以及昌平和房山的山区，是首都重要的生态屏障（北京市人民政府，2017）。

[①] 1995年4月，李鹏在北京市委常委扩大会议上的讲话中提出了"四个服务"的工作要求：为中央党、政、军领导机关的工作服务，为国家的国际交往服务，为科技和教育发展服务，为改善人民群众生活服务。"四个服务"成为北京接下来几版城市总体规划编制和实施最重要的指导思想。

二、围绕"集聚"与"疏解"调整空间结构

（一）前六版城市总体规划空间结构规划中的"集聚"与"疏解"

1953年，北京城市范围是市区600平方公里左右，在中央"变消费城市为生产城市""发展大城市"的方针指导下，1953年编制的《改建与扩建北京市规划草案要点》提出城市人口规模发展到500万人左右，空间布局上将旧城作为行政中心区，依托旧城向四郊发展，即在东北郊、通惠河两岸等地形成规模化的工业区，在西北郊聚集了以八大院校、中国科学院等为主的文教科研区，在东郊开辟新使馆区，依托旧城改造成中央办公区，并拓展到西郊，这奠定了日后城市发展的基本格局，也带来各类功能和人口的高度集聚（杨明等，2017）。

1958年，北京市域面积为16 410平方公里，随着各类要素在中心区的集聚，城市发展中的问题逐渐显现。城市空间布局上亟须在更大范围布局城市功能，控制"中心"、发展"外围"成为之后历版城市总体规划空间布局的核心目的。1972年，《北京城市建设总体规划方案》在1957年"子母城"概念的基础上，提出控制市区、发展远郊区，将大量的工业项目布局到40个卫星镇上。1982年编制的《北京城市建设总体规划方案》针对建设分散的问题提出重点发展黄村、昌平、通县、燕山4个卫星镇，规模在5万—20万人，卫星镇职能在工业之外还包括了科研等职能。《北京城市总体规划（1991年—2010年）》实施"两个战略转移"，将过去的卫星城镇分为卫星城和镇，14个卫星城以各县城为主，规模一般在10万—25万人。《北京城市总体规划（2004年—2020年）》提出了"两轴两带多中心"的城市空间结构，"两轴"指沿长安街的东西轴和传统中轴线的南北轴，"两带"指包括通州、顺义、亦庄、怀柔、密云、平谷的"东部发展带"和包括大兴、房山、昌平、延庆、门头沟的"西部发展带"，"多中心"指在市域范围内建设多个服务全国、面向世界的城市职能中心。实施新城战略，将14个卫星城升级为11个新城，并确定位于东部发展带上的通州、亦庄、顺义为重点新城。与卫星城相比，新城规模更大、功能更综合、独立性更强，通过重大基础设施和产业带动，成为中心城人口和职能疏解及新的产业集聚的主要地区，形成规模效益，共同构筑中心城的反磁力系统（杨明等，2017）。

（二）《新总规》"一核""一主"与"一副""多点"等的疏解与承接

1. 一核：功能重组

首都功能核心区是全国政治中心、文化中心和国际交往中心的核心承载区，是历史文化名城保护的重点地区，是展示国家首都形象的重要窗口地区。首都功能核心区要充分体现"四个中心"城市战略定位，做好"四个服务"。《新总规》的总体建设要求可总结为"两减、两增、一严控"，即合理降低人口密度，逐步降低建设密度，增加绿地和水域用地面积，严格控制首都功能核心区建筑高度。有序推动首都功能核心区内市级党政机关和市属行政事业单位疏解，并带动其他非首都功能疏解，疏解腾退空间优先为中央和国家机关优化布局提供条件；完成重点片区疏解和环境整治，优化调整用地功能，提升景观质量，创造安全、整洁、有序的政务环境（杨明等，2017）。

2. 一主：疏解提升

中心城区是疏解非首都功能的主要地区，以疏解非首都功能、治理"大城市病"为切入点，完善配套设施，保障和服务首都功能的优化提升。中心城区为了落实减量提质的要求，保证合理规模和用地结构，提出了"三减、三增、三严控"的建设管控要求，即减少常住人口、城乡建设用地、产业用地，增加居住用地、公共设施和基础设施用地、绿地等公共空间，严控规划总建筑规模、非首都功能增量、超高层建筑的高度和选址布局。疏解腾退的空间，将优先用于保障中央政务功能，预留重要国事活动空间；发展文化与科技创新功能；增加绿地等公共空间；补充公共服务设施，增加公共租赁住房，改善居民生活条件；完善交通市政基础设施，保障城市安全高效运行。通过"减"和"增"，更好地服务国家发展，让群众有更多的获得感（杨明等，2017）。

3. 一副：示范带动

《新总规》聚焦通州，建设一个城市副中心，通过经济社会要素的集中投入和市级行政中心的搬迁带动，形成合力，以更大的力度促成空间结构的战略性调整。北京城市副中心作为北京新两翼中的一翼，紧紧围绕对接中心城区功能和人口疏解，发挥对疏解非首都功能的示范带动作用，促进行政功能与其他城市功能有机结合,以行政办公、商务服务、文化旅游为主导功能,形成配套完善的城市综合功能。北京城市副中心规划范围约 155 平方公里,到 2020 年常住人口规模调控目标为 100 万人左右,到 2035 年常住人口规模调控目标为 130 万人以内,就业人口规模调控目标为 60 万—80 万人,承接中心城区 40 万—50 万常住人口疏解(杨明等,2017)。

4. 多点:综合承接

位于平原地区的"多点"强化综合承接和支撑能力,是承接中心城区适宜功能、服务保障首都功能的重点地区,也是首都面向区域协同发展的重要战略门户。加强与中心城区联动发展,积极承接发展与首都定位相适应的文化、科技、国际交往等功能,提高发展定位,培育高端增量,疏解和承接相结合,实现更高水平、更可持续发展。发挥面向区域协同发展的前沿作用,充分发挥北京首都国际机场、北京大兴国际机场两大国际航空枢纽和城际轨道交通的优势,加强对外交通枢纽与城市功能整合,重点承接服务全国和区域的商务商贸、专科医疗、教育培训等功能(杨明等,2017)。

三、围绕"分散集团式布局"塑造空间形态

(一)前六版城市总体规划坚持"分散集团式"的空间布局,防止城市圈层式蔓延发展

自 1958 年以来,历次城市总体规划均坚持"分散集团式"的空间布局,防止城市圈层式蔓延发展。1958 年城市总体规划按照中央"大地园林化"的建设要求,把市区 600 平方公里用地分解成几十个集团,集团之间保留农田与绿地,奠定了"分散集团式"城市布局的基础。1973 年城市总体规划维持"分散集团式"的布局形式,但中心大团绿地农田面积大大缩小。1982 年城市总体规划进一步明确市区"分散集团式"形式,中心城区形成中心集团和外围 10 个边缘集团的格局。1991 年城市总体规划在边缘集团与中心地区之间明确划定了绿化隔离带,确定了"中心地区+边缘集团"的结构形式。2004 年城市总体规划将"分散集团式"空间形态从市区扩大到市域,通过两条绿化隔离带形成"中心地区+边缘集团+新城"的结构形式。其中,中心地区指以旧城为核心的中心地区;边缘集团围绕中心地区的 10 个边缘集团,是中心城区承担产业与人口聚集的重要地区;新城是两个发展带上的

重要节点，是承担疏解中心城区人口和功能、集聚新的产业，带动区域发展的规模化城市地区；第一道绿化隔离地区规划面积244平方公里，位于中心城区的中心地区与边缘集团之间；第二道绿化隔离地区规划面积1650平方公里，是控制中心城区向外蔓延以及新城之间连片发展的生态屏障（杨明等，2017）。

（二）《新总规》"一屏、三环、五河、九楔"的市域绿色空间结构对"分散集团式"空间布局的作用

《新总规》构建"一屏、三环、五河、九楔"的市域绿色空间结构，防止城镇蔓延，塑造"分散集团式布局"。"一屏"指山区生态屏障。《新总规》要求充分发挥山区水源涵养、水土保持、防风固沙、生物多样性保护等重要生态服务功能。"三环"指一道绿隔城市公园环、二道绿隔郊野公园环、环首都森林湿地公园环。《新总规》要求在第一道绿化隔离地区力争实现全部公园化，在第二道绿化隔离地区形成以郊野公园和生态农业为主的环状绿化带，合力推进环首都森林湿地公园建设。"五河"指永定河、潮白河、北运河、拒马河、泃河为主构成的河湖水系。规划要求以五河为主线形成河湖水系绿色生态走廊。"九楔"指九条放射状楔形绿色廊道。《新总规》要求打通九条连接中心城区、新城及跨界城市组团的楔形生态空间，形成联系西北部山区和东南部平原地区的多条大型生态廊道（北京市人民政府，2017）。

1. 以三级公园体系维护"分散集团式布局"

《新总规》整合和优化第一道、第二道绿化隔离地区内现有的公园以及大型绿化隔离空间，构建集游憩、休闲娱乐、科普教育、生态服务等功能于一体的综合性公园，公园间通过绿色廊道的联通，形成城市公园环和郊野公园环。中心城区以城市公园环构建半小时休闲圈，市域范围内形成1小时森林休闲圈，满足市民日常及周末休闲游憩的需求。在平原的东南部新城与行政辖区边缘河北城镇之间建设森林湿地公园环，形成环首都城镇绿化隔离带，防止环首都区域城镇连片建设发展，将"分散集团式布局"扩大到首都及其周边的城镇连绵地区（杨明等，2017）。

2. 以九条楔形绿地打通建设区内外生态廊道

打通九条连接中心城区、新城及跨界城市组团的楔形廊道，形成联系西

北部山区和东南部平原地区的多条大型生态廊道。加强植树造林，构建生态廊道和城镇建设相互交融的空间格局。将九条绿楔、一道绿隔城市公园环、二道绿隔郊野公园环的建设与中心城区通风廊道的规划相结合，连贯绿楔、绿环，形成"绿环围绕、绿楔渗入、绿廊连通"的生态空间结构，以利于增强通风潜力、缓解热岛效应，改善局地气候（杨明等，2017）。

第三节　城市各空间圈层规划实施情况[①]

自《新总规》实施以来，北京市全面落实首都城市战略定位，城市发展格局实现历史性变革。编制实施首都功能核心区控规、城市副中心控规、分区规划及重点功能区规划，首都规划体系全面深化完善。统筹城乡区域协调发展，城市空间结构进一步优化，功能疏解和承接取得积极进展。各空间圈层资源调配与发展联动更加紧密。建设政务环境优良、文化魅力彰显和人居环境一流的首都功能核心区。推进中心城区功能疏解提升，增强服务保障能力。高水平规划建设北京城市副中心，示范带动非首都功能疏解。强化多点支撑，提升新城综合承接能力。推进生态涵养区保护与绿色发展，建设北京的后花园（表8-1）。

表8-1　北京城市功能分区和各区功能定位及产业定位

空间结构	市辖区	分区功能定位	分区产业定位
一核	东城区	全国政治中心、文化中心和国际交往中心的核心承载区 历史文化名城保护的重点地区 展示国家首都形象的重要窗口地区	
	西城区	全国政治中心、文化中心和国际交往中心的核心承载区 历史文化名城保护的重点地区 展示国家首都形象的重要窗口地区	

[①] 本节相关资料来源：关于《北京城市总体规划（2016年—2035年）》实施情况的报告（书面）[EB/OL]. http://www.bjrd.gov.cn/rdzl/rdcwhgb/sswjrdcwhgb202006/202101/t20210115_2220884.html[2021-01-15]；迈向中华民族伟大复兴的大国首都——《北京城市总体规划（2016年—2035年）》实施成果展（2021年版）．北京市规划展览馆；北京市各区政府工作报告。

续表

空间结构	市辖区	分区功能定位	分区产业定位
一主 （城四区）	朝阳区	国际一流的商务中心区、国际科技文化体育交流区、各类国际化社区的承载地 大尺度生态环境建设示范区、高水平城市化综合改革先行区 创新引领的首都文化窗口区	构建以国际商务、金融服务、文化创意和高新技术为主导的"高精尖"产业体系
	丰台区	首都高品质生活服务供给的重要保障区 首都商务新区 科技创新和金融服务的融合发展区 高水平对外综合交通枢纽 历史文化和绿色生态引领的新型城镇化发展区	构建以轨道交通和航空航天两大产业为支柱，新兴金融和科技服务为主导，战略性新兴产业、商务服务和文化创意为支撑，生活性服务为补充的"高精尖"产业体系
	石景山	国家级产业转型发展示范区 绿色低碳的首都西部综合服务区 山水文化融合的生态宜居示范区	构建以现代金融为主导，科技服务、数字创意、新一代信息技术为特色培育，高端商务服务业为配套支撑的"1+3+1""高精尖"产业体系
	海淀区	具有全球影响力的全国科技创新中心核心区 服务保障中央政务功能的重要地区 历史文化传承发展典范区 生态宜居和谐文明示范区 高水平新型城镇化发展路径的实践区	突出大信息、大健康产业的主导地位 着力推进科技服务业升级发展 有序推动数字经济、智能经济、共享经济健康发展
一副	通州区	国际一流的和谐宜居之都示范区 新型城镇化示范区 京津冀区域协同发展示范区	鼓励银行业金融机构发展，建立国际化现代商务区 大力发展文化创意、主题旅游、原创艺术、演艺娱乐等产业，积极发展体育产业，引进顶尖职业赛事和俱乐部 推进物联网、计算机、大数据、空间地理信息集成等新一代信息技术
多点	房山区	首都西南部重点生态保育及区域生态治理协作区 京津冀区域京保石发展轴上的重要节点 科技金融创新转型发展示范区 历史文化和地质遗迹相融合的国际旅游休闲区	以现代交通+新材料为主导产业 以智能装备+医药健康和金融科技为培育重点的新兴产业体系 发展文化创意、旅游、会展等消费型服务业 发展现代农业
	顺义区	港城融合的国际航空中心核心区 创新引领的区域经济提升发展先行区 城乡协调的首都和谐宜居示范区	构筑"3+4+1"产业体系：3为新能源智能汽车产业集群、第三代半导体集群、航空航天产业集群；4大现代服务业：临空经济、产业金融、商务会展、文化创意旅游；1为发展全流程的智能制造

续表

空间结构	市辖区	分区功能定位	分区产业定位
多点	昌平区	首都西北部重点生态保育及区域生态治理协作区	重点培育新材料、科技服务产业
		具有全球影响力的全国科技创新中心重要组成部分和国际一流的科教新区	加快发展信息服务业与金融服务业，把生产性服务业打造成引领发展的新引擎
		特色历史文化旅游和生态休闲区	发展创意文化、体育休闲、文旅产业
		城乡综合治理和协调发展的先行示范区	
	大兴区	面向京津冀的协同发展示范区	大力发展"1+3""高精尖"产业体系，以医药健康产业为核心
		科技创新引领区	培育新能源智能汽车、新一代信息技术和科技服务三大产业
		首都国际交往新门户	
		城乡发展深化改革先行区	
	亦庄	具有全球影响力的创新型产业集群和科技服务中心	推动代际升级，打造新一代信息技术产业集群
		首都东南部区域创新发展协同区	打造新能源智能汽车产业集群
		战略性新兴产业基地及制造业转型升级示范区	打造具有影响力的新一代健康诊疗与服务产业集群
		宜居宜业绿色城区	强化机器人和智能制造技术集成创新，打造全国高端制造装备产业示范区
一区	门头沟区	首都西部重点生态保育及区域生态治理协作区	旅游休闲、文化产业等新兴服务业态全面优化
		首都西部综合服务区	加快形成以文旅体验、医药健康和科创智能产业为主导方向的绿色创新产业体系
		京西特色历史文化旅游休闲区	错位发展运动休闲与文化旅游产业
	怀柔区	首都北部重点生态保育及区域生态治理协作区	重点培育新材料、医药健康、智能装备、人工智能等"高精尖"产业
		服务国家对外交往的生态发展示范区	集聚影视文化产业
		绿色创新引领的高端科技文化发展区	重点培育智能装备、医药健康、节能环保、新一代信息技术产业
	平谷区	首都东部重点生态保育及区域生态治理协作区	构建以全域特色休闲旅游、农业科技创新、绿色智慧物流为主导，与"三区一岸"功能定位相匹配的绿色创新产业体系
		服务首都的综合性物流口岸	推动农业、林业与休闲旅游、健康养老、文化创意等深度融合
		特色休闲及绿色经济创新发展示范区	发展跨境电子商务，建设绿色智慧物流贸易区

续表

空间结构	市辖区	分区功能定位	分区产业定位
一区	密云区	首都最重要的水源保护地及区域生态治理协作区	第一产业以特色农业种植为主导，建设都市现代农业基地
		国家生态文明先行示范区	第二产业以智能装备、医药健康、节能环保为主导
		特色文化旅游休闲及创新发展示范区	第三产业以休闲旅游、科技研发、科技服务、信息技术、绿色金融为主导
	延庆区	首都西北部重要生态保育及区域生态治理协作区	大力发展文化旅游主导产业
		生态文明示范区 国际文化体育旅游休闲名区 京西北科技创新特色发展区	重点培育和扶持现代园艺、冰雪体育、新能源节能环保、无人机绿色"高精尖"产业

资料来源：《新总规》及各区分区规划。

一、一核：首都功能核心区

营造高品质政务环境。加强中南海——天安门地区、长安街沿线等重点地区综合整治。坚定有序降低人口、建筑、商业、旅游"四个密度"。加强老城整体保护。扩大保护对象范围。以中轴线申遗保护为抓手，建立央地协调机制，推动重点文物腾退利用。截至 2021 年 6 月，公布 1056 栋（座）历史建筑保护名单，新增 6 片历史文化街区，实施历史建筑和历史文化街区挂牌保护。

开展街区保护更新，提升人居环境。推动平房院落申请式退租、换租和简易楼改造，开展老旧小区综合整治。多措并举实现亲水赏绿，修复前门东区三里河水系，积极协调推进西板桥、玉河等水系恢复，打通什刹海 6 公里环湖绿道，建成西海湿地公园，织补建成一批社区公园及游园。

优化公共服务设施配给。完成约 3500 条背街小巷环境整治。加强交通综合治理，强化轨道交通服务支撑，王府井地区、鼓楼西大街等 40 余条胡同完成交通安宁无车街区建设。

二、一主：中心城区

中心城区分散集团式的空间布局进一步优化。总体规划实施第一阶段，中心城区规划总建筑规模控制在 8.5 亿平方米左右，在实施过程中实现动态零增长。大尺度绿色空间建设初显成效。中心城区加强资源统筹与调配力度，实现减量提质发展。持续推动中心城区非首都功能疏解，积极推动疏解空间再利用，补充完善公共服务设施、小微绿地等；持续落实"新首钢地区三年行动计划"，深入推进丽泽金融商务区等重点功能区规划建设，产业结构在疏解中实现更高水平发展。中心城区有序退出不符合城市战略定位的功能和产业，严控建设规模和人口总量，实现城乡建设用地规模减量。朝阳区扎实推进"疏整促"专项行动，开展拆违攻坚行动。海淀区严格落实"三山五园"地区整体保护规划，稳步推进小微空间改造提升，深入推进"疏解整治促提升"专项行动。丰台区积极推进第四轮城南行动计划，推动老旧厂房和低效楼宇升级改造。石景山区深入实施城市更新，推进老旧小区综合整治，加快重点功能区建设。

三、一副：北京城市副中心

2019年，行政办公区一期建设完成，首批35个市级机关顺利迁入，有序推进市级行政办公区二期建设。2020年，城市副中心（通州区）建筑规模较2015年增长17%，有效地保障了重大项目建设需求。城市副中心范围内人口117万，较2016年增长29万，带动中心城区功能和人口疏解。友谊医院、中国人民大学、北京学校等一批配套服务项目相继建设，北京艺术中心、北京城市图书馆、北京大运河博物馆三大文化设施已进入建设收尾阶段，城市副中心站综合交通枢纽工程建设全面推进，东六环入地改造工程全线6个标段均已进入全面建设阶段，运河商务区承接中心城区商务功能疏解初见成效，环球主题公园一期开园运行，城市绿心森林公园正式开园。推动老城区人居环境持续改善，城市风貌明显提升。编制文化旅游区、张家湾古镇和设计小镇、台湖演艺小镇等重点地区规划方案，推动路县故城遗址保护展示工程规划建设。加强规划实施政策机制创新，研究制定城市副中心高质量规划建设管理的意见。

四、多点：5个位于平原地区的新城

"多点"地区人口集聚趋势逐步增强。2020年，"多点"地区建筑规模较2015年增长3.3%，以适度增量高效支撑了"高精尖"产业和配套城市功能建设的需求。"多点"地区积极推动中心城区功能承接，推进优质教育、医疗卫

生资源承接，不断提升新城综合服务能力和承载能力。新城建设强度提高，2020 年新城间九条放射状楔形绿色廊道内的城乡建设用地规模较 2015 年下降了 9.8%。顺义区加快推进中国国际展览中心新馆二三期项目建设，深入推进拆除违建、腾退土地，整治提升背街小巷，美化提升桥下空间，持续推进平原造林，温榆河公园顺义一期实现开园。大兴区加快产城深度融合，平稳有序推进临空经济区起步区搬迁腾退，释放可利用土地，全国唯一跨省市综合保税区封关运营。昌平区持续推进留白增绿、战略留白临时绿化、"揭网见绿"，稳步实施"微提升"项目，大运河源头遗址公园、奥北森林公园一期建成开放。房山区超额完成新增"两区"［国家服务业扩大开放综合示范区、中国（北京）自由贸易试验区］入库项目、落地率任务目标，启动良乡大学城扩区工作，严格落实"村地区管"，新型农业经营主体加快培育。北京经济技术开发区推进产业集聚集群发展，"两区"建设新动能加速形成。

五、一区：生态涵养区

生态涵养区生态保护和绿色发展加快推进。实施京津风沙源治理二期、新一轮百万亩造林绿化等生态项目。发挥高品质生态环境优势，高质量服务保障"一带一路"国际合作高峰论坛等国家主场外交活动。深化结对协作机制，加大市级财政对生态涵养区转移支付力度，建立跨区横向转移支付制度。2020 年，生态涵养区建筑规模较 2015 年增长 7.8%，主要用于保障综合性国家科学中心、世界园艺博览会等重大项目建设以及山区危村险村搬迁安置。蓝绿空间比例提升。生态涵养区积极开展矿山生态修复、生态清洁小流域建设、风沙治理造林工作，绿色发展取得新成效。门头沟区开展荒山等造林工程，通过废弃矿山修复治理扩充绿色空间，在全市率先建立村庄渐进式有机更新实施机制。平谷区高质量完成菜粮保供任务，完成耕地保有量目标，加快北京市与农业农村部合作协议转化落地。怀柔区高标准推进美丽乡村建设，大力发展乡村特色产业，全力推动农民增收致富。密云区坚持保水保生态，不断提升水资源战略储备能力，持续推进百万亩造林工程。延庆区推进冬奥会场馆改造和园区转型，推进生态清洁小流域等综合治理。

参 考 文 献

北京市城市规划设计研究院. 1994. 迈向二十一世纪的北京——北京城市总体规划（1991

年至2010年）介绍[J]. 科技文萃，（5）：73-77.

北京市规划和自然资源委员会. 2022. 第三章 城市规模，北京城市总体规划（2004年—2020年）[EB/OL]. http://ghzrzyw.beijing.gov.cn/zhengwuxinxi/zxzt/bjcsztgh2004/202201/t20220110_2587504.html[2022-01-10].

北京市人民政府. 2017. 北京城市总体规划（2016年—2035年）[EB/OL]. https://www.beijing.gov.cn/gongkai/guihua/wngh/cqgh/201907/t20190701_100008.html[2017-09-29].

北京市人民政府. 2023. 2023年政府工作报告[EB/OL]. https://www.beijing.gov.cn/gongkai/jihua/zfgzbg/202301/t20230128_2907344.html[2023-01-28].

董光器. 2006. 五十七年光辉历程——建国以来北京城市规划的发展[J]. 北京规划建设，（5）：13-16.

董光器. 2010. 六十年和二十年——对北京城市现代化发展历程的回顾与展望（上）[J]. 北京规划建设，（5）：177-180.

和朝东，石晓冬，赵峰，等. 2014. 北京城市总体规划演变与总体规划编制创新[J]. 城市规划，38（10）：28-34.

胡兆量. 2007. 北京城市功能综合化的深层原因[J]. 城市问题，147（10）：2-6.

李浩. 2021. 首都北京第一版城市总体规划的历史考察——1953年《改建与扩建北京市规划草案》评述[J]. 城市规划学刊，264（4）：96-103.

闵希莹，杨保军. 2003. 北京第二道绿化隔离带与城市空间布局[J]. 城市规划，（9）：17-21，26.

施卫良，石晓冬，杨明，等. 2019. 新版北京城市总体规划的转型与探索[J]. 城乡规划，（1）：86-93，105.

石晓冬，和朝东. 2021. 回溯总体规划历史上发挥的关键作用 展现首都规划建设大国首都的责任担当[J]. 北京规划建设，201（6）：6-18.

王吉力，陈科比，张佳怡，等. 2022. 一以贯之和因时制宜："功能疏解"在七版北京城市总体规划中的脉络[J]. 城市发展研究，29（2）：19-26，47.

吴良镛. 2007. 新形势下北京规划建设战略的思考[J]. 北京规划建设，113（2）：6-10.

吴良镛，刘健. 2005. 城市边缘与区域规划——以北京地区为例[J]. 建筑学报，（6）：5-8.

吴良镛，毛其智，张杰. 1996. 面向21世纪——中国特大城市地区持续发展的未来——以北京、上海、广州三个特大城市地区为例[J]. 城市规划，（4）：22-27.

新华社. 2017. 习近平在北京考察：抓好城市规划建设 筹办好冬奥会[EB/OL]. http://www.xinhuanet.com/politics/2017-02/24/c_129495572.htm[2017-02-24].

杨保军. 2009. 北京城市定位与空间嬗变[J]. 中国建设信息，425（2）：6-11.

杨春，杨明. 2015. 边缘城镇崛起引发的关于北京城镇体系的思考[C]//中国城市规划学会. 新常态：传承与变革——2015中国城市规划年会论文集. 北京：中国建筑工业出版社：10.

杨明.2012.北京城市空间发展状况评估和建议[J].北京规划建设,142(1):36-40.

杨明,周乐,张朝晖,等.2017.新阶段北京城市空间布局的战略思考[J].城市规划,41(11):23-32.

Gong P,Li X C,Wang J,et al. 2020. Annual maps of global artificial impervious area(GAIA)between 1985 and 2018[J]. Remote Sensing of Environment,236:111510.

第九章
新时代北京高质量发展

党的二十大报告提出:"高质量发展是全面建设社会主义现代化国家的首要任务。"我国经济已从高速增长阶段转向高质量发展阶段,正处于转变发展方式、优化经济结构、转换增长动力的关键时期。高质量发展成为我国经济发展的前进方向,也是新时期指导我国经济发展的新思想、新理念、新目标。自党的十九大提出"高质量发展"以来,学界对此展开系统研究,也形成了比较丰富的研究成果。

"高质量发展"提出之后,国内很多专家学者、政府官员都从不同角度对"高质量发展"的内涵进行了探讨(刘瑞和郭涛,2020)。主要代表观点可以归为三类:第一类观点关注社会主要矛盾,认为社会主要矛盾转变的本质是由"总量性矛盾"转变为"结构性矛盾",因此高质量发展更加关注产品和服务的质量,是满足人民对美好生活需要的发展(金碚,2018;国家发展改革委经济研究所课题组,2019)。第二类观点强调经济高质量发展,认为高质量发展是对经济效率、结构、稳定性和可持续性的多维衡量,是经济发展的高级状态和最优状态（任保平和文丰安，2018）。第三类观点从"五大发展理念"出发，认为高质量发展是体现创新、协调、绿色、开放、共享的新发展理念的发展，是能够很好满足人民日益增长的美好生活需要的发展（何立峰，2018；方大春和马为彪，2019）。但我国仍然面临经济动力、经济结构与经济效率三个层面的新动力尚未完全形成（中国人民大学书报资料中心经济编辑部和《经济学动态》编辑部联合课题组，2019；刘尚希，2019），以及创新驱动后劲不足等问题，制约了高质量发展水平的提升（辜胜阻等，2018）。

关于如何进行高质量发展转型，学界主要从构建现代市场体系、培育经济发展动能、产业提质增效、发挥质量型政策作用等视角开展分析（欧进锋等，2020）。现代化经济体系建设是中国经济走向高质量发展的必由之路，要注重规模和效率的同步提升，其中创新驱动带来的全要素生产率提高有利于促进我国经济高质量发展，推动核心技术创新并抢占全球科技发展先机（徐现祥等，2018；高培勇等，2019；刘思明等，2019）。科技人才是提高自主创新能力、加快前沿技术追赶速度的主要发力者，但其对经济高质量发展的潜能仍有待提升（马茹等，2019）；企业等微观经济主体对高质量发展具有中介作用，创新的商业转化过程对知识存在过滤作用，需要企业家精神激活其对高质量发展的推动作用（李元旭和曾铖，2019）。

推动高质量发展一方面需要科学把握其内涵，另一方面要构建合适的高质量发展评价指标体系对不同区域发展状态进行测度，以指导区域经济实践。现有研究主要采取指标体系测度法对高质量发展进行测度，如从经济规模、绩效、结构和协调四个维度构建测度体系；从经济、创新、绿色、民生、社会等社会主要矛盾方面入手构建测度指标体系（李金昌等，2019）；从"五大发展理念"入手构建指标体系（詹新宇和崔培培，2016；丁晨辉等，2022）等。综上所述，高质量发展研究已经成为学界的热点话题，涌现出大量研究文献，进行了丰富的论述，具有重要的借鉴意义；但总体研究仍是以理论探索为主，鲜有研究通过对不同区域的高质量发展水平进行深入分析。北京作为国家首都和超大城市，应准确把握首都高质量发展的内涵特征和现代化建设的实践要求，围绕落实新发展理念和首都城市战略定位，坚持首善标准，在全国高质量发展中走在前列。

第一节 北京高质量发展及其进展

为立足新发展阶段、贯彻新发展理念、构建新发展格局、实现高质量发展、努力回答好习近平总书记关于"建设一个什么样的首都,怎样建设首都"的指示要求,北京科学把握"都"与"城"、"舍"与"得"、疏解与提升、"一核"与"两翼"的关系,"四个中心"功能建设全面提速,"四个服务"水平显著提升。新时代北京高质量发展是首都发展统领新发展理念下的高质量发展,在新时代首都发展转型过程中,以创新驱动推动首都高质量发展,以减量倒逼推动发展方式深刻转型,以内需拉动充分释放超大城市发展活力,人民群众获得感、幸福感、安全感不断增强,综合实力和国际影响力明显提高。

一、新发展理念引领下的北京高质量发展

发展理念是发展行动的先导,在党的十八届五中全会上,习近平总书记系统论述了创新、协调、绿色、开放、共享"五大发展理念"。高质量发展的提出源于新发展理念,是对"五大发展理念"的延续与继承。创新发展、协调发展、绿色发展、开放发展、共享发展是高质量发展的核心要义,既强调了发展过程的高质量,又强调了发展结果的高质量。北京高质量发展应建立以首都发展为统领的新发展理念,实现城市发展理念的重大转变。本部分从新发展阶段的五个维度入手,分别评价北京高质量发展的进程。

(一)创新:北京高质量发展的第一动力

创新是经济社会发展的根本动力,包括理论、制度、科技、文化等各方面创新,其中科技创新是支撑高质量发展的重要手段。高质量发展需依托创新驱动,从根本上夯实经济发展的内生动力。党的二十大报告提出,到2035年,我国将实现高水平科技自立自强,进入创新型国家行列。为达成以上目标,要坚持科技是第一生产力、人才是第一资源、创新是第一动力。因此,北京国际科技创新中心建设对首都高质量发展具有非常重要的支撑作用,既凸显了首都高质量发展的科技创新驱动特征,又为高质量发展起到了引领带动作用,是构成首都高质量发展的必要条件。

1. 创新投入保持高水平增长，基础研究经费显著增长，创新资源持续集聚

自 2014 年提出建设北京国际科技创新中心以来，北京大幅度增加了对科技研发的经费投入。一方面，R&D 经费内部支出稳步增长，2014—2021 年，北京 R&D 经费内部支出从 1268.80 亿元增长到 2629.32 亿元，规模翻了一番；R&D 经费内部支出占地区生产总值比重由 2014 年的 5.53%增长至 2021 年的 6.53%，超出了"十四五"时期北京国际科技创新中心建设 6%的预期目标值，位列全国第一和世界城市前列。另一方面，基础研究投入显著增加。2014—2021 年，北京基础研究经费由 159.49 亿元增长到 422.51 亿元，增长了 1.65 倍；基础研究经费占 R&D 经费内部支出比重由 2014 年的 12.57%增长至 2021 年的 16.07%，增长了 3.5 个百分点，排名全国第一，达到了发达国家水平。

北京创新资源不断集聚，为创新研发奠定了坚实基础。截至 2021 年，北京共拥有高等院校 167 所，较前一年增加 29 所[①]。北京拥有 QS 百强高校数量居全球前列，北京大学、清华大学连续多年位居 QS 百强高校，2023 年这两所院校分别为全球第 12 位和第 14 位[②]。中国 137 所"双一流"建设高校共有 34 所位于北京，众多的高校和科研院所为北京培养了大量的创新人才。2021 年，全球"高被引科学家"中国入选 931 人（不包括港澳台地区数据），其中北京 253 人，占全国的 27%。

2. 原始创新能力显著提升，从"跟跑""并跑"向"领跑"迈进

北京创新能力在全球地位持续提升。《自然》增刊自 2017 年开始发布"自然指数-科研城市"，北京在全球科研城市中稳居榜首。2022 年的"自然指数-科研城市"榜单显示，北京是该榜单追踪的 82 种高质量研究期刊论文的最大贡献者，领先于纽约、上海、波士顿、旧金山湾区等国际主要创新城市。自然指数前 500 名机构中北京多达 23 个，远高于位列第二的纽约（表 9-1）。在 2022 年自然指数全球学术机构排名中，位于北京的中国科学院大学、北京大学和清华大学发表论文数分别达到 2786 篇、1869 篇和 1499 篇，位列

[①] 资料来源：《北京统计年鉴2022》。

[②] QS 世界大学排名 2023[EB/OL]. https://www.qschina.cn/university-rankings/world-university-rankings/2023[2023-03-20].

全国前五[①]。

表 9-1 位于"自然指数-科研城市"榜单的前五个城市及其自然指数前 500 名机构数量

排名	城市	自然指数前 500 名机构数量（个）
1	北京	23
2	纽约	14
3	上海	12
4	波士顿	7
5	旧金山湾区	6

资料来源：自然指数-科研城市 2022［EB/OL］. https://www.ncsti.gov.cn/kcfw/kchzhsh/2022zrzhshkychsh/index.html［2023-04-19］.

高质量论文数量全球领先，重大成果不断涌现。2021 年，北京科学引文索引（SCI）高被引论文数量高达 1838 篇，占全球总量的 8.7%，高于纽约、伦敦、东京等国际城市（5%左右），也高于上海（4.6%）和粤港澳（7%）等国内地区。近年来，北京突破一批"卡脖子"关键核心技术，涌现出一批具有世界影响力的原创成果。在量子信息领域，建设了超导量子计算云平台，研制出长寿命超导量子比特芯片，量子直接通信距离可以提升到 100 公里；在医药领域，癌症、白血病、耐药菌防治等领域打破国外专利药垄断，细胞焦亡抗肿瘤免疫功能有了重大发现，抗癌新药取得了标志性科技成果。2021 年，北京共有 64 项重大成果获国家科学技术奖，其中 15 项成果获得国家自然科学奖，在基础数学理论、人工智能算法、蛋白质科学、半导体材料等前沿领域实现新突破。

3. 国家战略体系初步成型，国家实验室、新型研发机构成为北京原始创新的重要亮点

北京国家实验室建设进展显有成效。截至 2021 年 12 月，北京拥有 3 个国家实验室、128 个国家重点实验室、3 个国家研究中心、22 个"高精尖创新中心"、68 个国家工程技术中心。国家实验室体系已成为孕育重大原始创新、推动学科领域发展和解决国家重大需求的战略科技力量。截至 2022 年，北京 29 个科学设施土建工程已全部完工，包括 5 个大科学装置、11 个科教基础设施、13 个交叉研究平台。

---

① 2022 年最新自然指数排名公布［EB/OL］. https://www.eol.cn/shuju/paiming/202206/t20220617_2232330.shtml［2023-06-17］.

自 2014 年以来，北京已建成 8 家世界一流新型研发机构，2017—2022 年共获市财政资金支持 72 亿元，现有固定资产 27.9 亿元。2022 年，共有 2419 名科研人员，其中 85.41%为全职研究人员。北京新型研发机构取得了明显的进展与成效：一是集聚了国际战略性科技领军人才及其创新团队；二是在生命科学、人工智能、纳米能源、量子信息等领域已取得了一批世界级的重大科学发现和创新成果。

（二）协调：北京高质量发展的内在要求

协调发展是实现北京高质量发展的内在要求。党的十八届五中全会对协调发展的表述是"重点促进城乡区域协调发展，促进经济社会协调发展，促进新型工业化、信息化、城镇化、农业现代化同步发展，在增强国家硬实力的同时注重提升国家软实力，不断增强发展整体性"①。协调的重心在于解决发展的不均衡问题，包括区域之间、城乡之间、产业之间、投资与消费之间以及经济与社会之间的协调。北京协调发展坚持内部功能重组和向外疏解转移双向发力，注重提升郊区和外围地区城市功能综合承载力，有针对性地解决区域发展不平衡、不充分的问题。

1. 非首都功能疏解成效显著，人口布局逐步优化，一般性制造业持续退出

非首都功能疏解带动北京人口规模下降与人口布局优化，2014 年京津冀协同发展战略实施以来，伴随非首都功能疏解，北京常住人口增长率不断下降，人口过密问题以及人口空间分布不均衡问题都得到了一定程度的缓解（李国平和朱婷，2022）。2022 年北京常住人口 2184.3 万人，相比 2021 年的 2188.6 万人下降了 0.2%，而且仅比 2014 年增加了 13.2 万人。具体到各区，2015—2021 年，首都功能核心区和城四区的人口规模持续下降，但下降幅度趋缓，平原五区和生态涵养区的人口规模提升，且平原五区的人口增长幅度更大。这在一定程度缓解了首都功能核心区和城四区的人口压力，进一步优化了北京的人口空间布局，表现出"中心降、边缘涨、外围稳"的人口分布变化特征。

非首都功能疏解深入推进，一般性制造业持续退出。2014 年以来，北京

---

① 中国共产党第十八届中央委员会第五次全体会议公报[EB/OL]. http://www.scio.gov.cn/zdgz/jj/202308/t20230816_751195.html[2023-05-30].

先后出台了多版《北京市新增产业的禁止和限制目录》等指导文件，大力疏解不符合首都发展要求与影响首都功能发挥的企业，2014年以来已经累计疏解退出一般制造业企业3000余家。2022年，北京疏解提质一般制造业企业166家，相较于2021年的108家增加了58家，可见北京非首都功能疏解力度加大。根据第三次和第四次全国经济普查数据，2018年末北京制造业企业平均从业人员数量明显减少，其中黑色金属冶炼和压延加工业从业人员的降幅高达80.7%。

2. 京津冀协同发展在多个领域取得明显成效，"两翼"功能提升与民生建设有序推进

京津冀协同发展战略实施以来，交通一体化水平不断提升，产业协同与合作创新持续深化。以轨道交通为主的京津冀立体交通网络基本形成，截至2022年末，京津冀铁路运营里程达10 848公里，相比2014年增长了38.3%，京津冀核心区1小时交通圈、相邻城市间1.5小时交通圈基本形成。三地间高速公路网络连通日益紧密，截至2022年末，京津冀区域高速公路通车里程达10 880公里，相比2014年增长了36.3%，北京市域内高速公路"断头路"清零，环京津地区高等级公路基本实现全覆盖。截至2023年2月，中关村企业在津冀两地设立分支机构累计超9500家，北京流向津冀的技术合同成交额累计超2100亿元，京津冀产业协同持续深化。2022年，天津市的滨海—中关村科技园、京津中关村科技城建设进展顺利，三地产业与创新协同在网联汽车、生物医药、工业互联网等新兴领域加速推进。

北京城市副中心与雄安新区在规划建设和承接北京非首都功能疏解方面都取得了积极进展。北京城市副中心的剧院、图书馆、博物馆、副中心站综合交通枢纽项目建设取得阶段性进展，北京环球度假区成为文化旅游新地标。雄安新区目前已经进入了承接北京非首都功能疏解和大规模建设同步推进的重要阶段。2022年，北京4所高校和2家医院选址落位雄安新区，140多家央企设立分支机构，雄安新区迎来首个央企产业集群。北京积极主动对接河北雄安新区管理委员会，开展雄安中关村科技园选址研究，编制雄安新区中关村科技园区发展规划，推进雄安新区中关村科技园建设；有序推进京雄高速建设，2022年底京雄高速北京六环至市界段11.75公里通车运营。

大力发展农业农村，城乡区域发展更趋协调。通过"北京市乡村产业振兴带头人培育'头雁'项目"培养100名乡村产业振兴带头人，并吸纳5.34

万名本地农民参与农村基础设施建设及维护工作。北京丰台站开通运营，大兴国际氢能示范区起步区北区全面投运、南区一期建成。全面实施京西行动计划，中关村科幻产业创新中心揭牌。

（三）绿色：北京高质量发展的必要条件与重要体现

绿色发展是北京高质量发展的必要条件与重要体现。高质量发展应秉持绿色、生态环保理念，将绿色、循环、可持续发展作为衡量区域高质量发展的重要标准。坚持绿色发展，需要践行生态优先的绿色发展理念，正确处理经济发展与生态环境保护之间的关系，坚持可持续发展。北京坚持"绿水青山就是金山银山"的行动理念，以解决大气、水污染问题为重点，在率先推进建设人与自然和谐共生的中国式现代化中走在了全国前列。

北京绿色发展主要体现在推动低碳循环发展、节约和高效利用资源、加大环境治理力度和筑牢生态安全屏障等方面。2022年，北京能源低碳化取得了明显成效，可再生能源消费占比达到12%以上，碳市场累计成交额近34亿元，万元地区生产总值二氧化碳排放量同比下降约3%。积极推进资源节约利用，2022年节能量1.6万吨标准煤，万元地区生产总值能源消费总量和水耗分别下降3%和1%。加大环境治理力度，大气环境与水环境质量持续改善。2022年北京$PM_{2.5}$年均浓度值下降至30微克/米^3，2013年以来持续下降，2022年相比2013年降幅达到66.5%；水环境方面，密云水库、怀柔水库水质持续达到国家标准，地表水环境质量总体良好，37个国家考核断面中，优良水体断面占75.7%。北京持续筑牢生态安全屏障，加快构建碳达峰碳中和"1+N"政策体系，推动向碳排放总量和强度"双控"转变，加快产业、建筑等重点领域绿色低碳转型；推进以国家公园为主体的自然保护地体系建设，不断提升首都生态品质。

北京持续推动人与自然和谐发展，生物多样性不断丰富。2021年生态环境质量指数达到70.8，比上年提高了1.1%，且生态环境状况达到优。北京市生物多样性愈发丰富。2021年全市生物多样性调查实地记录65种自然和半自然生态系统群系，2020—2021年，累计记录94种。2021年，阶段性调查记录物种3702种，2020—2021年，累计记录6283种。东北刺猬、黄鼬、日本松雀鹰、白头鹎、黑斑侧褶蛙、中国林蛙等生物在中心城区和平原五区频繁出没，积极推进野生动植物栖息地保护与恢复行动计划。

（四）开放：北京高质量发展的必由之路

开放是北京高质量发展的必由之路，是高质量发展的助推器。坚持开放发展，需要进一步提高对外开放水平，深度融入世界经济。北京开放发展着力强化国际交往中心建设，完善专业化、国际化、市场化、常态化的运行服务保障机制，促进国际高层次经济合作，创造更好的营商环境。

北京聚力抓好"两区"建设推动改革开放，进一步增强首都发展动力与活力。主动服务融入"一带一路"建设，积极推进高水平制度型开放，北京证券交易所顺利开市，成立金融法院，中国国际服务贸易交易会、中关村论坛、金融街论坛升级成为国家开放发展的重要平台。积极开展国际高水平自由贸易协定规则对接先行先试，2022年，北京出台4个重点领域全产业链开放方案和6个关键要素全环节改革方案，推出9项全国首创性政策，认定北京市首批外资研发中心。

营商环境位居全国前列，企业国际化发展支持力度大大增强。2017年以来，北京市推行营商环境条例，先后出台《关于率先行动改革优化营商环境实施方案》《北京市进一步优化营商环境行动计划（2018年—2020年）》和《北京市全面优化营商环境助力企业高质量发展实施方案》系列改革政策，营商环境改革实现了从"跟跑"摸索到领先示范的转变。根据全球创业研究机构StartupBlink发布的《2022年全球创业生态系统指数报告》，北京位列世界城市第四，连续三年位居中国营商环境评价第一。据《北京统计年鉴2022》，全市财政科技经费支出449.4亿元，占地方公共预算支出的比重为6.2%，同比提高0.5个百分点。

（五）共享：北京高质量发展的本质要求

共享是高质量发展的本质要求，也是高质量发展的结果体现。共享的基本内涵是人民享有发展成果，这也是社会主义制度优越性的集中体现。要致力于使全体社会成员在经济社会发展中有更多获得感，从而增强发展动力，增进人民团结，激发每个社会成员的创造力，释放制度红利。根据《北京市国民经济和社会发展第十四个五年规划和二〇三五年远景目标纲要》（以下简称北京市"十四五"规划），北京要坚持以人民为中心，坚持共同富裕方向，聚焦"七有"要求和"五性"需求，从就业、收入、教育、社会保障、住房保障等多方面切实保障和改善民生。共享发展是北京经济高质量发展的动力，旨在增进北京民生福祉，促进充分就业和提高居民收入，提供更为充分、均等化的基本公共服务，让改革发展成果更多、更公平地惠及人民群众，以使北京人民的获得感、幸福感、安全感得到进一步的提升。

1. 认真践行以人民为中心的发展思想，推动人民生活水平全方位提高

着力稳定和扩大就业，提高全市居民的人均可支配收入，2022 年达到 7.7 万元左右；推进首都教育现代化水平，2022 年普惠性幼儿园覆盖率达到 88%，义务教育阶段"双减"工作、学区化改革持续推进；健全城乡医疗卫生体系，实施医药分开、医耗联动综合改革，并有序建设多层次社会保障体系；完善多层次住房保障体系，2018—2022 年内建设筹集各类政策性住房 54 万套，住房供应结构不断优化，租购并举的住房市场格局加速形成；通过共治和法治水平的不断提升，全社会广泛参与的良性格局得以形成，畅通了服务市民的"最后一公里"。在 2021 年住房和城乡建设部主导的全国 59 个样本城市体检社会满意度调查中，北京的"七有""五性"总体得分为 76.49 分，居第三位，高于杭州、重庆、成都、广州和深圳，低于南京（80.99 分）和上海（78.08 分），处于中上游水平。

2. 持续保障和改善民生，推动发展成果全民共享

2022 年，发布基本公共服务实施标准，明确基本公共服务范围和保障标准。幼儿园提供 2—3 岁托位 3000 个，出台推进义务教育优质均衡发展实施方案，新增中小学学位 3.6 万个。新建/改建 13 家社区卫生服务中心、3682 张养老家庭照护床位。创建 38 个（条）全民健身示范街道和体育特色乡镇，新建 100 余处足球场、篮球场等体育健身活动场所。印发《北京市关于加快发展保障性租赁住房的实施方案》，筹建保障性租赁住房 15.15 万套，竣工各类保障性住房 9.3 万套。

二、立足首都城市战略定位的北京高质量发展

北京高质量发展应立足于首都城市战略定位，加强"四个中心"建设，提高"四个服务"水平。北京高质量发展的突出特征是减量提质。减量发展本质上是转变首都经济社会发展方式，通过对非首都功能做减法、对首都功能做加法，给优化提升首都功能腾出资源，给有机更新城市结构和布局留出空间（刘作丽等，2023）。在现代化建设的新征程中，北京努力探索与减量发

展相适应的"规模约束、功能优化、空间提升"高质量发展模式，牢牢把握"四个中心"的功能定位，实现减量提质不减速的目标。本部分从首都城市战略定位"四个中心"入手，评价北京高质量发展进程。

（一）立足全国政治中心的北京高质量发展

根据《新总规》，全国政治中心建设要为中央党政军领导机关提供优质服务，全力维护首都政治安全，保障国家政务活动安全、高效、有序运行。严格高度管控，治理安全隐患，以更大范围的空间布局支撑国家政务活动。

当今世界正经历百年未有之大变局，国内外形势日趋复杂，不稳定性、不确定性明显增加，在全国政治中心建设中树立安全发展观的重要性更加凸显。首都安全是国家安全的重要根基，这要求北京增强危机意识与风险意识，筑牢维护国家安全的首都防线。必须坚持把维护政治安全摆在首位，将总体国家安全观落实到新时代首都发展的各领域和各环节，紧紧围绕实现"都"的功能来布局和推进"城"的发展，以"城"的更高水平发展服务保障"都"的功能，全力维护首都政治安全、社会安定、人民安宁。

1. 有序推动部分产业疏解，降低首都功能核心区人口、建筑、商业和旅游密度

首都功能核心区作为全国政治中心、文化中心和国际交往中心的核心承载区，通过推动部分产业疏解，带来了区域产业结构的优化提升。具体表现为第二产业产值整体呈下降趋势，第三产业产值稳步增长。2018年以来，首都功能核心区的第二产业产值持续下降，从2018年的462亿元下降到2022年的372亿元，首都功能核心区的第二产业产值占全市产值比例从2018年的6.9%下降到2022年的4.1%。相比之下，第三产业产值持续增长，从2018年的6207亿元增长到2022年的8765亿元，首都功能核心区的第三产业产值占全市产值比例从2018年的93.1%上升到2022年的95.9%。首都功能核心区第三产业产值的增速2018年以来整体保持在6%以上的增速。由此可见，首都功能核心区第二产业逐步退出，逐渐形成以第三产业为主导的产业结构，不符合首都功能核心区定位的产业逐渐向外围地区转移腾退，以支撑首都功能。

首都功能核心区人口、建筑、商业和旅游密度明显下降。首都功能核心区常住人口密度持续下降，由2019年的20 630人/公里^{2}下降为2022年的19 526人/公里^2；从业人员密度在2020年下降后2021年又有所上升，从

17 384 人/公里^2 下降为 16 193 人/公里^2 又上升为 17 035 人/公里^2，呈现波动变化趋势。根据《首都功能核心区控制性详细规划（街区层面）（2018年—2035年）》，首都功能核心区细化政务安全、遗产保护、天际线等建筑高度管控要求，严格管控可视高层建筑，按照绝不新增可视建筑原则，根据"一楼一策"原则纳入管控。有序降低首都功能核心区人口、建筑、商业、旅游"四个密度"，让首都功能核心区逐步"静"下来。

2. 稳步推进首都功能核心区功能重组，以更大范围空间布局支撑中央政务活动

首都功能核心区把全国政治中心服务保障放在突出位置，通过科学统筹资源配置和服务供给，以更大范围空间布局支撑中央政务活动，为国家政务和重大国事外交活动提供了更优越的空间、更优良的环境和更优质的服务，政务功能与城市功能有机结合。以《首都功能核心区控制性详细规划（街区层面）（2018年—2035年）》为引领，落实央地共同责任，有序推动中央政务功能布局优化。全面开展中央党政机关和事业单位办公用房资源摸底调查，摸清办公用房现状和未来新增需求。市级机关有序腾退办公用房，存量办公用房调整整合不断加强，部分布局分散的中央党政机关办公用房向长安街沿线集中。进一步加快公共服务资源向外疏解，外地患者来首都功能核心区就医人数逐年降低；加强中央政务功能集中地区交通综合治理，强化轨道交通服务支撑，分流北京站、北京北站客流压力，推动交通集散功能向外围地区疏解。

3. 推进首都功能核心区城市更新与治理，营造高品质政务环境

首都功能核心区不是单纯的办公区，而是一个以中央政务功能为核心的多元化地区。近年来，首都功能核心区重点加强中南海—天安门地区、长安街沿线等重点地区综合整治，以中轴线申遗保护为抓手，建立央地协调机制。实施《首都核心区背街小巷环境整治提升三年（2017—2019年）行动方案》，完成约3500条背街小巷环境整治。

4. 始终坚持首善标准，保障首都安全的工作成效

通过完善首都安全管控长效机制，常态化国事活动服务保障工作机制不断健全，确保了党的二十大、庆祝中华人民共和国成立70周年、庆祝中国共产党成立100周年大会、北京2022年冬奥会和冬残奥会等重大活动安全有序和精准服务。

（二）立足文化中心的北京高质量发展

根据《新总规》，文化中心建设要充分利用北京文脉底蕴深厚和文化资源集聚的优势，要求北京发挥凝聚荟萃、辐射带动、创新引领、传播交流和服务保障功能，把北京建设成为社会主义物质文明与精神文明协调发展，传统文化与现代文明交相辉映，历史文脉与时尚创意相得益彰，具有高度包容性和亲和力，充满人文关怀、人文风采和文化魅力的中国特色社会主义先进文化之都。

1. 围绕"一核一城三带两区"发展首都文化，推进背街小巷功能性整治

北京围绕"一核一城三带两区"大力发展首都文化：培育和践行社会主义核心价值观，扎实推进全国文明城区创建，健全首都红色文化保护传承利用体系，以中轴线申遗保护为抓手推进老城整体保护，统筹推进大运河、长城、西山永定河三条文化带建设，积极推进公共文化服务体系示范区和文化产业发展引领区建设，繁荣首都文艺创作（北京文博，2021）。

围绕庆祝中国共产党成立100周年大会、北京2022年冬奥会和冬残奥会、中轴线申遗等重大活动、重点工作，突出重点区域，组织开展背街小巷环境精细化整治提升。精细做好"1+30"红色革命旧址周边环境整治提升，首都功能核心区围绕北京大学红楼、李大钊故居等，推进47条背街小巷环境整治提升，提升区域环境品质（北京市人民政府，2022a）。朝阳区积极推动奥林匹克体育中心区内背街小巷的环境治理，充分结合冬奥会服务保障，营造浓厚的奥运文化氛围。海淀区开展五塔寺路环境综合整治提升行动，实现水、路、绿三网融合，构建集冰雪文化、运河文化、宗教文化于一体的绿色空间。丰台区围绕长辛店二七纪念馆、留法勤工俭学预备班等红色革命旧址，开展周边环境治理行动，实现革命旧址建筑和周边环境风貌协调统一。石景山区围绕首钢北厂区周边、金顶街部分区域及广宁冬奥社区开展环境整治提升行动，打造契合冬奥社区的环境氛围。延庆区对冬奥会场所周边10条背街小巷实施提质升级，开展文化提升和功能性整治。

2. 公共文化服务供给丰富，文化产业发展引领全国

2020年，北京市出台《北京市文化产业高质量发展三年行动计划（2020—2022年）》，国家文化产业创新实验区、国家对外文化贸易基地建设

取得新进展。自 2004 年北京市在全国率先提出发展文化创意产业以来，北京市的文化创意产业收入一直保持高速增长状态（图 9-1）。2021 年北京市规模以上文化产业实现收入 17 563.8 亿元，实现利润总额 1429.4 亿元，吸纳从业人员 64 万人。在文化产业发展指数、文化创意指数和城市创意指数方面，北京都位居全国第一（表 9-2），这说明北京的文化创意产业发展在国内遥遥领先。

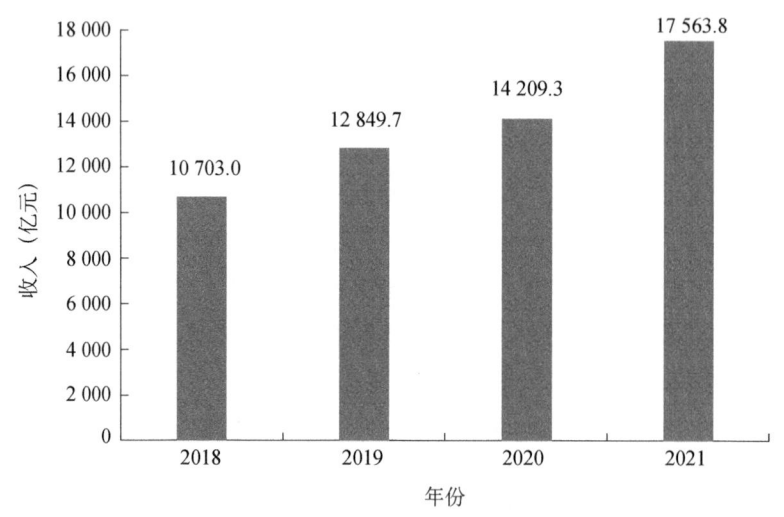

图 9-1　2018—2021 年北京市规模以上文化产业收入

资料来源：北京市统计局（2022）。

表 9-2　2021 年中国城市文化创意产业发展相关排名前 10 名

排名	文化产业发展指数	文化创意指数	城市创意指数
1	北京	北京	北京
2	广东	上海	上海
3	浙江	深圳	深圳
4	上海	广州	广州
5	山东	杭州	杭州
6	江苏	成都	香港
7	湖北	武汉	重庆
8	福建	西安	成都
9	四川	苏州	苏州
10	河南	南京	南京

资料来源：中国人民大学文化产业研究院（2022）、北京大学文化产业研究院（2022）、孙颖（2021）。

公共文化服务供给丰富，涌现出一批爆款文化创意产品。截至2021年11月底，北京市实体书店数量达到2042家，比上年增加48家，增长2.4%，万人拥有实体书店数量达到0.93家，全民阅读基础设施日渐完善[①]。2022年北京市每10万人拥有公共图书馆数为0.096家，高于上海（0.081个）；每10万人拥有博物馆数为0.961家，明显高于上海（0.642家）（北京市统计局和国家统计局北京调查总队，2023；上海市统计局，2023）。2021年，北京市公园景区年均开展各类特色文化活动500余项，年接待游客3.6亿人次，特别是市属公园文化创意产业快速发展，11家市属公园有自己的文化创意商店和产品，产品种类达到5400种。

2021年，北京环球度假区盛大开园，城市副中心亮出首都文旅新名片。北京环球度假区作为全球第五个环球影城，占据了环球影片公司的知识产权（IP）资源，其中7个游乐场所涵盖了哈利·波特、变形金刚、功夫熊猫、小黄人和侏罗纪世界在内的五大知识产权。据同程旅行大数据，北京环球度假区正式开园一小时内，同程旅行平台与之相关的出行产品搜索量环比上涨400%，北京环球度假区周边酒店住宿搜索量也同步上涨，涨幅超过200%。截至2021年9月1日，游乐园相关企业新增超3.3万家。北京环球度假区盛大开园带动文化创意、精品演艺、动漫制作、休闲度假、购物餐饮等一批上下游产业加速发展，有效地提高了高端文化旅游要素在北京旅游产业构成中的比重。

（三）立足国际交往中心的北京高质量发展

根据《新总规》，国际交往中心建设要着眼承担重大外事活动的重要舞台，服务国家开放大局，持续优化为国际交往服务的软硬件环境，不断拓展对外开放的广度和深度，努力打造国际交往活跃、国际化服务完善、国际影响力凸显的重大国际活动聚集之都。

1. 高水平举办大型国际活动，营造优质的国际交往环境

2021年，北京市举办了多项重大国事、外事活动，包括庆祝中国共产党成立100周年大会、中国国际服务贸易交易会、中关村论坛、金融街论坛、北京国际电影节、北京国际音乐节、北京国际设计周等，北京国际设计周永久会址落户张家湾。2022年，北京成功举办冬奥会和冬残奥会、北京（国

[①] 书香提升北京气质[EB/OL]. https://www.beijing.gov.cn/renwen/zt/ydbj/yw/202202/t20220211_2608154.html[2022-02-11].

际）运河文化节、北京国际图书博览会等系列活动。

2021年，北京市积极对接国际先进规则和最佳实践，率先实施34项全国引领性政策，上百个标志性项目落地，10项最佳实践案例在全国复制推广，金融等重点领域开放明显提速（北京市人民政府，2022b）。北京证券交易所成功开市，北京首都国际机场第五航权国际货运新航线开通，北京大兴国际机场综合保税区（一期）封关运营。形成外国人工作和居留许可"两证联办"等一批创新举措，推动率先出台国际交往语言环境建设条例，开放的引领度、贡献度、显示度不断增强。

2. 实际利用外资持续增长，货物进出口规模创历史新高

2022年，北京市实际利用外商直接投资174.08亿美元，按可比口径计算，比上年增长12.7%（表9-3）。与2021年相比，部分行业投资金额变化较大，房地产业、金融业投资总额分别下降了74.6%、49.6%，租赁和商务服务业、交通运输、仓储和服务业、制造业分别增加了107.7%、98.6%、57.9%。2022年北京市对外直接投资额69.3亿美元，比上年增长5.3%。

表9-3　2022年北京市分行业实际利用外资情况

行业	金额（亿美元）	占比（%）	比上年增长（%）
总计	174.08		12.7
信息传输、软件和信息技术服务业	39.44	22.7	1.0
科学研究和技术服务业	69.82	40.1	18.0
金融业	13.36	7.7	-49.6
租赁和商务服务业	36.91	21.2	107.7
房地产业	1.78	1.0	-74.6
批发和零售业	5.75	3.3	-7.1
制造业	4.37	2.5	57.9
交通运输、仓储和邮政业	0.56	0.3	98.6

资料来源：北京市统计局（2023）。

到2020年，已有230多个国家和地区与北京有贸易往来，来京投资的国家和地区超过165个。2022年，北京市进出口总值达到36445.5亿元，比上年增长19.7%；其中出口总值5890亿元，进口总值30555.5亿元，比2021年分别下降3.8%、增长25.7%（北京市统计局，2023），进口总值增长明显，出口受到短期经济冲击。

（四）立足科技创新中心的北京高质量发展

根据《新总规》，科技创新中心建设要充分发挥北京丰富的科技资源优势，在基础研究和战略高技术领域抢占全球科技制高点，努力打造世界高端企业总部聚集之都、世界高端人才聚集之都。

1. 科技创新中心的主阵地、主平台建设取得新成效

北京国际科技创新中心建设的主阵地为中关村科技园区。中关村科技园区集聚高端创新要素，持续发挥前沿创新引领作用，2021年企业研究开发费用投入4600.2亿元，接近2014年的3倍；拥有国家高新技术企业1.5万家，企业创新主体地位凸显[①]。从业人员中硕士研究生和博士研究生学历42.3万人，2014年以来占比以及其中留学归国人员占比逐步上升（图9-2），科技人才整体规模和质量持续提升。创新产出成果丰硕，2021年发明专利授权量9.0万件，同比增长20.7%，为2014年的3.6倍；专利合作条约（PCT）国际专利申请8189件，同比增长32%。形成了企业、大学、科研机构等主体积极

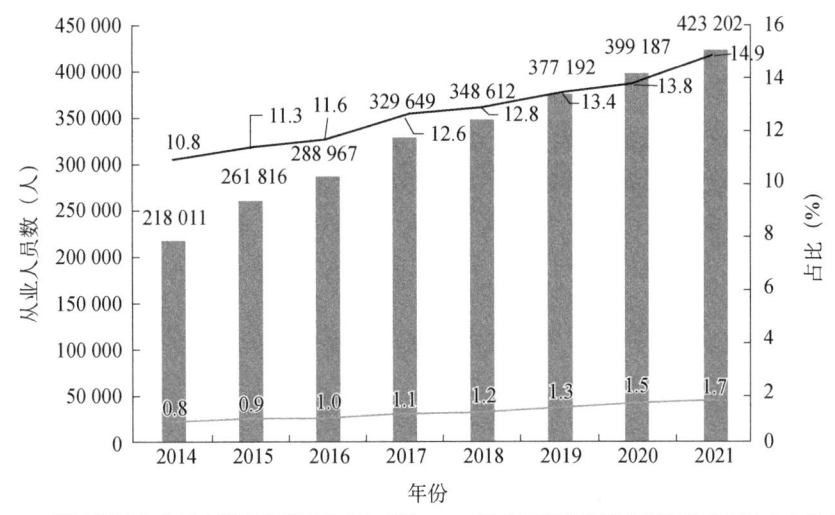

图9-2 2014—2021年中关村科技园区硕士研究生和博士研究生学历从业人员情况

资料来源：历年《北京统计年鉴》。

---

① 资料来源于《中关村指数2022分析报告》《中关村指数2015分析报告》，参见 http://zgcgw.beijing.gov.cn/zgc/tjxx/sjbg/index.html。

参与、市场化运作的创新协作格局，创新产出效率进一步提升，2020年每百亿元增加值专利申请数量、发明专利申请数量分别为1159.36件和724.34件，分别为全国的2.27倍和7.88倍，北京的1.63倍和1.78倍。2021年，中关村科技园区实现总收入高达8.4万亿元。

北京国际科技创新中心建设的主平台为"三城一区"。"三城一区"建设成效明显，支撑了北京国际科技创新中心高质量建设。中关村科学城为北京国际科技创新中心建设提供核心支撑，国家实验室实现高标准入轨建设。聚焦高端创新，形成一批具有全球影响力的创新型领军企业、技术创新中心、原创成果和国际标准。怀柔科学城聚集一批大科学装置，综合性国家科学中心建设卓有成效。2022年，怀柔综合性国家科学中心29个科学设施全部完工，组建高水平科研团队，集聚更多全时科研工作者。未来科学城集聚一批高水平企业研发中心，打造全球领先的技术创新高地。未来科学城致力于布局先进能源和先进制造领域，"两谷一园"促进成果转化。截至2022年末，未来科学城累计申请国内外专利超过3200件，国家和北京市科技奖项超过40项，创新成果水平逐步提升。北京经济技术开发区着力承接三大科学城重大科技成果转化，北京创新产业集群示范区（顺义）打造科技成果转化与产业化承载地。2021年，北京经济技术开发区承接"三城"科技成果转化项目162项，推进区内20个技术创新中心和10个中试基地建设。北京创新产业集群示范区重点发展新能源智能汽车、第三代半导体、航空航天三大创新型产业集群，积极培育新一代信息技术、医药健康、智能装备三大战略性新兴产业。

2. 创新生态持续优化，全球科技影响力持续提升

创新生态持续优化，创新主体活跃。北京市制定实施《"十四五"北京国际科技创新中心建设人才支撑保障行动计划》，修订《北京市科技计划项目（课题）经费管理办法》，印发《北京市关于促进高精尖产业投资推进制造业高端智能绿色发展的若干措施》。2021年，北京市拥有国家级高新技术企业超2.9万家、独角兽企业93家，数量居世界所有城市第二，是全球创新创业最活跃的城市之一。

全球科技影响力持续提升。根据世界知识产权组织发布的《2022年全球创新指数报告》，北京在全球科技城市集群榜单中排名全球第三。北京的两院院士数量占全国的1/2，国家重点实验室数量占全国的1/3，研发经费投入占

地区生产总值的比重多年超过 6%，居全国首位。作为全国创新资源最密集、高校和科研院所实力最强、产业基础最雄厚的区域之一，北京在落实国家创新驱动发展战略、建设科技强国征程中始终走在前列，并发挥了重要作用。

第二节　新时代北京高质量发展面临的新形势

改革开放以来，我国经济发展经历了从追求总量的高增长，到注重增长质量与效益，再到党的十九大提出的"高质量发展"几个阶段。高质量发展是顺应经济发展新形势新要求的必然选择，百年未有之大变局下的国际国内新形势对新时代北京高质量发展提出了新要求。

一、国际形势及其对北京高质量发展的影响

当今世界正经历百年未有之大变局，发展中国家群体性崛起，发达国家内部矛盾重重、实力相对下降，从根本上改变了国际力量对比，推动新一轮大国战略博弈持续演进（李国平和杨艺，2023）。首都安全是国家安全的重要组成部分，这要求北京增强危机意识与风险意识，筑牢维护国家安全的首都防线。随着新一轮科技革命和产业变革的深入推进，新的技术路径、产品形态和产业模式不断涌现，北京亟须争夺科技创新制高点，应以实现高水平科技自立自强作为新时代首都高质量发展的战略支撑。

当前逆全球化趋势愈演愈烈，来势凶猛。逆全球化潮流实际上是针对以中国为代表新兴经济体所引发的全球东西南北关系的变化，本质上是新兴市场国家和欧美老牌发达国家在发展过程中的利益分配问题（李国平和杨艺，2023）。目前，全球经济重心逐渐向亚太地区转移，2000—2021 年北美地区、欧盟 GDP 占世界的比重显著下降，东亚和太平洋地区 GDP 占世界的比重持续提高，由 2000 年的 24.75%增长至 2021 年的 32.03%，呈现出"东升西降"的新格局（图 9-3）。

尽管当今世界正处于一个充满不确定性的时代，但是和平与发展的时代主题不会变，经济全球化的客观规律不可逆转。作为世界上最大的发展中国家和发达国家，中美两国关系对全球格局演变具有深远的影响，首都安全的

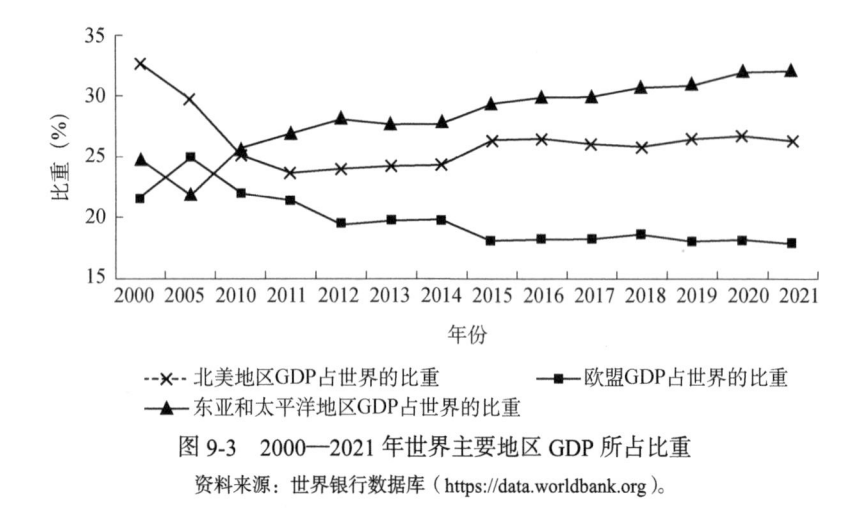

图 9-3　2000—2021 年世界主要地区 GDP 所占比重
资料来源：世界银行数据库（https://data.worldbank.org）。

重要性更加凸显。北京必须坚持把维护政治安全摆在首位，坚持底线思维，筑牢国家安全屏障，将总体国家安全观落实到新时代首都发展的各领域和各环节，全力维护首都政治安全、社会安定、人民安宁。

第三节　新时代北京高质量发展展望

新时代首都发展面临新机遇和新挑战。本土需求在经济发展中的重要性更加突出，北京亟待加速构建产业链健全、体系独立、韧性强劲的经济发展格局。国内区域协调发展新格局也对首都发展提出了新的要求。首都高质量发展能够产生强大的辐射效应，带动区域总体经济实力提升，有助于构建国内国际双循环相互促进的新发展格局；北京是提振北方经济与京津冀区域总体经济势能的重要力量，肩负重要使命（李国平，2022；李国平和杨艺，2022）。

一、坚持新发展理念的北京高质量发展

长期以来，北京全力推动首都发展、减量发展、创新发展、绿色发展和以人民为中心的发展，首都高质量发展水平稳步提升。但受外部冲击，北京经济增长呈现短期波动特征。作为超大规模的大国首都和全球中心城市，新时代北京高质量发展应继续坚持新发展理念，立足于国家宏观经济背景与战略方向，注重效率质量、生态环境、社会公平和以人为中心的制度安排，崇

尚创新、注重协调、倡导绿色、厚植开放、推进共享。

（一）加快补齐科创体系短板，构建韧性强劲且具有国际竞争力的现代化产业体系

为在加快实现国家高水平科技自立自强，壮大国家战略科技力量中展现北京担当，应大力支持基础研究，聚力攻克"卡脖子"问题。一是系统性部署基础研究，推动基础学科发展满足核心技术需求、优势产业需求与民生发展需求，加强培育前沿科学与交叉科学，促进更多的国家科技创新项目与科学研究中心在北京落地。二是健全基础研究投入机制，推进国家自然科学基金区域创新发展联合基金扶持基础研究，引导企业加大基础研究投入，鼓励社会组织投入基础研究，从而优化基础研究经费来源，持续增加基础研究投入规模，提高基础研究投入在 R&D 总投入中的比重。三是着重投入重点领域前沿技术，加强人工智能、量子信息、生命健康、空天科技、数字经济等前沿技术领域的基础研究，集中力量攻克具有前瞻性和战略性的重大科技项目，突破关键核心技术的"卡脖子"问题。

要进一步完善国家战略体系，明确各类国家战略科技力量定位。一是国家实验室、综合性国家科学中心、新型研发机构、高水平高校院所、科技领军企业等国家战略科技力量共同发展，相互协同，共同推进北京科技创新研发。二是发挥国家实验室的引领作用，支持高校院所、科技领军企业和新型研发机构等多主体参与国家实验室建设，优化国家重点实验室布局，协同推进基础研究。三是发挥怀柔综合性国家科学中心的支撑作用，依托先进的科学基础设施，加强国际科技交流，引入国际顶尖科技人才与机构，建立科技信息共享平台，为北京前瞻性、引领性原始创新提供支撑。

建设现代产业体系是推动高质量发展的基础支撑。以产业结构优化为核心特征的高质量发展路径正在深刻影响着北京的经济增长轨迹。为推动生产性服务业向专业化、高端化拓展，未来应以中关村国家自主创新示范区为核心，进一步壮大与发展科技服务业，促进产学研主体融合。优化提升金融服务业，将金融服务业纳入到北京市"高精尖"产业体系中，更好地发挥金融业服务和支撑优势。充分利用北京的信息服务、金融、商务服务等行业的发展基础和资源优势，进一步凝聚全球高端要素，打造"高精尖"产业总部经济新高地。在巩固北京新一代信息技术产业现有优势的基础上，进一步提升新一代信息技术产业的品质，提高产业总体技术水平和效率。

（二）着力解决城乡与区域发展不平衡、不充分问题，推动京津冀协同发展不断走向深入

北京市具备强大的以城带乡、以工哺农的经济能力和实力，应全面推进和实现城乡基本公共服务均等化，实现城乡居民就业政策制度平等和统一，缩小城乡居民工资性收入的差距。探索实行学前教育免费制度，降低教育成本。整合新型农村合作医疗、城镇居民医疗保险以及城镇职工基本医疗保险，加快推进覆盖全民、城乡统筹、权责清晰、保障适度、可持续的多层次医疗保障体系建设。

重点提升平原地区吸引力，合理引导人口和城市功能向平原地区多中心集聚。一方面要缩小中心城区与其他区基础设施和公共服务质量与水平的差距，提高平原地区的人口综合承载力和吸引力；另一方面要扎实推动平原新城地区产业高质量发展，优化各园区产业结构，增强承接中心城区及"高精尖"企业优质资源的能力，推动一批芯片存储、生物疫苗、新能源汽车等重点项目建设，推进减量集约与提质增效的有序平衡。

打造南部科技创新成果转化带和高端金融商务区，推进南北协作，促进城南地区经济社会发展。抓住北京大兴国际机场这一国家发展新的动力源，打造全球临空经济区创新发展新标杆。丽泽金融商务区坚持"金融+科技"发展，构建以新兴金融为主、科技和专业服务等为辅的产业体系，建设金融科技创新示范区。发挥北京经济技术开发区的龙头作用，推动城南各区联合承接三大科学城科技创新成果转化落地，实现产业链、创新链、供应链高效布局。

着力促进京西示范区集聚化发展，构建一体化产业生态。提升新首钢地区产业能级，坚持空间建设与产业发展协同推进，引领京西地区产业转型。中关村科技园区石景山园和门头沟园深化园区运行体制机制改革，构建布局合理、特色鲜明的产业集聚园区。统筹外部要素，加强与"三城一区"及中关村科技园区分园互动，沿长安街承接梯次转移的适宜功能和产业，引导培育专精特新、独角兽企业聚集发展，着力构建一体化产业生态。

发挥北京辐射带动作用，带动京津冀实现新一轮经济增长。一方面要提升产业协同发展水平，当前北京制造业的疏解缺乏和津冀的协同与衔接，因此京津冀制造业协同发展需要根据三地的比较优势进行专业化分工，处理好北京制造业疏解与津冀协同、承接的关系，形成地区间合理的产业分布和联

动机制。另一方面要通过协同创新激发经济活力，创新资源是北京发挥"一核"辐射带动作用的核心，应推动北京的高技术创新成果在河北、天津的转化，带动天津、河北的制造业由传统制造业向高技术制造业转型，推动中关村等优势科技园向津冀布局，并充分发挥北京的人才资源优势，促进北京的人才与河北、天津的交流，围绕产业链布局创新链，加强北京的创新溢出对天津、河北的带动作用。

（三）聚焦绿色低碳发展主线，提升山水林田湖草生态空间治理体系和治理能力现代化

全力控制二氧化碳排放。落实"实现减污降碳协同效应"总要求，强化碳排放总量、强度"双控"。加大对氢能、新材料、新型储能等重点领域的布局，抓好传统产业改造升级和战略性新兴产业培育壮大，在落实"碳达峰、碳中和"目标任务过程中锻造新的产业竞争优势，推动制造业高端、智能、绿色发展新范式。做好北京市碳排放权交易试点工作，引领全国碳市场建设工作。

加强大气污染、水污染、土壤污染防治。推动石化行业重点企业强化污染治理，继续开展重点行业企业强制性清洁生产审核。持续开展秋冬季大气污染综合治理攻坚行动。加强饮用水水源地监管，动态清理整治饮用水水源保护区内的环境问题。实施入河排污口分类分级管控与清理整治。开展重点流域水生态监测评价、调查评估。推进密云水库上游流域保护，持续推进潮白河跨界河流综合治理。用卫星遥感等科技手段，动态监测建设用地受污染地块现状变化情况。

坚决制止耕地"非农化"行为，严格违法占用耕地执法，落实最严格的耕地保护制度。持续推进实施新一轮百万亩造林绿化工程，稳步提升森林覆盖率。进一步强化"一屏、三环、五河、九楔"市域绿色空间结构，全面创建国家森林城市。继续实施城市生态修复、功能完善工程，全面实施矿山生态修复工程，加大拆违还绿、留白增绿力度。结合老旧小区改造强化生态功能植入，对首都功能核心区部分特色街道实施林荫化改造。建设公园式中心城区，构建综合公园、社区公园、游园三级公园体系，将中心城区建设成为"公园城市"。

（四）释放"两区"建设红利，推进对外开放

党的二十大报告中明确提出要"坚持高水平对外开放"，"稳步扩大规

则、规制、管理、标准等制度型开放"，为"两区"建设指明了前进方向。北京应全面提升投资和贸易便利化水平，持续推进跨境贸易便利化的全环节改革。

整合相关职能部门资源，建设全市统一的"走出去"一站式窗口。为各类企业"走出去"开展国际化投资经营提供包括信息资讯服务、会展及海外推广服务、商事法律服务、海外网络建设、贸易投资便利化服务、金融支持服务等在内的一站式、全方位、综合性的服务，探索建立境外投资"跨国办"服务机制，依托银行、商会等机构逐步将服务延伸至境外，有效打通"走出去"渠道，切实提升市场主体对外投资便利化水平。

持续推进跨境贸易便利化的全环节改革，将优化口岸营商环境与降低市场主体制度性交易成本相结合，不断提升助企、惠企服务水平，激发市场主体新活力。推动北京双枢纽空港综合服务平台项目，建立国内领先的"双枢纽"电子货运新模式。推进自贸区与天竺、北京大兴国际机场综合保税区等特殊监管区域联动发展，实现保税区、自贸区与空港之间的便捷连接、便利化监管。深化数字口岸建设，推动相关单证电子化，探索"互联网+口岸"通关模式、口岸物联网管理模式。

（五）突出以人民为中心的发展，着力提升民生福祉水平

北京市"十四五"规划提出，新时代北京应坚持共同富裕方向，紧紧围绕"七有"目标和市民需求"五性"特点，更好地满足人民日益增长的美好生活需要，让发展成果更多、更公平地惠及广大人民群众，促进人的全面发展和社会的全面进步。新时代北京社会高质量发展应认真践行以人民为中心的发展思想，以人民生活水平全方位提高为首要目标，建设国际一流的和谐宜居之都。

认真践行以人民为中心的发展思想，健全社会保障体系，扎实推动共同富裕。坚持就业优先导向，抓好高校毕业生、城镇困难人员等重点人群就业，鼓励创业带动就业和灵活就业。健全多层次社会保障体系，完善基本养老、基本医疗、工伤、失业等社会保险制度。提升社会救助服务能力，加强基层福利设施建设。

持续推进医疗资源疏解与布局优化，提升居民就医空间可达性，继续推进优质医疗资源向外围疏解。一是严控中心城区新增医疗资源规模，进一步调整优化新老院区功能定位，压缩床位数量，更好地服务中心城区。二是协

同推进部分央属在京三级医院向京外，重点向雄安新区、北三县区域疏解。三是有序推进市属医疗卫生机构和部分央属医疗机构由中心城区向城市南部、西部、回天地区等市域内资源薄弱地区疏解。同时，积极推动远程医疗服务发展，多方式保障优质医疗资源均衡配置。深刻贯彻落实《中共中央 国务院关于深化医药卫生体制改革的意见》，通过统筹协调、服务流程完善及信息平台探索，推动远程医疗服务持续健康发展，实现优质医疗资源下沉，提高地方及基层医疗服务能力和水平。

保证基础教育学位与适龄人口变动相适应。依据人口出生及流动数据监测情况，动态把握各学段学龄人口及学位的匹配程度，提前预判学位缺口等突出问题，大力实施教育资源扩容增位工程，努力形成更加有效的教育资源配置机制，不断提升城乡基本公共教育服务水平。根据学校分布和规模，以及适龄儿童人数等条件，合理、稳定地划定片区，均衡教育资源，严控基础教育市场化行为。

二、落实首都城市战略定位的北京高质量发展

北京率先推进减量发展和疏解整治促提升，步入经济社会高质量发展的快车道。新时代首都发展应顺应形势变化，积极应对困难和挑战，围绕首都功能提升和"四个中心"建设，坚持以人民为中心的发展思想，科学、系统、全面地把握首都高质量发展的新内涵，全面推动体现社会主义现代化大国首都特点的高质量发展。

（一）持续推进非首都功能疏解，提升政务服务保障能力

深入开展新一轮疏解整治促提升专项行动。坚持把《新总规》作为城市发展、建设、管理的基本依据，全面实施国土空间近期规划，完成《首都功能核心区控制性详细规划三年行动计划（2023—2025年）》，深化自然资源和规划区域领域问题整改，确保规划刚性约束落到实处。尊重城市历史文化，注重倾听群众意见，深入开展新一轮"疏整促"专项行动，不断提升城市品质。

提升政务服务保障能力。围绕"两轴"、中央政务和重大活动保障、重点廊道开展综合治理，系统增强服务保障能力，提升区域功能品质。根据北京市"十四五"规划的部署，加强中南海—天安门广场、长安街沿线等重点区

域的空间管控和综合整治，严控建筑高度，持续优化政务服务功能。围绕重点区域实施电力、路灯、通信等架空线入地和规范梳理，严控新增、复挂，净化街巷城市天际线视野。

（二）加强城市公共文化服务供给，焕发文化创新活力

增加公共文化服务供给。对标国际文化大都市，北京要增加城市公共文化服务供给、优化公共文化设施布局、积极转变政府职能，实现公共文化服务主体多元化。织密公共文化设施网络，提高公共文化设施适用性。加强新城文化设施建设，建设城市副中心文化设施，促进公共文化设施均衡布局。补齐城市南部、西部等薄弱地区以及回龙观、天通苑、方庄、望京、天宫院等大型社区文化设施短板。研究加强群众身边文化设施建设的扶持办法，吸引社会力量参与建设运营，推动公共文化走进社区、产业园区、商业综合体。

更好实现文化惠民。积极发展实体书店，构建以公共图书馆、综合书城、特色书店、社区书店等为支撑的15分钟现代公共阅读服务体系。建设北京源文化博物馆、中国视听博物馆等，鼓励社会力量兴办博物馆，加快推进数字化转型，建设"博物馆之城"。

焕发文化创新活力。推动文化与科技、金融、商贸等融合发展，提升文化产业园区服务水平，培育一批有影响力的文化品牌。深度挖掘首都文化资源，打造具有全球竞争力的文化品牌。利用好海外文化交流平台，打造"魅力北京""欢乐中国年"等活动品牌，提升中华文化感召力、北京城市形象亲和力。办好北京文化论坛、中国艺术节、北京国际设计周等活动。

（三）优化国际交往功能布局，加强国际交流合作的软硬环境建设

着眼承担重大外交外事活动的重要舞台，不断拓展对外开放的广度和深度。积极争取政府间国际组织落户，推动符合北京高质量发展需求的国际专业协会和科技类、工程类等国际组织落户，加大对国际组织、国际机构的落地支持。积极参与各类国际组织，提高国际交往活跃度和话语权。

以北京国际交往中心智库为依托，打造国际化高端智库平台，加强与国际权威智库交流。建设国际一流人才高地，围绕创新链与产业链，更大力度吸引国际高层次人才落户，集聚培养一大批优秀青年人才，加快形成多层次

创新人才生态。在市域内规划建设好重大外交外事活动区、国际会议会展区、国际体育文化交流区、国际交通枢纽区、外国驻华使馆区、国际商务金融功能区、国际科技文化交流区、国际旅游区、国际组织集聚区等，优化国际交往功能布局。

提高制度创新的系统性和协同性。健全促进国际交流合作制度创新工作协调推进机制，促进政府部门联动，着力构建"市级统筹、部门支持、园区组团落实"的制度创新工作推进机制。进一步强化北京推进国际交往中心功能建设领导小组对促进国际交流合作制度创新任务督促落实、重大问题研究、与国家部委沟通等管理协调职能，建立制度创新工作联席会议制度，促进部门工作联动。

加强对国际交流活动的宣传和培训。坚持"线上""线下"相结合、"走出去""请进来"并重，依托在京举办的国际外事交流会、大型专业展会、国际赛事等重大活动平台和微博、微信、门户网站、客户端等线上媒体资源，面向全球加强国际交流合作政策推介。依托开放北京网站，加快搭建以政策发布单位为信息维护主体的政策服务一站式应用场景，广泛开展国际交流合作宣传阐释工作，提高国际交流合作便利度的知晓度，引导企业积极开展国际交流。

（四）以中关村科技园区主阵地和"三城一区"主平台为依托，加快国际科技创新中心建设步伐

中关村科技园区瞄准国际科技前沿，打造世界级原始创新策源地。聚焦人工智能、智能制造、高端生物医药、新材料等基础前沿科技，进一步推进中关村国家实验室建设，形成以国家实验室为核心的原始创新关键突破力量。瞄准国际前沿科技领域，鼓励高校将前沿学科、交叉学科布局在中关村。支持中关村科技园区现有研发机构提升能级，新建一批与国际接轨的新型研发机构。建设一批国际科技合作平台载体，支持外资企业与本地研发机构组建联合研发机构，推动引进国际优质创新资源。围绕新一代人工智能、区块链、量子信息、5G技术等第四次工业革命重点领域，加强中关村国家自主创新示范区基础研究的源头供给和投入力度，推动孕育重大原创科技成果，加快培育面向未来的战略性产业。鼓励社会资本支持并参与基础研究，增强对创新活动的研发经费支持力度，对基础研究卓有成果的科研机构给予专项经费支持。

以创新链与产业链匹配互动为切入点,深化"三城一区"联动协作机制。加强"三城一区"规划功能定位协调,避免雷同或走偏。结合"三城一区"各自的创新特色打造创新成果转化基地:中关村科学城结合六大产业集群,加快建设国际科技创新中心核心区;未来经济技术开发区推动一批具有全球竞争力的尖端科技项目落地,建设集成电路设计和制造高地,顺义区着力打造科技成果转化与产业化承载地。加紧规划研究"三城一区"之间互通直达的快速联络交通,加快"三城一区"无缝衔接。促进"三城一区"建立公平的利益共享和成本分摊机制,在研发、试验和产业化的各环节中分享收益,建立共建、共投、共享、共商联动机制。

参 考 文 献

北京大学文化产业研究院. 2022. 2021年中国城市文化创意指数总榜单发布——北京连续四年霸榜 沪深一直前三甲[EB/OL]. https://baijiahao.baidu.com/s?id=1753367437788304114&wfr=spider&for=pc[2022-12-27].

北京市人民政府. 2022a. 本市召开2022年背街小巷环境精细化整治提升和深化文明创建工作交流推进会[EB/OL]. http://www.beijing.gov.cn/ywdt/gzdt/202203/t20220330_2643090.html[2022-03-30].

北京市人民政府. 2022b. 2022年政府工作报告[EB/OL]. http://www.beijing.gov.cn/gongkai/jihua/zfzgbg/202201/t20220113_2589854.html[2022-01-13].

北京市统计局,国家统计局北京调查总队. 2023. 北京市2022年国民经济和社会发展统计公报[EB/OL]. http://tjj.beijing.gov.cn/tjsj_31433/tjgb_31445/ndgb_31446/202303/t20230321_2940951.html[2023-03-21].

北京市统计局. 2022. 规模以上文化产业情况[EB/OL]. http://tjj.beijing.gov.cn/tjsj_31433/yjdsj_31440/wh/2021/202202/t20220207_2605342.html[2022-02-07].

北京市统计局. 2023. 北京市2022年国民经济和社会发展统计公报[EB/OL]. http://tjj.beijing.gov.cn/tjsj_31433/tjgb_31445/ndgb_31446/202303/t20230321_2940951.html[2023-03-21].

北京文博. 2021. 中共北京市委关于认真学习贯彻党的十九届六中全会精神 更加奋发有为推动新时代首都发展的意见[EB/OL]. https://baijiahao.baidu.com/s?id=1720639681521895256&wfr=spider&for=pc[2021-12-31].

丁晨辉,田泽,宋晓明,等. 2022. 新发展理念下中国区域经济高质量发展研究——水平测度、时空分异与动态演变[J]. 技术经济与管理研究,(12):3-9.

方大春,马为彪. 2019. 中国省际高质量发展的测度及时空特征[J]. 区域经济评论,(2):

61-70.

高培勇，杜创，刘霞辉，等. 2019. 高质量发展背景下的现代化经济体系建设：一个逻辑框架[J]. 经济研究，54（4）：4-17.

辜胜阻，吴华君，吴沁沁，等. 2018. 创新驱动与核心技术突破是高质量发展的基石[J]. 中国软科学，（10）：9-18.

国家发展改革委经济研究所课题组. 2019. 推动经济高质量发展研究[J]. 宏观经济研究，（2）：5-17，91.

何立峰. 2018. 深入贯彻新发展理念 推动中国经济迈向高质量发展[J]. 宏观经济管理，（4）：4-5，14.

金碚. 2018. 关于"高质量发展"的经济学研究[J]. 中国工业经济，（4）：5-18.

京津冀协同发展领导小组办公室综合组. 2022. 努力推动京津冀协同发展迈上新台阶取得新成效[J]. 宏观经济管理，（1）：8-10.

李国平. 2022. 把握首都发展内涵 切实加强"四个中心"建设[J]. 北京观察，（2）：12-13.

李国平，杨艺. 2022. 准确把握首都高质量发展核心要义[J]. 前线，（5）：60-63.

李国平，杨艺. 2023. 全球格局变化下北京"四个中心"建设研究[J]. 北京社会科学，（2）：22-32.

李国平，朱婷. 2022. 京津冀协同发展的成效、问题与路径选择[J]. 天津社会科学，（5）：83-88.

李金昌，史龙梅，徐蔼婷. 2019. 高质量发展评价指标体系探讨[J]. 统计研究，36（1）：4-14.

李元旭，曾铖. 2019. 政府规模、技术创新与高质量发展——基于企业家精神的中介作用研究[J]. 复旦学报（社会科学版），61（3）：155-166.

刘瑞，郭涛. 2020. 高质量发展指数的构建及应用——兼评东北经济高质量发展[J]. 东北大学学报（社会科学版），22（1）：31-39.

刘尚希. 2019. 人力资本、公共服务与高质量发展[J]. 消费经济，35（5）：3-5.

刘思明，张世瑾，朱惠东. 2019. 国家创新驱动力测度及其经济高质量发展效应研究[J]. 数量经济技术经济研究，36（4）：3-23.

刘作丽，崔岩，王术华. 2023. 高质量发展的北京实践[J]. 前线，（2）：58-61.

马茹，张静，王宏伟. 2019. 科技人才促进中国经济高质量发展了吗？——基于科技人才对全要素生产率增长效应的实证检验[J]. 经济与管理研究，40（5）：3-12.

欧进锋，许抄军，刘雨骐. 2020. 基于"五大发展理念"的经济高质量发展水平测度——广东省21个地级市的实证分析[J]. 经济地理，40（6）：77-86.

任保平，文丰安. 2018. 新时代中国高质量发展的判断标准、决定因素与实现途径[J]. 改革，（4）：5-16.

上海市统计局. 2023. 2022年上海市国民经济和社会发展统计公报[EB/OL]. https://tjj.sh.gov.cn/tjgb/20230317/6bb2cf0811ab41eb8ae397c8f8577e00.html[2023-03-22].

孙颖. 2021. 2021中国城市创意指数发布，北上深广杭港位居前六[EB/OL]. https://baijiahao.baidu.com/s?id=1718228264149910501&wfr=spider&for=pc[2021-12-04].

徐现祥，李书娟，王贤彬，等. 2018. 中国经济增长目标的选择：以高质量发展终结"崩溃论"[J]. 世界经济, 41（10）: 3-25.

詹新宇，崔培培. 2016. 中国省际经济增长质量的测度与评价——基于"五大发展理念"的实证分析[J]. 财政研究, （8）: 40-53, 39.

中国人民大学书报资料中心经济编辑部，《经济学动态》编辑部联合课题组. 2019. 2018年中国经济学与管理学研究热点分析[J]. 经济学动态, （3）: 16-31.

中国人民大学文化产业研究院. 2022. "2021中国省市文化产业发展指数"结果发布[EB/OL]. http://cncci.ruc.edu.cn/sy/xwdt/18bc678499234d758ad6f2fb58747719.htm[2022-05-16].